新史学

观 古 今 中 西 之 变

王炳文 著

从胡地到戎墟

安史之乱与河北胡化问题研究

北京师范大学出版集团
BEIJING NORMAL UNIVERSITY PUBLISHING GROUP
北京师范大学出版社

唐玄宗像（明人绘）

颜真卿像（清殿藏本）

韩愈像（清殿藏本）

李光弼像（明人绘）

I

《长恨歌图》上卷（局部），狩野山雪绘

《长恨歌图》上卷（局部），狩野山雪绘

河北蔚县鸟瞰，上方为东南方向。此为唐代河东道蔚州之安边县，东望幽州，南邻易、定、恒三州，西北通往云州，横野军即置于此（王炳文摄）

青海门源种马场上园山鸟瞰，上方为东南方。图中山脉为祁连山，山下道路为兰新高铁线，远处云层下雪峰为岗什卡峰。天宝元年（742）安波注率军出大斗拔谷后沿此追击吐蕃（王炳文摄）

香积寺近景，位于西安市长安区潏河东岸、终南大道北侧。至德二载（757）九月唐军于此击溃燕军，收复西京（王炳文摄）

陕西兴平市鸟瞰。上方为南方，远处为渭河，最大聚落为兴平，往西即为马嵬驿（王炳文摄）

行宋州刺史兼侍御史本州團練守捉使賜紫金魚
宋州八關齋會報者此都人士泉文武將吏朝散大
夫德之所感淪骨髓而非浮誠之所至去神明而
金紫光祿大夫前行撫州刺史上柱國曹郡開國
有唐宋州官吏八關齋報德記

武藝絕倫英謀沉祕所向而前無強敵曰新而逆子
德感生人竭忠而精貫白日和衆必資於寬簡
南宮人稟元和之粹靈庬期運淫徐出含弘厚
夫汴州刺史上柱國信都郡王田公頊疾良已之
河南節度觀察使開府儀同三司太子太師乃有

展于潤州斬平之遷徐州刺史明季拜淄青節愛
衆而報焉蕭宗天悅拜公鴻臚卿再龍我
佐南德信隨劉從諫收江淮至于宋州欲龍教
收滄德攻相州拒杏園守陳留許叔冀降而陷焉
邦爵莅生之望者日矣羯胡搆逆公以平盧節將

《八关斋会报德记》拓片局部（京都大学藏）

V

唐故朔方河東河西隴右節度御史大夫贈兵部尚書太子太師清源公王通君神道碑銘并序

穎川郡開
王子勞

玄宗而受命帝位三十有五載兵加幽都討平匈奴大將軍載戈弓矢來朝獻功西蔣捷
邊萬里祖長轂居山歸馬漠南列郡祁連揵掉茲北荒嚴切戎冀西商揵石堡漢補趾徹
碟裂單于封狼居山歸馬漠南列郡祁連坐毡塹地欵流沙而瞰烏弋收其綸而瞬濛汜方且繕完補趾徹
附寇管平之奏沮樂發之謀內隙外洗陰中之訕平從史議竟羅大
大根扠軍困於舊扳士皆殘憤將有餘雄渭葛之英主感鳳雲之早契戴禍於圖堅在眺乾坤改施忠都馬
皆食遺地而遼壞口藏因勵於遠跣艱就歇安而兹陵余責者微諸公誰不樂山刀拔勇名而將
誌談謀師扶庸容勳歇於列名吞廘霧耻積屍將嵥閃故流悼俲其心而沺河爭流氣
錫名曰王忠嗣靤部曲主家之遂閩年初九歲韶復朝散大夫玄宗省書廢朝闐故中貴扶入內殿意苦而嚕
捨兔黃山整屢輕猿雜往還所禀益富博捷興前出而有獲多不自賢山有後心必推伱之禮命公主饋懇情甚厚
伏聰今京秋八月親乾草腓方佯白登突長城下單戈拍虜輕騎犯胡有口必推伱身
蔚入侍之歲就冠突家人之藝感擇配之禮命公憑其天關枕大假恨如
蔚出塞仍使通知四夷事能留軍陣容不得先啟行無命當一隊且有後命凜其一一未移追付且盡云散
角武戈錙山立介馬雲乇霧雨忽開雄旗相接將校失逸猶欲引馳公謂一之未移追付且盡云散

《王忠嗣碑》拓片局部（京都大学藏）

《东方先生画赞碑阴记》拓片（京都大学藏）

《宋璟碑侧记》拓片，其中可见赵含章案的记载（京都大学藏）

序：中古时代的胡化与汉化

张国刚

安史之乱是唐代历史上的重大事件。解析这一事件的维度主要有二，一个是政治史维度，一个是民族史维度。当然这两个维度是有交集的。

从政治史维度出发的讨论，主要关注安史之乱形成的原因和影响，如边疆民族关系与节度使体制的形成，土地制度和兵役制度的变化带来的军事体制的变化以及由此而导致的外重内轻之势的出现，唐玄宗进取志衰、朝政腐败、社会矛盾尖锐等，削弱了唐朝中央的掌控能力。从民族史维度出发的分析，重视安禄山、史思明等胡人（粟特胡人、羯胡）及其宗教信仰对于叛乱的意义，重视河北长期的胡化局面对于叛乱的影响，讨论胡汉问题在安史之乱前后的变化，等等。王炳文博士的这本书试图打通这两个维度，进行深度的讨论与分析。

如何定性安史之乱？炳文注意到了安史之乱期间以及平定叛乱之后，唐人自己的调子以及之后的官方历史书写，都是有变化的。这种变化折射了时代的变迁，更折射了统治者的现实政治诉求。后代历史学家的论述，暗淡了刀光剑影，远去了鼓角铮鸣，视角更为平静冷峻，却也远离了事件本身的场景。

陈寅恪先生比较早从宏大视野讨论安史之乱。《唐代政治史述论稿》有两个令人印象深刻的观点，一个是认为河北地区的胡化是安史之乱爆发的重要背景，安史之乱以后，河北更是完全与长安不同的蛮夷之地；另一个是充分肯定武则天上台的意义，这种意义要比安史之乱重要。

炳文的研究更细致地揭示了安史之乱前河北地区的胡化问题，安史之乱前幽营地区胡人比较集中，聚集了高丽、契丹、靺鞨、奚、突厥、粟特等多种民族，虽然其中西域粟特人数量相对有限，而东北系少数民族人数更多，但是，粟特人掌控着军政大权，因而其影响比较大。炳文进一步把安史之乱之后的河北胡化，分成北部的幽营与南部的恒魏两个不同阶段，这两个阶段不同地域胡化的意涵是很不一样的。

对于安史之乱的主角安禄山，炳文做了更为细致的讨论。安禄山在起兵时的权力究竟有多大？所谓节制三镇究竟意味着什么？安禄山的蹿升有没有玄宗朝后期的现实政治背景？关于安禄山的族属，旧史说的是杂种胡人，前贤的讨论也存在不同意见，究竟应该如何看？这些是炳文在第三章、第四章涉及的问题。

在安史之乱的平定中，借兵回纥是件大事，影响到唐代此后数十年的政治格局。炳文通过史实梳理，认为借兵回纥只是出于政治意图。

安禄山叛乱所建立的燕政权，有四任领导人，即安禄山、安庆绪父子和史思明、史朝义父子，可以称为安燕政权与史燕政权；其间还有史思明因为与安庆绪的矛盾而短暂归唐。对于燕政权的内部结构及其前后政治态度的变化，以及唐朝中央应对策略的变化，包括河北藩镇格局的形成及其关系，炳文都有细致的观察。

安史之乱平定不久，作为唐军统帅的仆固怀恩就叛乱了，对于一直护持着他的代宗来说是很难看的。那么，仆固怀恩为什么叛乱？除了众所周知的与辛云京的关系、代宗处置失宜之类原因外，炳文特别分析了在突厥诸族内部，回纥与阿跌等其他部族的矛盾，以及在安史之乱后仆固怀恩在河东各路驻军中的孤立位置，这些细致的讨论无疑会推进我们对事件本身的认识。

总之，关于安史之乱的研究，学术界已经有丰厚的积累，但仍然有许多问题有待深入讨论。炳文的这本书，抓住了若干关键点，纠集各种史料，旁征博引，深入分析，与国际学术界及国内前沿的学术成果对话，提出了许多新观点，也揭示了许多新问题，有些讨论别开生面。他的博士论文曾获得清华大学优秀论文一等奖，这部书是他在博士论文基础上增订而成的。

　　鉴于本书是讨论唐代胡汉问题的一部个案性质的专著，我想借此课题，从宏观层面谈谈对胡汉问题的看法。

　　中国历史五千年，从《史记·五帝本纪》的记载开始，华夏与戎狄之间的战争与和平就不曾中断。现在的研究表明，三代时期的戎狄或者戎夷，未必都是游牧民族，也有农耕文明，只是其与黄河流域的华夏部落渊源有异罢了。秦汉以后，戎狄或者夷狄逐渐与华夏族即后世的汉族变得不同，戎狄代表游牧民族，华夏或者汉族则是农耕民族。这与北方长城沿线的生态环境变化有关，由于气候的变化，农耕地区的边线向南推移，长城之外愈益成为游牧地区的跑马场，而塞内则为内陆农耕之乡。北部边境的气候变化影响到草场边线的移动范围，在后来的三千年历史中，这一情况也反复出现过，每一次气候反复都若合符节地影响到北方游牧部族的动向，以及华夏与夷狄势力的消长。

　　今日世界各个国家的历史，都是以本国现今版图范围内的全体部众以及统治政权演变的历史为范畴，这是毋庸置疑的。这样的历史书写显然不可能与历史上的王朝史完全吻合。日本、英国如此，泰国、印度、埃塞俄比亚也如此。就中国而论，九百六十万平方千米的陆地面积以及海洋所属区域的历史，构成中国历史的基本范畴，它显然不能完全等同于"二十五史"之类史籍所叙述的历史。但是，中国历代王朝正史，其实是那个时代的"全球史"，从《史记》的《匈奴列传》、《大宛列传》，《汉书》的《西域传》、《西南夷两粤朝鲜传》，到《三国志》的《倭国传》，《魏书》的《西域传》、《蠕蠕传》，从《新唐书》的《东夷传》、《西域传》，《宋史》的《外国传》(含天竺、大食等)，到《明史》的《外国传》(含佛郎机、和兰、意大里亚等)，《清史稿》的《藩部传》、《属国传》，都说明在王朝的历史之外，人们也不会忘记这个王朝之外的两类政治实体，一个是其藩部，一个是外国；就当时王朝自身的政治诉求而论，他们对这两类政治实体，最多只有地缘政治的概念，而没有其他分别。就中国北方地区而论，对于这两类政治实体的记述，史籍上会统统冠以"胡"、"夷狄"之类名号。换言之，北方游牧民族的控制区域常常会横跨今日之中国和今日之外国两个部分；我们今日所谓两类政治实体的边界，在那个时代是模糊的。

比如，汉武帝派张骞通西域，寻求与大月氏结盟对付匈奴，匈奴控制的部分地区其实在今日之中国境内，大月氏则完全是今日之外国。又如，唐德宗曾派杨良瑶出使大食，就有对吐蕃侵扰中原、咄咄逼人形成牵制的意图。在今天看来，这些则属于外国和中国少数民族地区的区别。地缘政治是当时中原政权的切身感受，主权国家的边界则是我们今日之价值理念。如果我们以今日之观念，对历史上各种政治势力的地缘政治利益进行考量，强行解释，不仅误解历史，而且也贻害当今。

总之，中国历史内部始终存在两条并行的发展线索。一条是作为主体文化部分的华夏文明发展的线索，秦汉、隋唐、宋明这些重要朝代的历史，尤其体现出这一条线索；另外一条是中原王朝与周边，主要是北方游牧民族政权之间的互动（战争的与和平的）。三代（夏、商、西周）勿论，战国时期燕、赵、秦北边的长城，就是处理华夏政权与游牧部族关系的边防设施。这三个国家内部也有融合华夏与戎狄的问题，比如，赵国以邯郸为中心的农耕文明、以代地（大同）为中心的游牧区域，就在一个诸侯国家内部发生过冲突。赵武灵王的胡服骑射以及最后的沙丘之变，反映出赵国处理戎夏问题的得与失。秦朝的北修长城、汉初的和亲、汉武帝时期的反击匈奴乃至凿空西域，都反映出不同时代处理中原王朝与北边游牧部族之间关系的不同思路。

两汉时期与北方胡族政权的战争与和亲的交互变化，以匈奴、羌族为主的少数民族附塞和内迁，形成了比较复杂的胡汉关系。魏晋南北朝时期内迁"五胡"（匈奴、鲜卑、羯、氐、羌）并未完全融入汉文化与生活，仍然保留着部落编制；塞外部落（鲜卑慕容部、鲜卑拓跋部）对南下入关入塞虎视眈眈。趁中原王朝内乱（八王之乱）、统治力薄弱之机，两股势力汇流颠覆了中原王朝的统治。长城已经完全失去防御意义，秦汉时期在塞外的战争就被移植到塞内。后面的结果是众所周知的，五胡政权加速了胡汉融合，胡汉合作构建起隋唐大一统帝国的雄伟大厦。

隋唐主要是唐朝，不过又重复了历史的故事。唐朝前期各种内迁胡族部落依然存在，分布在长城边塞，安禄山、史思明就是其中的佼佼者。由于唐朝胡汉一家的政治品格（唐太宗被奉为天可汗是其突出标志），内迁胡族并没有受到太多的歧视，反而能够运用其长处（通六蕃语、善骑射）为国家效力，其领导人做到很高的职位。讲安史之乱爆发的胡化因素以及安史之乱之后河北乃至山东地区的胡化问题，都要在这个背景下审视。炳文的这部书就是对这一主题进行微观审视的研究成果。

我们可以看到，由于只有内迁胡族部落的军事和政治行动，没有塞外强大部落的响应，安史之乱的结果只是不到八年的燕政权，这种情况甚至比汉赵（304—329）政权更短暂①。一个原因是政权腐朽的晋朝无法与跌落盛世的唐朝相比，后者的平叛能力更加强大；另外一个原因是没有塞外部族的乘虚而入，相反塞外部落如回纥倒是成了唐朝的同盟军，从这个角度言之，本书第五章强调回纥借兵的政治目的（切断内迁部族与塞外部族的联合）大于军事作用，可谓深中肯綮。

如果进一步追溯下去，安史之乱之后的所谓胡化问题，也可以说其本质是汉化问题。内迁部落在河北藩镇建立之后，逐步打散了部落编制，逐渐进入汉化的洪流之中。在河东地区的沙陀稍显例外，是由于他们的部落组织的分散处于比较缓慢的过程中（宪宗时期才由河东节度使范希朝迁入朔州地区），五代时期后唐、后晋、后汉政权的建立，恰恰加速了沙陀部落的汉化，以至他们自己无不以华夏政权的代理人自居。总而言之，所谓胡化（胡人入塞）的实质恰恰是汉化。汉化有两个阶段，一个是离散部落之后的汉化，一个是部落未曾离散但是内迁后逐渐沿着离散部落的道路发展而被汉化。② 逻辑上这是一个前后相沿的过程，事实上则是交互存在的过程。还有一种更大规模的汉化，就是鲜卑拓跋部入华建立北

----

① 汉赵政权是内迁胡族建立的政权，北魏则是塞外部落入主中原。前者类似于燕政权，后者类似于辽金政权。

② 有关内附部落的讨论，请参看拙作《唐代的蕃部与蕃兵》，见《唐代政治制度研究论集》，93～112页，台北，文津出版社，1994。

魏和周齐王朝的汉化，经历了近两百年的历史（从 386 年拓跋珪复国，到581 年隋朝建立）。日本学者的所谓征服王朝辽、金，其实是北魏王朝汉化的新版本。进而言之，元朝、清朝不也是放大了的版本吗？代表华夏农耕文明的政权与北方游牧胡族政权之间的战争与和平，始终伴随着数千年的中国历史，是中国历史内部两条重要线索之一。所有的王朝都是中国历代王朝的一部分，元朝人认可辽金和宋为前朝正统，明朝人认可元朝为自己的前朝，清朝认可自己为明朝的继承者，都为之修正史，客观上就反映了这种历史的真实。所谓"新清史"从什么北亚历史的角度看东亚史、看中国史，作为学者写篇论文补充一个观察视角以示新意或可为之，但是，放在整个中华历史发展的脉络中去看，可以说是皮相之论。

三种不同层面的胡化——胡人生活于中原、胡人部落迁入中原、塞外部落入华建立政权，其实就是三种不同程度的汉化。离散部落的胡人很快接受农耕生活而汉化了；入迁胡人部落（如汉赵政权、安史的燕政权）因为战争与短命政权而加剧了部落离散从而汉化了；塞外部落（鲜卑拓跋部、契丹、女真、蒙古、满洲）入华建立政权，从黄河流域的半壁江山如北魏、辽、金，到整个全国性统治如元朝、清朝，最终的结果，无一不是接受农耕文明进而接受华夏文化因而汉化。这难道不是彰彰可见的历史事实吗？

那么，所有这些事变背后的逻辑是什么呢？这个逻辑非常简单，在工业革命之前，农耕生活是比游牧生活更稳定更先进的生活，比较符合人类追求舒适生活的天性。在发达的农耕文明之上构建的精神生活（思想、艺术、历史、文化、哲学）也更加具有吸引力，这也符合人类追求精神生活的天性。中国农耕文明及在其之上建立起来的华夏文化不仅影响到迁入中原的游牧民族、塞外游牧民族，而且影响到倭国（日本）、朝鲜、安南（越南）、真腊（柬埔寨）等周边国家。这应该是不争的事实。我们要承认这一事实，这不是什么"汉文明中心史观"，这是"人类文明中心史观"。"征服王朝"论和"新清史"的别出心裁，既不符合历史的真实，也不符合人类文明发展的逻辑。

　　当然，应该指出的是，农耕文明与游牧文明作为中国本土的两种经济形态和生活方式，具有很大的互补性，所谓华夏化或者汉化的过程，其实也是包容吸收各种游牧文明因素的过程，胡汉融合从来就是双向的，汉文明在吸纳胡族文化的同时，也丰富和发展了自己，只是这里面有主体与次要的分别罢了。

　　是为序。

　　　　　　　　　　　　2020 年 4 月 26 日清华大学 109 年校庆日

目　录

第一章　被建构的"安史之乱"

　　无论就唐代自身发展而言，还是放眼整个中古历史演变，安史之乱都是一个无法忽视的重要事件。这场叛乱以天宝十四载（755）十一月安禄山在范阳起兵为开端，终结于宝应二年（763）正月史朝义首级被献至长安，历时七年零两个月。这一历史性的动乱在当时便已被人们深刻感知，然而，我们今天所指称的"安史之乱"，其概念实际经历了漫长的演变过程。在展开相关学术探讨之前，我们有必要对唐人观念中"安史之乱"的形成理路予以还原。

一、"羯胡乱常"的中兴隐喻

　　"逆胡"负恩反叛，是玄宗对于安禄山起兵的最初定性。安禄山起兵南下的第七天，确信其反叛的玄宗在华清宫"召宰相谋之"，杨国忠声言"反者独禄山耳，将士皆不欲"。① 此事被后人赋予过多的道德与价值评断，事实上如果将杨国忠的说法与次日入谒的安西节度使封常清"计日取逆胡之首悬于阙下"②之承诺相比较，我们会发现这其实是经过玄宗宸断的官方定调，而半年后玄宗出逃时犹以"逆胡乱常，须远避其锋"③为借

---

　　① （北宋）司马光编著：《资治通鉴》卷二一七，"天宝十四载十一月"条，6935页，北京，中华书局，1956。

　　② （后晋）刘昫等撰：《旧唐书》卷一〇四《封常清传》，3209页，北京，中华书局，1975。

　　③ （北宋）司马光编著：《资治通鉴》卷二一八，"至德元载六月"条，6977页。

口。逆胡叛乱，这在唐朝历史上显然不是头一次，早在开元二十三年
(735)苏禄诱群胡围攻北庭时，玄宗在诏书中即将其称为"逆胡忿戾"以
"围犯边镇"①。据此来看，《资治通鉴》很可能是忠实记录了当时玄宗对
于范阳叛军的指称。玄宗的这一指称同时还暗含了对于故相张九龄预言
的认可，史载开元二十四年(736)安禄山战败后，被幽州节度使张守珪押
赴京师，时任宰相的张九龄认为"禄山狼子野心，面有逆相，臣请因罪戮
之，冀绝后患"②。事实上此事是对张说当初预言可突干反叛的模仿，开
元十七年(729)"契丹王李邵固遣可突干入贡，同平章事李元纮不礼焉"，
时任左丞相的张说认为"奚、契丹必叛。可突干狡而很，专其国政久矣，
人心附之。今失其心，必不来矣"。③ 不过张九龄预言之典故远较张说流
传广泛，这与安禄山反叛后唐廷尤其是玄宗对于罢黜张九龄的悔意有很
大关系，玄宗入蜀后忆及九龄之言，曾专程"遣中使至曲江祭酹"④，这
是一种具有象征意义的政治宣扬。因此在叛乱的最初，以玄宗为代表的
朝廷舆论，是将安禄山起兵定性为逆胡的反叛，就本质而言仍归为可突
干、苏禄一类。至德二载(757)正月安禄山暴卒后，淮南节度使高适在其
贺表中称"逆贼孤负圣朝，造作氛祲"⑤，正体现了唐朝最初对于此事的
定调。这在当时的墓志中也得到印证，如死于西京兵乱的李镐的墓志中
就称"遭此胡贼"⑥。而至德二载(757)正月死于胡人暴乱的河西节度使周

---

① (唐)张九龄：《敕北庭将士(翰海军使盖嘉运)已下书》，见(唐)张九龄撰，
熊飞校注：《张九龄集校注》卷八，530 页，北京，中华书局，2008。

② (后晋)刘昫等撰：《旧唐书》卷九九《张九龄传》，3099 页。按：《旧唐书·张
九龄传》系于开元二十一年(733)，时间有误。参见(北宋)司马光编著：《资治通鉴》
卷二一四，"开元二十四年三月"条，6814～6816 页。

③ (北宋)司马光编著：《资治通鉴》卷二一三，"开元十八年五月"条，6789 页。

④ (唐)姚汝能撰：《安禄山事迹》卷上，74 页，北京，中华书局，2006。

⑤ (唐)高适：《贺安禄山死表》，见(唐)高适著，孙钦善校注：《高适集校注》，
328 页，上海，上海古籍出版社，1984。

⑥ 周绍良、赵超主编：《唐代墓志汇编续集》乾元〇〇一《大唐宁远将军守左金
吾卫翊府中郎将上柱国赐紫金鱼袋李公墓志并序》，674 页，上海，上海古籍出版社，
2001。

泌之子周晓，虽然是被凉州胡人所杀，其墓志中也称"为胡贼所害"①。开元九年(721)六胡州康待宾叛乱时，唐廷曾以"胡贼"指称。② 这从侧面反映出，对于当时突逢大乱的唐朝民众来讲，他们很容易受到官方定调的影响，认为这是一次胡人的普遍构逆。

　　然而，细审至德以降百余年间的唐人墓志，"羯胡构逆"之类的指称要远较单纯的"胡人"或"逆胡"说法为多。这种差异，并非字面上的泛指与特指般简单，而是在对石勒与侯景典故加以综合之后所产生的重新定义。"羯胡"或"胡羯"本是晋人对于后赵统治者石勒之族的称谓，永和九年(353)桓温便在上疏中以"羯胡夭亡"③指代后赵亡国，《文选》引刘宋时期朱凤所修《晋书》谓因"前后徙河北诸郡县居山间，谓之羯胡"④，魏收编写《魏书》时沿袭了这种说法，并进一步解释为"分散居于上党武乡羯室，因号羯胡"⑤。及至南朝，该词又被作为对北魏政权的敌视称呼，如许善心在其所作《梁史》"序传"中将孝文帝迁洛称为"阴戎入颍，羯胡侵洛"⑥。侯景乱梁之后，"羯胡"被赋予新的含义，梁元帝在给其弟武陵王萧纪的书信中便以"獯丑凭陵，羯胡叛换"⑦代指侯景。对于唐人来说，石勒建国属于"旧典"，所谓"中宗失驭强臣，自亡齐斧，两京胡羯，风埃相望"⑧，重点在于两京失守，夷狄凭陵；而侯景乱梁则是"近事"，重点

<hr>

　　①　周绍良、赵超主编：《唐代墓志汇编续集》乾元〇〇五《唐故赞善大夫赠使持节都督原州诸军事原州刺史赐紫金鱼袋上柱国周府君墓志铭并序》，678 页。

　　②　参见(唐)玄宗：《诛康待宾免从坐诏》，见(清)董诰等编：《全唐文》卷二八，321 页，北京，中华书局，1983；(唐)玄宗：《慰问盐夏两州百姓诏》，见(清)董诰等编：《全唐文》卷二八，322 页；周绍良、赵超主编：《唐代墓志汇编续集》开元〇五六《唐赠左骁卫大将军左贤王阿史那毗伽特勒墓志铭并序》，492 页。

　　③　(唐)房玄龄等撰：《晋书》卷七七《殷浩传》，2046 页，北京，中华书局，1974。

　　④　(南朝梁)沈约：《齐故安陆昭王碑文》，见(南朝梁)萧统编，(唐)李善注：《文选》卷五九，2555 页，上海，上海古籍出版社，1986。

　　⑤　(北齐)魏收撰：《魏书》卷九五《羯胡石勒传》，2047 页，北京，中华书局，1974。

　　⑥　(唐)李延寿撰：《北史》卷八三《文苑·许善心传》，2804 页，北京，中华书局，1974。

　　⑦　(唐)李延寿撰：《南史》卷五三《武陵王纪传》，1330 页，北京，中华书局，1975。

　　⑧　(唐)房玄龄等撰：《晋书》卷六《元帝纪》，158 页。

在于其负恩反叛。事实上，叛乱爆发后不久，"羯胡"之称便已出现，封常清战败后上遗表于玄宗，称"与羯胡接战"①，颜杲卿被押赴洛阳后当面骂安禄山"营州牧羊羯奴"、"臊羯狗"②，皆为此类。肃宗即位后，通过官方诏书等方式，将这一事件予以定性，称为"羯胡乱常"。这一说法巧妙地混用了石勒之"旧典"与侯景之"近事"，既强调了国运中衰、两京失守的历史性意义，又突出了安禄山负恩反叛的特点。考虑到《文选》在唐朝的特殊地位③，唐人对于"羯胡"的理解似乎尤其受到朱凤"徙河北诸郡县"的影响，用以指代叛乱的发源地和叛军主力。于是，"羯胡构逆"遂通过官方定调、时人认同的方式，对安史之乱做出了一致定性：来自河北的胡人负恩叛逆，致使两京失守，国运中衰。

显然，唐廷的这一定性颇含深意，遵循这个修辞逻辑，必然会导向一个目的——王朝中兴。夷狄凭陵而致国势倾危，是中原王朝自古就存在的历史观。早在先秦时期，《公羊传》就提出"南夷与北夷交，中国不绝若线。桓公救中国而攘夷狄，卒怗荆，以此为王者之事也"④的观点，以此作为对齐桓公霸业的合理解释。如果说玄宗还停留在"逆胡负恩"的愤慨层面的话，于灵武荆榛乱离中即位的肃宗显然更懂得如何利用典故修辞最大限度地动员朝野百官乃至万姓子民。"羯胡"对于五胡南下的隐喻，使整个社会意识到唐朝国运的危难，使平叛具有了历史性使命；而"构逆"对于侯景乱梁的影射，则使安禄山成为众矢之的，便于集中目标终结叛乱。因此在至德二载(757)冬的大赦诏中，肃宗以"乃者羯胡乱常，京

---

① （唐）封常清：《遗表》，见（清）董诰等编：《全唐文》卷三三〇，3345页。
② （北宋）司马光编著：《资治通鉴》卷二一七，"至德元载正月"条，6952页。
③ 《旧唐书·儒学上·曹宪传》载："所撰《文选音义》，甚为当时所重。初，江、淮间为《文选》学者，本之于宪，又有许淹、李善、公孙罗复相继以《文选》教授，由是其学大兴于代。"而吐蕃也曾假金城公主向唐朝"请《毛诗》、《礼记》、《左传》、《文选》各一部"，足见其地位之高。[（后晋）刘昫等撰：《旧唐书》卷一八九上《儒学上·曹宪传》，4946页；卷一九六上《吐蕃传上》，5232页。]
④ 王维堤、唐书文撰：《春秋公羊传译注》，"僖公四年"，192页，上海，上海古籍出版社，1997。

阙失守"①的修辞将两京光复提升到了国运中兴的历史高度。在撰写国史评价玄宗时，代宗朝的史官强调了"天宝已还，小人道长"，以致"禄山之徒，得行其伪"的历史因果观，将人谋不臧与盛世终结相联系②；对于肃宗，则以《诗经》中《载驰》、《黍离》两篇所涉许穆夫人与周大夫的故国之思为寄托，明确地将"天宝失驭"与"宗国之颠覆"联系起来，借用周、汉、晋历朝中兴的成典，盛赞肃宗复兴家邦的"宁亲复国"之举③。这种观点并非仅存在于唐廷的官方评价中，而是被当时的朝野之士普遍认同。两京光复之际，常衮为其幕主所写贺表同样以羿、王莽比喻奸臣乱政，以致"胡羯乱常，崤函失守"，将复两京赞为"恢正皇纲，光膺帝业"，并称颂肃宗为"启中兴之盛业"的"拨乱之英哲"。④ 亲历安史之乱的杜甫也将两京光复后的局面盛誉为"乾元元年春，万姓始安宅"⑤。对于当时的士人而言，这意味着叛乱的终结和天下的安堵。

　　然而一个无法回避的事实在于，至德二载(757)十月两京的光复并未真正终结叛乱，安庆绪以及史思明父子又进而与唐朝对峙长达五年，而燕政权的最终覆亡已迟至代宗御极之后。这就使唐朝面临一个难题，即如何定义中兴大业与肃代二宗的关系。经过唐廷的不断调整，这一中兴隐喻经过代、德二朝官方喉舌的定调，最终变成了肃宗中兴唐室、代宗继以完成，而中兴的转折点，则约定在了至德二载(757)光复两京。究其原因，则是唐廷的根本诉求仍在于国祚永享，李唐皇室保有天下的重要

---

　　① （唐）肃宗：《即位大赦文》，见（清）董诰等编：《全唐文》卷四四，488 页。肃宗答颜真卿谢表时同样用了"自逆胡猖狂，入我河县"的说法。[（唐）颜真卿：《摄常山郡太守卫尉卿兼御史中丞赠太子太保谥忠节京兆颜公神道碑铭》，见（清）董诰等编：《全唐文》卷三四一，3464 页。]

　　② （后晋）刘昫等撰：《旧唐书》卷九《玄宗纪下》，237 页。

　　③ （后晋）刘昫等撰：《旧唐书》卷一〇《肃宗纪》，263～264 页。

　　④ （唐）常衮：《李采访贺收西京表》，见（清）董诰等编：《全唐文》卷四一六，4258 页。

　　⑤ （唐）杜甫著，谢思炜校注：《杜甫集校注》卷二《送李校书二十六韵》，370 页，上海，上海古籍出版社，2016。

性高于一切。《旧唐书》对肃宗"宁亲复国"的定位，正是着眼于对国祚的延续。杜鸿渐在给代宗的上疏中，明确以"先帝中兴，时方草昧"①代指肃宗灵武即位之事。至德二载（757）闰八月杜甫写作《北征》时，将唐朝"皇纲未宜绝"的转折点视为马嵬兵变中"桓桓陈将军，仗钺奋忠烈"，以陈玄礼兵变含蓄地指涉唐室的政权更替，实际上强调的核心仍在于"奸臣竟菹醢，同恶随荡析"的中央政治斗争。② 及至乾元二年（759）春作《洗兵马》，杜甫更是自注"收京后作"，借侯景旧事以表达对"青袍白马复何有，后汉今周喜再昌"的中兴盛誉。③ 可以说，至德二载（757）两京光复被视为唐室中兴的开端，而此后直至宝应元年（762）代宗戡平河北，则是皇纲的重整和中兴的完成。在永泰元年（765）为已故太师苗晋卿议谥时，独孤及将两京的光复作为国史的重要转折点，此前的"天宝之季，二京为戎，皇舆西狩，亿兆左衽"，不啻为国都失陷、中夏将绝的社稷大事；至于复两京以后安庆绪据守邺城、史思明降而复叛乃至江淮刘展之乱等，则归结为"至德、乾元年中，天下多故，皇纲未张"，以多事之秋概言思明等事。④ 二京为戎、亿兆左衽，是为唐朝国运存亡之大事；天下多故、皇纲未张，则是重建中央权威的政治问题。这一太常议谥时的国史追述，其间差别已然十分明显。这一历史定位影响深远，直至德宗朝，复两京后对史思明父子的数年战争仍被视为"乾元之后，大憝初夷，继有外虞，悉师东讨"⑤，"肃宗、代宗，再复京邑"⑥成为时人对于国朝历史的共

---

① （唐）常衮：《代杜相公让剑南元帅表》，见（清）董诰等编：《全唐文》卷四一七，4264页。

② （唐）杜甫著，谢思炜校注：《杜甫集校注》卷二《北征》，226～228页。

③ （唐）杜甫著，谢思炜校注：《杜甫集校注》卷二《洗兵马》，376～377页。

④ （唐）独孤及：《故太保赠太师韩国苗公谥议》，见（清）董诰等编：《全唐文》卷三八六，3924页。按：此处"至德、乾元年中"非两个年号并举，据下文肃宗用重法、苗晋卿行清静之政等事来看，实指至德、乾元交替之际，亦即复两京后。

⑤ （唐）陆贽：《论关中事宜状》，见《陆宣公集》卷一一，97页，杭州，浙江古籍出版社，1988。

⑥ （唐）陆贽：《招谕河中诏》，见《陆宣公集》卷五，44页。

识，所谓"肃宗以神武戡大难，先朝以仁德绍兴运"①，可以说集中体现了这种观点。我们甚至可以在敦煌文书 P.2044V《文范》这种写于边镇之地的文本中发现对于仆固怀恩"两收宫阙，皆著殊勋"的称颂②，足见其影响之广泛。

二、从"天命"到"人事"：陆贽对于肃、代、德三朝
　　历史的阐释

经过七年多漫长的戡乱，代宗终于在宝应二年(763)年初收到幽州献上的史朝义首级，"中兴"大业告成。颇可注意的是，"羯胡"之称固然已深入人心而成为一种符号，然而它所曾经具有的政治隐喻功用却似乎在一点一滴地消退。而安史之乱被视为一个完整的历史事件，与代、德两朝的朝政发展和政治斗争有深刻关系。诚然，当宝应二年(763)正月史朝义授首之时，朝廷上下无疑清晰地意识到这场叛乱的终结以及燕政权的覆亡，但将安禄山与史思明作为一个整体看待，进而将这一事件独立出来，却是一个相对漫长的历史过程。总体而言，代宗以降的诸次政治变动，尤其是长安的失陷与舆驾的播越，使唐朝不得不正面这一事实，并试图寻求新的国史解释。这一过程最终经过陆贽的全新解读，而形成了从"天命"到"人事"的转变。

安史一体为乱，是代宗朝以降对于这场叛乱的初步糅合，这一观念

---

① （唐）陆贽：《赐将士名奉天定难功臣诏》，见《陆宣公集》卷四，35 页。关于肃、代之际重塑正统的尝试，孙英刚从年号、历法的视角也曾予以探讨，参见孙英刚：《无年号与改正朔：安史之乱中肃宗重塑正统的努力——兼论历法与中古政治之关系》，见《神文时代：谶纬、术数与中古政治研究》，371～399 页，上海，上海古籍出版社，2014。

② 关于该《文范》的称颂对象，学界存在争议，其中以荣新江所持仆固怀恩说较为合理，此从其说。参见荣新江：《归义军史研究——唐宋时代敦煌历史考索》，170～175 页，上海，上海古籍出版社，2015。

经由一正一反两种力量塑造而成。正面的定义，是对史思明及其子朝义政权的界定，将其视为"继乱"，即安禄山叛乱的后续。与此相联系的，是代、德二朝对于史氏父子的一种特有称谓的出现——"史盗"。大历十四年（779）五月代宗崩后，其册文称其在两京光复、"乾维重构"之后，适逢"史盗闲衅，三河屡梗"①之新患，是以史盗代称史氏父子。贞元六年（790）于邵所撰《孙常楷神道碑》中，将肃代更替之际的政治环境描述为"属安羯史盗作乱之后"②，已将安史视为前后相继的两次叛乱。同一时期董晋撰写的《李抱真德政碑》将宝应元年（762）秋唐朝对燕政权的荡清称为"仆固怀恩之平史盗"③，将史氏政权的清剿视为叛乱平定的标志。与羯胡安禄山的构逆乱常不同，史思明的复叛被归入传统意义上的"寇盗"，是对河朔之地的盗据和攘夺，这显然是对两京光复以来"中兴"基调的延续。然而安、史两姓四朝反叛的持续性以及两河战事的残酷性，使唐人又无法回避这一事实。在这种情况下，代宗朝以降的唐廷采取了一种颇为含混的态度，将史思明父子的叛乱续于安禄山之后，但强调其盗据河朔，既符合了史实，又与乾元中兴的政治正确不背离。

塑造安史一体为乱的反面因素，是河北戡定后旋踵而至的仆固怀恩叛乱。仅仅在河北戡定半年之后，仆固怀恩就在河东发动了叛乱。这是燕政权灭亡后唐朝面临的首次挑战，它迫使唐朝对安史之乱做出了性质上的界定。宝应二年（763）七月十一日，代宗宣制，改元广德，大赦天下，平叛功臣悉赐铁券，图形凌烟阁。④ 唐廷以鲜明的态度昭示天下，叛乱已经终结。然而此时，屯兵汾州的仆固怀恩与河东节度使辛云京之间的矛盾正不断升级，一个月后的八月十三日，中使骆奉仙自河东返回，

---

① （唐）德宗：《上睿文孝武皇帝册文》，见（清）董诰等编：《全唐文》卷五四，585 页。

② （唐）于邵：《内侍省内常侍孙常楷神道碑》，见（清）董诰等编：《全唐文》卷四二九，4372 页。

③ （唐）董晋：《义阳王李公德政碑记》，见（清）董诰等编：《全唐文》卷四四六，4559 页。

④ 参见（后晋）刘昫等撰：《旧唐书》卷一一《代宗纪》，272～273 页。

带来了仆固怀恩谋反的消息。代宗采取两不相问的态度以求息事，但河东嫌隙却已然产生。① 广德二年（764）秋，仆固怀恩返回朔方招集旧部，引吐蕃入侵。仆固怀恩的叛乱给唐朝带来了一个颇为棘手的问题，即如何定义这一事件。当宝应元年（762）唐军收复洛阳之时，仆固怀恩已位居兵马副元帅，代表唐廷一手安排了战后河北的格局。对于代宗而言，一旦认定仆固怀恩为反叛，无异于否定了宝应元年（762）平叛的合法性。因此代宗非常坚定地认为"怀恩不反，为左右所误"②。

终代宗一朝，尽管"中兴"的口号日渐式微，但朝廷上下却仍旧相信唐朝当时所面临的种种困境，只是重整朝纲时难免经历的一个过程。然而德宗即位之初，便经历了河北藩镇反叛称王、朱泚之乱等一系列动乱，使得唐室中兴的最后一块遮羞布被扯下。兴元、贞元之际，重返京城的德宗亟须为即位以来的动荡局势提供一个合理的解释，而陆贽在这一过程中产生了关键作用。在《论叙迁幸之由状》中，陆贽否定了德宗此前"家国兴衰，皆有天命，今遇此厄运，应不由人"的观点，提出以"六经之教"评判历史，将唐朝此前的国史演进归因于"人事"，声言"人事著于下，而天命降于上"，"人事理而天命降乱者，未之有也；人事乱而天命降康者，亦未之有也"。③ 这一观点是对肃宗朝以来官方史观的颠覆，强调"治乱的根本在于人为"④，而"六经"则对应尧、舜、禹、汤、文、武"六圣"，是德宗所应师法者⑤。葛兆光认为"从唐德宗时代开始，很多士人就在思考国家权威的重建"，而陆贽的解决方案"显得苍白"、"空洞而保守"。⑥ 事实上对于当时的唐人而言，重振纪纲的征程从肃代之际便已开启，而

① 参见（北宋）司马光编著：《资治通鉴》卷二二三，"广德元年八月"条，7147 页。
② （后晋）刘昫等撰：《旧唐书》卷一二一《仆固怀恩传》，3489 页。
③ （唐）陆贽：《论叙迁幸之由状》，见《陆宣公集》卷一二，103～104 页。
④ 张跃：《唐代后期儒学的新趋向》，70 页，台北，文津出版社，1993。
⑤ 参见 Josephine Chiu-Duke, *To Rebuild the Empire: Lu Chih's Confucian Pragmatist Approach to the Mid-T'ang Predicament*, Albany, State University of New York Press, 2000, p. 79.
⑥ 葛兆光：《中国思想史》第 2 卷，114～115 页，上海，复旦大学出版社，2009。

陆贽的意义绝不止于空洞的说辞。从"天命"到"人事"的视角转移，至少有两个层面的意义。从国史演进的角度来说，这是唐朝官方历史观的巨大转变，亦即葛兆光所谓"历史记忆"①。从政治操作的层面来说，陆贽的"人谋"论具有鲜明的现实政治诉求，直指裴延龄、赵憬等人。

从"天命"到"人事"的转变，除了国君应有的责任外，更重要的在于臣子。陆贽将天宝末年的安禄山起兵叛唐视为里程碑事件，在贞元九年（793）对德宗的上奏中，陆贽"请指陈汴宋一管，近代成败之迹，皆陛下之所经见者"②，德宗生于天宝元年（742），所谓汴宋节度使的"近代成败"，显然是指安史之乱爆发以来的治乱得失。邱慧芬（Josephine Chiu-Duke）将陆贽称为儒家的实用主义者（Confucian Pragmatist），可谓切中要害。

在陆贽的解释体系中，安、史是相继为乱的，这种思想在当时便已产生了广泛影响。在权德舆撰写的《张孝忠遗爱碑》中，即以"幽陵首祸"、"史羯继乱"分别指涉安禄山、史思明两人的叛乱之举。③ 作于贞元年间的一方墓志也称"天宝末，贼将禄山掩有河洛，乾元之中思明继祸"④。贞元十七年（801）的《谢詹墓志》记载："大历九年，魏博节度田承嗣叛乱，不恭王命。代宗含弘，子育群生，频发制使，竟无诚款。"⑤这种认为代宗对于河北藩镇"含弘"姑息的观点，正出自贞元时人。我们看到，肃、代之际那种认为乾元以后整顿纲纪的中兴自信正在悄然消退。及至五代，

①　葛兆光：《中国思想史》第2卷，116页。

②　（唐）陆贽：《请不与李万荣汴州节度使状》，见《陆宣公集》卷二〇，214页。

③　（唐）权德舆：《唐故义武军节度使营田易定等州观察处置使开府仪同三司检校司空同中书门下平章事范阳郡王赠太师贞武张公遗爱碑铭并序》，见（清）董诰等编：《全唐文》卷四九六，5058页。

④　周绍良主编：《唐代墓志汇编》贞元〇二三《唐故朗州武陵县主簿桑公墓志铭并序》，1853页，上海，上海古籍出版社，1992。

⑤　《唐故试左武卫兵曹参军谢府君墓志》，见西安市长安博物馆编：《长安新出墓志》，214～215页，北京，文物出版社，2011。按：原录文作"代宗含弘子、育群生"，断句有误。

文献上出现了明确的"安史之乱"称谓。撰成于南吴天祐十三年(916)的《孙彦思墓志》在叙及先祖时,有"因避安史之乱,族寓合肥"①的记载,后周显德年间王朴所撰《详定雅乐疏》中也有"安史之乱,京都为墟"②的说法。尽管唐人文献中或已有类似提法,但真正在观念上将这一事件混淆为一个整体,则已迟至唐末五代了。③ 及至北宋中期,包拯向仁宗上奏"历代编户多少之数"时,称"自安史之乱,乾元已后,仅满一百二万"④,显然已在不经意间叠加杂糅了唐室中兴和王朝中衰两种先后形成的唐人国史观。

三、六十年重回太平:宪宗朝史臣群体对安史之乱以来国史的重新书写

永贞内禅之后,王叔文集团覆灭,宪宗即位,"致太平"成为一个频繁出现的词。先秦以降,"太平"一词长期存在于中国历史的政治话语中,并在特定时期作为特定工具被加以利用,往上可溯至东汉末年黄巾起义所提

---

① 周绍良、赵超主编:《唐代墓志汇编续集》天祐〇〇二《唐金紫光禄大(夫)检校司空使持节黄州诸军事黄州刺史上柱国乐安县开国男食邑三百户孙彦思墓志并序》,1170 页。

② (唐)王朴:《详定雅乐疏》,见(清)董诰等编:《全唐文》卷八六〇,9025 页。

③ 尽管该词语在两《唐书》及《资治通鉴》中已有数处出现(《旧唐书》卷一四一、卷一四二、卷一五七,《新唐书》卷五六、卷一五七,《资治通鉴》卷二二二、卷二二四、卷二二六、卷二九四),不过恐怕这一称谓更可能来自修史的宋人而非唐朝国史本身。一个典型的例子是,《新唐书·陆贽传》引陆贽《论叙迁幸之由状》称"自安史之乱,朝廷因循函养",而《全唐文》中其原文实作"自胡羯称乱,遗患未除,朝廷因循"。宋人修唐史虽多踵当时国史,然而改动、转述之处不在少数。我们看到,即如陆贽这篇著名的奏章亦颇有转述,而唐代正史中其他诸处出现"安史之乱"者更为客观陈述。要之,原始文献与出土材料均表明,安史一体为乱的观念在唐末五代最终形成。参见(北宋)欧阳修、(北宋)宋祁撰:《新唐书》卷一五七《陆贽传》,4914 页,北京,中华书局,1975;(唐)陆贽:《论叙迁幸之由状》,见(清)董诰等编:《全唐文》卷四六七,4776 页。

④ (北宋)张邦基撰:《墨庄漫录》卷二,59~60 页,北京,中华书局,2002。

出的"致太平"口号①，往下则是北宋道学兴起的重要政治追求②。但对于唐人而言，"太平"无论在政治层面还是在学术层面，都有源于本朝的"今典"可供追循。因此，我们有必要对唐人的"致太平"理念予以具体分析。

"太平"一词首次在唐人语境中大量出现，是在贞观年间。③ 及至宪宗即位后，唐朝上下普遍存在着对于天下重臻太平的想法。宪宗的"致太平"理想得到了普遍的学说支持。首先，从天道周始、国运兴衰的宏观视角出发，以韩愈为代表的古文学家提出了六十年轮回重归太平的观点。元和四年（809），韩愈在送别李益自幽州往东都时，提出了"国家失太平于今六十年矣。夫十日十二子相配，数穷六十，其将复平；平必自幽州始，乱之所出也"④的重要观点。若从天宝十四载（755）安史之乱爆发计，"其年岁在乙未，至元和九年甲午，数穷六十"。这种干支循环复始的理论，由于元和四年（809）唐廷用兵成德而变得烜赫一时。元和五年（810），永州别驾柳宗元曾致书罢相的淮南节度使李吉甫，盛赞其功业为"相天子，致太平"，具体表现为文教上"经术兴行"，武事上"暴乱剪灭"。⑤ 这说明在元和朝前期，"致太平"已经成为一种付诸实施的政治举动，而荡平地方割据势力成为实现太平的重要途径。六十年重臻太平的观点在当时产生了广泛影响，元和十四年（819），谭忠曾向幽州节度使刘总敷陈大

---

① 参见冯渝杰：《"致太平"思潮与黄巾初起动机考——兼及原始道教的辅汉情结与终末论说》，载《学术月刊》，2018（5），138～153 页。

② 参见葛兆光：《中国思想史》第 2 卷，170 页。

③ 翻检《贞观政要》一书，会发现"太平"一词频繁出现在太宗各类诏敕及其与魏徵、长孙无忌等人的对话中，贞观二年（628）王珪曾向太宗提出"人识礼教，治致太平"的政治理想［(唐)吴兢编著：《贞观政要》卷一《政体第二》，14 页，上海，上海古籍出版社，1978］，就是其中较早的一例。

④ (唐)韩愈：《送幽州李端公序》，见(唐)韩愈撰，马其昶校注：《韩昌黎文集校注》卷四，265 页，上海，上海古籍出版社，1986。参见 Charles Hartman, *Han Yü and the T'ang Search for Unity*, Princeton, Princeton University Press, 1986, pp. 143-144.

⑤ (唐)柳宗元：《上扬州李吉甫相公献所著文启》，见《柳宗元集》卷三六，919 页，北京，中华书局，1979。

义:"凡天地数穷,合必离,离必合。河北与天下相离,六十年矣,此亦数之穷也,必与天地复合。"①谭忠的观点与韩愈如出一辙,足见即便在河北,天道变易的想法也已颇为盛行。这种六十年重回太平的观点,背后是以韩愈为代表的古文学家在思想上的诉求。韩愈将唐代的历史演进比附于历史上的王道兴衰,认为"仲尼既没,诸子异端,故荀孟复之","周隋之世,王道弗兴,故文中之有作",这是唐以前的两次王道中衰;及至"唐兴,房魏既亡,失道尚华,至有武后之弊,安史之残",唐朝的王道中衰在韩愈看来须由"吾约二三子同致君复尧舜之道"。② 向往三代之治是古人常有的政治情结,"尧舜"更是对圣明君主的习惯比喻,如杜甫所谓"致君尧舜上,再使风俗淳"。然而,韩愈通过历史的比附,将"致君尧舜"提升到了恢复"王道"的高度,尧舜"由王道政治中的上古圣君变为儒道传承的精神偶像","王道乱,则有儒者出,儒道得传"。③

具体到唐代来说,则是恢复贞观一朝的盛世。在这种话语体系下,"武后之弊"与"安史之残"成为两个重要的反面标志。开元十三年(725),玄宗在宰相张说的极力促使下完成了东封泰山之举,其中一个重要的内容就是对武周时代予以定性。张说通过叙写国朝马政的发展史,借马政言人事,建构起了一个唐朝发展的政治谱系。在《大唐开元十三年陇右监牧颂德碑》中,燕公借用《左传》中卫文公复国的典故,将玄宗喻为恢复唐室的中兴之主。④ 元和元年(806),退位太上皇的顺宗驾崩,祔庙之时

---

① (唐)杜牧:《燕将录》,见《樊川文集》卷六,100 页,上海,上海古籍出版社,2009。

② (北宋)赞宁撰:《宋高僧传》卷一七《唐朗州药山惟俨传十》,388 页,上海,上海古籍出版社,2014。

③ 蒋金珅:《"致君尧舜":唐代皇帝的神圣化与士人转型》,载《杭州师范大学学报(社会科学版)》,2016(4),116 页。

④ 参见王炳文:《书写马史与建构神话——唐马政起源传说的史实考辨》,载《史林》,2015(2),74~85 页;《盛世马政——〈大唐开元十三年陇右监牧颂德碑〉的政治史解读》,见中国中古史集刊编委会编:《中国中古史集刊》第 4 辑,北京,商务印书馆,2017。

"将行祧迁之礼"，朝议以为"中宗中兴之主，不当迁"，而蒋乂则认为中宗即位不久即"受母后篡夺"，后经"五王翼戴，方复大业"，因此"止可同于反正，不得号为中兴"。①

其次，从政治层面来说，宪宗朝的"致太平"实质上是对代、德二朝姑息之政的间接否定。德宗即位之初，幽州、成德、魏博、淄青四镇联合反叛，尽管未能独立，却迫使唐廷承认了父子相承的"河朔故事"，并在中央与河北之间建立起一种相对稳定的政治关系。② 我们看到，终玄宗一朝唐廷上下并未有"太平可臻"的愿望，当时的人对于国家的政治现状总体上是认可的，代宗以降唐廷对国家现状的不满和对于唐初盛状的追及，是玄宗朝所不具有的。显然仅有政治比喻，仍不足以突显安史之乱的转折地位，"致太平"的政治呼声，从根本上说源于唐廷强烈的现实诉求。这种诉求首先表现为对贞元政治的否定。永贞内禅之后，王叔文集团覆灭，宪宗方得以继位。尽管对德宗本人的评价颇为敏感，甚至韩愈要以《毛颖传》这样的俳谐文体表达"伤陆贽、讽德宗"之意③，但宪宗朝对贞元年间乃至整个德、顺二朝的朝政却产生了普遍的质疑和反思。在这种反思的舆论之下，建中以降的朝政被与朝臣内斗、信用佞臣、绥靖藩镇等画上等号。正如陆扬所说，宪宗"改变了安史之乱之后，特别是德宗以来的政治游戏规则"④。具体到政治层面，则"这种重建权威的当

---

① （后晋）刘昫等撰：《旧唐书》卷一四九《蒋乂传》，4027～4028 页。

② 参见 Jonathan Mirsky, "Structure of Rebellion: A Successful Insurrection during the T'ang," *Journal of the American Oriental Society*, Vol. 89, No. 1, 1969, pp. 67-87.

③ 参见孙羽津：《韩愈〈毛颖传〉新论》，载《文学遗产》，2018(4)，75～84 页。海陶玮(James R. Hightowers)将俳谐文视为韩愈内心想法的一种特殊表达方式，参见 James R. Hightowers, "Han Yu as Humorist," *Harvard Journal of Asiatic Studies*, Vol. 44, No. 1, 1984, pp. 5-27. 韩愈诗歌中尚有数首表达了"对德宗绥靖骄藩政策的批评"，参见 Charles Hartman, *Han Yü and the T'ang Search for Unity*, p. 40.

④ 陆扬：《西川和浙西事件与元和政治格局的形成》，见《清流文化与唐帝国》，55 页，北京，北京大学出版社，2016。

务之急，就是通过外御强敌、内平藩镇和重建思想文化的系谱来强化皇权"①。韩愈与王叔文集团并无本质上的联系，且对柳宗元等身处其中的友人持批评态度。② 及至宪宗即位，唐廷一改往日的绥抚策略，希望将河北诸镇节帅的任命权力收归中央。元和十年(815)，刑部员外郎崔元略在为宦官李辅光撰写的墓志中，以"内臣干国，率多纵败"来指代"建中岁，德宗御宇"的朝中情形。③ 元和十四年(819)，崔群在与宪宗论及玄宗治国得失时，提出了将张九龄罢相作为唐代盛衰变易节点这一影响至为深远的观点。他认为："人皆以天宝十四年安禄山反为乱之始，臣独以为开元二十四年罢张九龄相，专任李林甫，此理乱之所分也。"④长庆四年(824)，韦处厚上疏新即位的敬宗称："建中之初，山东向化，只缘宰相朋党，上负朝廷。杨炎为元载复仇，卢杞为刘晏报怨，兵连祸结，天下不平。"⑤作为《德宗实录》的主要编纂者，韦处厚的这一观点也集中体现了宪宗以降的史家对代、德二朝政治的反思。韦处厚将德宗初年河北藩镇的叛乱归因于杨炎、卢杞等佞臣的朋党斗争，而事实上他本人正身处于牛李党争的旋涡之中，这段论述的起因也在于"敬宗嗣位，李逢吉用事，素恶李绅，乃构成其罪"⑥。显然，这一影响至深的论断并非单纯出于历史学的考虑，而是基于宪宗朝以降党争日炽的政治诉求。及至武宗、宣宗年间，对安史之乱以后的历史有了进一步的分期，这在杜牧的著作中有集中体现。在这一时期，宪宗的文治武功得到了极高的评价，杜牧

---

① 葛兆光：《中国思想史》第 2 卷，115 页。

② 参见 *The Veritable Record of the T'ang Emperor Shun-tsung*，translated with introduction and notes by Bernard S. Solomon，Cambridge，Harvard University Press，1955，pp. xiii-xvi.

③ 周绍良主编：《唐代墓志汇编》元和〇八三《唐故兴元元从正议大夫行内侍省内侍知省事上柱国赐紫金鱼袋赠特进左武卫大将军李公墓志铭并序》，2007 页。

④ (北宋)司马光编著：《资治通鉴》卷二四一，"元和十四年九月"条，7773 页。

⑤ (后晋)刘昫等撰：《旧唐书》卷一五九《韦处厚传》，4184 页。

⑥ (后晋)刘昫等撰：《旧唐书》卷一五九《韦处厚传》，4183 页。

明确认为"元和功德，凡人尽当歌咏纪叙之"①，元和中兴成为时人的共识。

要而言之，安史之乱的特殊地位，源于唐人在现实政治利益驱使下对于本朝历史的层累书写和持续塑造。综合以上论述来看，后世完整意义上的"安史之乱"，其形成至少结合了两层重大因素，即"羯胡乱华"的中兴隐喻，以及王朝衰落的政治诉求。一个明显的对比是，开元十三年（725）东封泰山时，张说只是将武周时期定义为如马政一般的凋敝，玄宗即位后唐朝的国运重趋昌盛；而代宗以降的舆论则普遍认为安史之乱以后唐朝趋于凋敝。简言之，玄宗朝的时人认为"一度不好而现在很好"，代宗以降人们则日益倾向于认为"曾经很好而现在不好，但将来一定会很好"。可以说，两宋以降人们所谈论的"安史之乱"，其实是一段叠加形成的唐后期政治史。

四、"盛唐"概念的演变与唐史分期

论述至此，这个问题并没有结束，我们还需要对安史之乱本身的分期意义予以探讨，而与唐朝国史重构密切相关的，是"盛唐"这一概念的产生。以"初唐"、"盛唐"、"中唐"、"晚唐"四个阶段划分唐朝，似乎已成为学界除安史之乱两分法以外的一种惯用常识。然而只要我们稍加用心去审视，不难发现其中的不合理之处。朝代名居后而时间点在前，在历朝中似仅唐朝如此。② 尤为引人注目者，则在于唐朝的历史划分中出现了一个独一无二的概念——"盛唐"。与"初"、"中"等时间界定不同，"盛唐"带有显而易见的主观判断。以此为核心，此前的历史具有了明确

---

① （唐）杜牧：《上知己文章启》，见《樊川文集》卷一六，241 页。

② 迄今为止，在正式的历史学指称中，未见有"初周"、"盛汉"、"中明"这样的划分概念，"初唐"等称谓给人的首先感觉，是语序上的明显倒置。当然，"晚明"、"晚清"等概念确实长期存在，但这恐怕更多来自特定历史时期形成的习惯，不能作为一般的参照依据。

的导向性和目的性，此后的历史则始终伴随着一个既有的参照标准。事实上，"盛唐"这一独特的概念正是探寻唐朝历史建构的关键点，有必要对其渊源流变加以还原和辨析。

"盛唐"一词，在唐代以前就已存在，其中的"唐"本指唐尧之世。《左传·襄公·襄公二十九年》载季札观乐至《唐》，以"令德之后"赞美"陶唐氏之遗民"①，将音乐与唐尧盛世联系起来，成为后世追慕的历史图景。这一意象经汉武帝南巡祭祀而得以添加更为直白的政治喻义。元封五年（前106）冬，武帝"行南巡狩，至于盛唐"，此处盛唐为汉县，地当今安徽六安，武帝于此"望祀虞舜于九嶷"，射蛟于浔阳江，最后"舳舻千里，薄枞阳而出，作《盛唐枞阳之歌》"②，极尽一时之盛，并成为汉家近典。建安十四年（209）曹操率军溯淮水至合肥与孙权接战，曹丕《溯淮赋》认为"虽孝武盛唐之时"③而不及，正是用了汉朝之典。魏晋以降，叠加了古典与近事的"盛唐"一词成为固定的文学意象。如果说庾信的"曲高大夏，声和盛唐"④尚是单纯以唐尧入诗的话，谢朓《出藩曲》中"铙音《巴渝曲》，箫鼓《盛唐歌》"⑤一句，以"盛唐"对"巴渝"，则已显然融合了两重典故。无论如何，"盛唐"一词在南朝已发展为高度成熟的典故，成为礼乐盛世的代名词。

那么这一成典是否会被以"唐"为国号的李唐王朝自然因袭呢？实际情况并非如此。就目前所见各类文献来看，唐人更倾向于使用"圣唐"、"皇唐"这一类名词来指称本朝。早在贞观五年（631），李百药为太宗所作

① 杨伯峻编著：《春秋左传注》，"襄公二十九年"，1163页，北京，中华书局，1990。

② （东汉）班固撰：《汉书》卷六《武帝纪》，196页，北京，中华书局，1962。

③ （隋）虞世南撰：《北堂书钞》卷一三七《舟部上》，603页，天津，天津古籍出版社，1988。

④ （北周）庾信：《周祀宗庙歌·昭夏》，见（北周）庾信撰，（清）倪璠注：《庾子山集注》卷六，456页，北京，中华书局，1980。

⑤ （南朝齐）谢朓：《出藩曲》，见（南朝齐）谢朓撰，曹融南校注：《谢宣城集校注》卷二，151页，上海，上海古籍出版社，1991。

《赞道赋》中便有"赫矣圣唐,大哉灵命"①的说法,作于永徽二年(651)的《支茂墓志》也称志主"圣唐膺运,早预义旗"②,皆是以"圣唐"指称本朝。这种称呼终有唐一代始终存在,直至昭宗年间,司空图还有"圣唐照临万方"③之说,甚至后唐薛昭文的《陈十事疏》仍以"复居圣唐之运祚"④来赞美李存勖。"皇唐"之称与此相似。这种宣扬国威、昭示天命的自我指称自古即有,除了国号前加"大"字这种历朝通用的做法外,不同朝代又有一些特定的自称,如汉代人自称为"圣汉"、"强汉"⑤,晋人自称为"圣晋"⑥,北魏时人亦称"圣魏"、"皇魏"⑦,皆是此类。就唐朝而言,"圣唐"往往出现在天命、天道等语境下,是唐人对于本朝的一种常见美称。

相比之下,"盛唐"的提法在唐朝初年就显得不是那么主流,出现频次也明显少一些。例如,王绩有"去去相随去,披裘骄盛唐"⑧的诗句。如果仔细观察,我们会发现"盛唐"之说在玄宗朝以后开始变得常见。例如,李华的"烈烈盛唐,祖武宗文,五帝报德"⑨,以"盛唐"勋业比五帝功德,显然是将唐朝称为"盛唐"。刘禹锡为李绛文集所作序言称其为"盛

---

① (唐)李百药:《赞道赋》,见(唐)吴兢编著:《贞观政要》卷四《规谏太子第十二》,132页,又见(清)董诰等编:《全唐文》卷一四二,1437页。

② 周绍良主编:《唐代墓志汇编》永徽〇一六《大唐故户曹骑都尉支君墓志铭》,140页。

③ (唐)司空图:《华帅许国公德政碑》,见(清)董诰等编:《全唐文》卷八一〇,8519页。

④ (后唐)薛昭文:《陈十事疏》,见(清)董诰等编:《全唐文》卷八四三,8865页。

⑤ 以汉元帝时为例,平当上书中有"今圣汉受命而王"的说法,而郑吉上书则称自己"幸得建强汉之节"。[(东汉)班固撰:《汉书》卷七一《隽疏于薛平彭传》,3049页;卷七〇《傅常郑甘陈段传》,3008页。]

⑥ 晋惠帝初年,围绕秦王司马柬的丧制问题,中丞傅咸曾上书力争,言及"爰自汉魏迄于圣晋"[(唐)房玄龄等撰:《晋书》卷六〇《李含传》,1641页]。

⑦ 北魏孝文帝时,史官李彪上疏追述国初史事,称"圣魏之初,拨乱返正"[(北齐)魏收撰:《魏书》卷六二《李彪传》,1389页]。

⑧ (唐)王绩:《赠李征士大寿》,见《王无功文集》卷三,107页,上海,上海古籍出版社,1987。

⑨ (唐)李华:《含元殿赋》,见(清)董诰等编:《全唐文》卷三一四,3188页。

唐之遗直"①，考虑到孔子将叔向称为"古之遗直"②，则梦得此处似以"盛唐"为古。元和十四年(819)的《王守廉墓志》有"远祖从宦，因居上党焉，相袭自远，迄于盛唐"③的说法，以"盛唐"指唐朝立国以降；开成四年(839)的《辅氏墓志》同样以"迄于盛唐"④的说法指称唐代。一句话，"盛唐"的概念在玄宗朝之后逐渐清晰起来。

　　造成这种现象的一个重要原因，仍在于我们此前提到的古文运动。这场声势浩大的文学运动，其终极诉求在于对全新文风的确立，这使得古文学家们亟须书写一部近世以降的文学演变史，借以突显古文兴起的历史意义。及至代宗朝，梁肃提出了唐代文章三变的重要观点，称："唐有天下几二百载，而文章三变：初则广汉陈子昂以风雅革浮侈，次则燕国张公说以宏茂广波澜，天宝已还，则李员外、萧功曹、贾常侍、独孤常州比肩而出，故其道益炽。"⑤这一观点被后来的古文学家奉为圭臬，并作为一种社会思潮而得以在唐亡之后持续发酵，得到了欧阳修等宋代文人学者的高度认可。在编撰《新唐书·艺文志》时，欧阳修对唐代文学的演变做出了更加明晰的划分：

　　　　唐有天下三百年，文章无虑三变。高祖、太宗，大难始夷，沿
　　江左余风，缔句绘章，揣合低印，故王、杨为之伯。玄宗好经术，
　　群臣稍厌雕瑑，索理致，崇雅黜浮，气益雄浑，则燕、许擅其宗。
　　是时，唐兴已百年，诸儒争自名家。大历、贞元间，美才辈出，擩
　　哜道真，涵泳圣涯，于是韩愈倡之，柳宗元、李翱、皇甫湜等和之，

----

　　①　(唐)刘禹锡：《唐故相国李公集纪》，见《刘禹锡集》卷一九，225 页，北京，中华书局，1990。
　　②　杨伯峻编著：《春秋左传注》，"昭公十四年"，1367 页。
　　③　周绍良主编：《唐代墓志汇编》元和一三三《唐故左领军卫太原丰州府折冲都尉员外王府君墓志铭并序》，2043 页。
　　④　周绍良主编：《唐代墓志汇编》开成〇三〇《唐左春坊太子典膳郎河东卫君夫人扶风辅氏墓志铭并序》，2189 页。
　　⑤　(唐)梁肃：《补阙李君前集序》，见(清)董诰等编：《全唐文》卷五一八，5261 页。

> 排逐百家，法度森严，抵轹晋、魏，上轧汉、周，唐之文完然为一
> 王法，此其极也。①

与梁肃相比，欧阳修得以完整地观察有唐一代的文学演进，也因此做出
了更为宏观的总结。他将韩愈确立为第三代唐文领袖，体现出对古文运
动的充分肯定。事实上，这种三分变化的思想在中国历史上有悠久的传
统②，但欧阳修的划分显然具有更为现实的诉求。如果上述引文尚不能
完全看出来的话，那么下面这段出自《新唐书·兵志》的论断恐怕就是无
人不知了：

> 盖唐有天下二百余年，而兵之大势三变，其始盛时有府兵，府
> 兵后废而为彍骑，彍骑又废，而方镇之兵盛矣。及其末也，强臣悍
> 将兵布天下，而天子亦自置兵于京师，曰禁军。其后天子弱，方镇
> 强，而唐遂以亡灭者，措置之势使然也。③

两相对比，我们发现唐文三变的落脚点在于古文，而兵制三变的落脚点
则在于藩镇。无论是古文还是藩镇，都是何其现实的宋人诉求！正如张
国刚所说，"中国官方史学传统的惯常现象是，新王朝关注什么问题，就
会在官修史书中特别突出地总结前朝在这个问题上的得失"④。值得注意
的是，对于欧阳修来说，兵制的三分法从"垂戒资治"的层面体现出他对
唐朝历史的精准把握⑤，与文学的划分无涉。所谓一变而唐兴，再变而

---

① （北宋）欧阳修、（北宋）宋祁撰：《新唐书》卷二〇一《文艺传上》，5725～
5726 页。
② 参见徐海容：《"唐文三变说"的提出及相关问题》，载《山西师大学报（社会
科学版）》，2015（2），74～77 页。
③ （北宋）欧阳修、（北宋）宋祁撰：《新唐书》卷五〇《兵志》，1323～1324 页。
④ 张国刚：《唐代藩镇研究（增订版）》，219 页，北京，中国人民大学出版社，
2010。
⑤ 参见张国刚：《唐代兵制的演变与中古社会变迁》，载《中国社会科学》，
2006（4），178 页。

唐盛，三变至唐亡，此"兵之大势"实已上升至唐代政治乃至历史演变的高度。然而对于学界乃至普通大众来说，却很容易将唐代的古文之变与制度之变混为一谈，从而使唐代制度史的研究滑入一个万金油般的"盛唐"概念中。

这种被混淆后的"盛唐"概念颇具弹性：特指玄宗朝之兴盛时，它具有历史学的分期参照功能；泛指有唐一代时，它又充溢着追慕昔日繁盛的感性情绪。尤其是它的泛指功用，对于唐朝形象在民众思想中的普及，以及对于唐代历史的程式化，都有着不可忽视的作用。例如，范祖禹曾对治乱之法有如下论述："夫唐太宗之政如彼，汉高祖之法如此，有天下者当以盛唐为法乎？当以季汉为法乎？"①是以太宗贞观之政当为"盛唐"。又如，胡三省注《资治通鉴》时，除地名以外的"盛唐"集中出现在五代部分，多是对整个唐朝的追忆。② 再如，《辽史·仪卫志》中有"盛唐辇辂，尽在辽廷"③的说法，显然是以"盛唐"指称唐代。史家尚且如此，民众又何以免俗。这种高度情结化的因素逐渐渗入欧阳修确立的唐史三分法，再加上安史之乱早已形成的分水岭形象，最终在不知不觉中演变为后来常见的唐史分期法。

---

① （北宋）范祖禹：《转对条上四事状》，见《范太史集》卷二二，收入《景印文渊阁四库全书》第 1100 册，274 页，台北，台湾商务印书馆，1986。

② 例如，论及蜀主王衍"禁锦绮珍奇不得入中国"时，援引"自盛唐以来，蜀贡赋岁至京师"之旧事加以批判；又如，指出"后唐盖仿盛唐之制，朝会立仗有亲、勋、翊三卫"。[（北宋）司马光编著：《资治通鉴》卷二七三，"同光二年五月"条，8921 页；卷二七六，"天成三年八月"条，9022～9023 页。]诸如此类多达十余处，均以"盛唐"代指唐朝。

③ （元）脱脱等撰：《辽史》卷王五《仪卫志一》，901 页，北京，中华书局，1974。

第二章　论河北胡化的两个阶段

　　作为唐代乃至中古史最引人瞩目的事件，安史之乱涉及胡化、党争、兵制、藩镇等诸多重要学术领域，但这也恰恰使其至今仍缺乏系统研究。蒲立本（Edwin G. Pulleyblank）指出："或许正因为安史之乱太为人所熟知，它背后所隐藏的历史事件才恰恰未能引起专业历史学家的重视。"① 迄今为止我们尚未见到对这一事件进行直接研究的著作，很大程度上正是源于其牵涉的问题过于散漫芜杂，这种局面迫使研究者梳理出若干主要线索，有所取舍地从某个特定角度进行探讨。② 我们看到，从唐人最初的指称直到现代学术界的界定，安史之乱始终贯穿着两条彼此交织的主线——政治与民族。

---

　　① Edwin G. Pulleyblank，*The Background of the Rebellion of An Lu-shan*，London，Oxford University Press，1955，Preface. 中译本参见［加］蒲立本：《安禄山叛乱的背景》，丁俊译，上海，中西书局，2018。

　　② 《二十世纪唐研究》编者之一的胡戟认为："对于安史之乱的研究，主要集中于以下两个问题：安史之乱爆发原因，安史之乱的影响。"（胡戟、李斌城、张弓等主编：《二十世纪唐研究》，46 页，北京，中国社会科学出版社，2002。）李碧妍引仇鹿鸣观点认为："对于安史之乱这一唐史研究中的重大问题，令人疑惑的是，除了蒲立本早期开拓性的研究外，国内很少有专门著作对安史之乱的整个过程加以详细地考订。因此时至今日，对于这一改变整个唐史走向的关键性事件的实证研究，看来依旧显得有所不足。"（李碧妍：《危机与重构——唐帝国及其地方诸侯》，2 页，北京，北京师范大学出版社，2015。）

一、从"胡地"到"戎墟"：河北意象的变迁

"胡地"之典，出于《战国策》。赵武灵王"将胡服骑射以教百姓"，在贵臣肥义的支持下，立定"胡地中山吾必有之"的决心。① 这就是著名的武灵王平昼闲(间)居以定"胡服骑射"的典故。从其"权甲兵之用"以"计胡、狄之利"的初衷来看，此处"胡地"是指赵国北部紧邻的胡人领地。不过在经历中古漫长的社会变迁之后，"胡地"逐渐扩展为普遍意义上的胡人聚居区，这在唐人的语境中尤为明显。怛罗斯之战中李嗣业曾对高仙芝说"将军深入胡地，后绝救兵"②，是指胡人的势力范围；陈子昂曾描述唐军远至突利城的情形——"胡地隆冬，草枯泉涸，南中士马，不耐祁寒"③，以"胡地"对"南中"，可见其北徼边地之意；吕令问"下代郡而出雁门，抵平城而入胡地"④，则"胡地"泛指唐厥交界的代北区域；至于灵州辖下灵武县"本汉富平县之地，后魏破赫连昌，收胡户徙之，因号胡地城"⑤，则显就胡人聚居区而言。故此，"胡地"在唐人语境中是对边塞之地和胡人生活聚居地区的一种泛称。

"戎墟"之典，出于《左传》。《左传·僖公·僖公二十二年》载："平王之东迁也，辛有适伊川，见被发而祭于野者，曰：'不及百年，此其戎乎！其礼先亡矣。'秋，秦、晋迁陆浑之戎于伊川。"⑥披发被周人视为典型的夷狄风俗，"祭于野"即野祭或说墓祭，与当时盛行的祭于宗庙或室

①　(西汉)刘向集录：《战国策》卷一九《赵策二·武灵王平昼间居》，653～655页，上海，上海古籍出版社，1985。
②　(后晋)刘昫等撰：《旧唐书》卷一○九《李嗣业传》，3298页。
③　(唐)陈子昂：《谏曹仁师出军书》，见(清)董诰等编：《全唐文》卷二一三，2159页。
④　(唐)吕令问：《云中古城赋》，见(清)董诰等编：《全唐文》卷二九六，2996页。
⑤　(唐)李吉甫撰：《元和郡县图志》卷四《关内道四·灵武县》，94页，北京，中华书局，1983。
⑥　杨伯峻编著：《春秋左传注》，"僖公二十二年"，393～394页。

内的周礼迥异，辛有见微知著，从披发野祭的民间行为中觉察到该地周礼的沦落（“其礼先亡”），而百余年后秦、晋两国将陆浑之戎迁至密迩成周的伊川，使辛有的预言成为现实，“伊洛之地”与“戎狄之墟”两种反差甚巨的意象首次联系在一起，对时人内心产生了巨大冲击。及至西晋末年，五胡内迁，典午南浮，辛有的典故再次被广泛提及，并出现了“戎墟”这一确定意象。东晋义熙元年(405)，远在凉州的李暠给晋安帝的上表谓：“自戎狄陵华，已涉百龄，五胡僭袭，期运将杪，四海颙颙，悬心象魏。……今帝居未复，诸夏昏垫，大禹所经，奄为戎墟，五岳神山，狄污其三，九州名都，夷秽其七，辛有所言，于兹而验。”①这里显然是以“戎墟”指涉被“夷狄”之类的北方政权所据有的中原故土。这在萧绮为《拾遗记》所作序文中也可清晰看出，所谓“当伪秦之季，王纲迁号，五都沦覆，河洛之地，没为戎墟，宫室榛芜，书藏堙毁”②，是一种本于传统礼乐的夷夏之辨。随着北方政治格局的变动，到了魏收编撰《魏书》时，“戎墟”已俨然成为拓跋皇室对周边割据政权的指斥，他将张寔、沮渠蒙逊等人斥为乘“周德之衰”而“介在人外，地实戎墟，大争鸮张，潜怀不逊”，以致“终为擒灭”③，体现出基于现实政治诉求的鲜明正统观。而僧祐在力图“设教移俗”以争取佛教地位时，也恰是以“伊洛本夏，而鞠为戎墟；吴楚本夷，而翻成华邑”④的现实来作为论据。可以看到，“戎墟”之典在产生和发展演变的过程中，始终包含着夷夏之辨和正统之别这两个层面的因素，夷狄凭陵是表层的动因，最终仍要落到正统性与合法性的现实层面。

元和七年(812)魏博节度使田季安去世，大将田兴归唐并得授节钺，赐名弘正。在给朝廷的谢表中，田弘正对安史之乱以后的河北情形做出

---

① （唐）房玄龄撰：《晋书》卷八七《凉武昭王李玄盛传》，2260～2261页。

② （南朝梁）萧绮：《萧绮序》，见（晋）王嘉撰，（南朝梁）萧绮录：《拾遗记》，1页，北京，中华书局，1981。

③ （北齐）魏收撰：《魏书》卷九九《张寔沮渠蒙逊传》，2210页。

④ （南朝梁）僧祐：《弘明集后序》，见刘立夫、魏建中、胡勇译注：《弘明集》(下)，1002页，北京，中华书局，2013。

如下描述：

> 臣家本边塞，累代唐人，从乃祖乃父以来，沐文子文孙之化。臣幸因宗族，早列偏裨，空驰戎马之乡，不睹朝廷之礼。……伏自天宝以还，幽陵肇祸，山东奥壤，悉化戎墟，虽外一车书，而内怀枭獍，官封代袭，刑赏自专，国家含垢匿瑕，垂六十载。①

田弘正是首任魏博节度使田承嗣的从侄，他出生于广德二年（764）②，此时安史之乱已经结束一岁，因此他自幼即生长于魏州。所谓"家本边塞"是就田弘正之先"世事卢龙军为裨校"③的旧事而论的，"乃祖乃父以来"是指田承嗣及其从弟田廷玠（田弘正之父）在随安禄山叛乱前所获的低级职位（承嗣为幽州节度侲裨将，廷玠为平舒丞）。田弘正以"空驰戎马之乡，不睹朝廷之礼"自叙其幼年时期，重在强调魏州礼乐文教的缺失。结合元和年间的政治局势，我们可以明确其奏表中的"山东"是指包括了河北三镇与淄青道在内的四镇之地，因此，所谓"山东奥壤，悉化戎墟"正是就河朔的政治割据性而言的，是对《左传》以来"戎墟"之典中正统性与合法性含义的进一步突出。田弘正不曾经历其先祖在幽营"胡地"的走马豪侠，他的看法反映出时隔六十几年后，时人对河北的观念在潜移默化间的巨大转变。

20世纪40年代，陈寅恪基于文化史观提出了著名的河北胡化理论，指出肇端于玄宗朝后期的河北胡化现象以及安史军中大量存在粟特胡人的事实，并具体阐释："一为其人之氏族本是胡类，而非汉族；一为其人之氏族虽为汉族，而久居河朔，渐染胡化，与胡人不异。前者属于种族，

---

① （唐）田弘正：《谢授节钺表》，见（清）董诰等编：《全唐文》卷六九二，7105～7106页。"虽外一车书，而内怀枭獍"一句，《旧唐书·田弘正传》作"外抚军马，内怀枭獍"[（后晋）刘昫等撰：《旧唐书》卷一四一《田弘正传》，3850页]。

② 《新唐书》卷一四八《田弘王传》载："长庆元年七月……遇害，年五十八。"（4784页）

③ （后晋）刘昫等撰：《旧唐书》卷一四一《田承嗣传》，3837页。

后者属于文化。质言之，唐代安史乱后之世局，凡河朔及其他藩镇与中央政府之问题，其核心实属种族文化之关系也。"①史学界对于陈寅恪的这一理论存在着两种不同的态度。一方面，这一学说直指安史之乱最为核心的种族文化问题，为观察唐中期种族的变迁、叛乱的爆发、河朔割据局面的形成等重要历史现象提供了很好的角度，因此长期以来被视为研究安史之乱的支柱理论。随着近年来中国境内大量粟特人墓葬的出土及相关石刻资料的整理刊布，安史之乱与河北胡化重新成为学界关注的热点问题。② 另一方面，作为一种宏观性的文化史解释模式，这一理论在贯穿陈氏"种族文化说"的同时，却在有意无意间绕开了政治史上的一些原则性问题，且在构建过程中难免忽略了一些细节，这使得陈寅恪的胡化理论从其诞生之初便受到来自多方面的质疑和批判，集中体现在对河北地域特殊性和胡化种族构成两个问题的争议上。③ 更多的学者则持

① 陈寅恪：《唐代政治史述论稿》，212 页，北京，生活·读书·新知三联书店，2001。陈寅恪曾就北朝胡化认为："总而言之，全部北朝史中凡关于胡汉之问题，实一胡化汉化之问题，而非胡种汉种之问题，当时之所谓胡人汉人，大抵以胡化汉化而不以胡种汉种为分别，即文化之关系较重而种族之关系较轻，所谓有教无类者是也。"（陈寅恪：《隋唐制度渊源略论稿》，79 页，北京，生活·读书·新知三联书店，2001。）林悟殊认为其"重文化而不重血统"，"主张以一个人所接受或认同的生活方式、思想观念来判断其民族属性，比起单纯的血统论，自然要高明得多"。[林悟殊：《陈寅恪先生"胡化"、"汉化"说的启示》，载《中山大学学报（社会科学版）》，2000 (1)，46 页。]据此可见，陈寅恪胡化理论的基本出发点正是其一贯强调的文化史观。

② 以荣新江、森部丰为代表的学者，以出土墓志为基础对河北胡化理论进行了深化和发展，相关成果集中于荣新江：《中古中国与外来文明》，北京，生活·读书·新知三联书店，2001；荣新江：《中古中国与粟特文明》，北京，生活·读书·新知三联书店，2014；[日]森部豊：《ソグド人の東方活動と東ユーラシア世界の歴史の展開》，大阪，廣済堂，2010。

③ 谷霁光、蒲立本等人主张从北朝以来山东地区与关中的政治敌对关系来解释河北的地域特殊性；而以黄永年为代表的学者，则对安史军队的种族构成提出不同意见，强调胡化中契丹等东北民族的重要性。参见谷霁光：《安史乱前之河北道》，原载《燕京学报》，第 19 期，1936，197~209 页，见《史林漫拾》，229~239 页，福州，福建人民出版社，1982；Edwin G. Pulleyblank, *The Background of the Rebellion of An Lu-shan*, pp. 75-81；黄永年：《"羯胡""柘羯""杂种胡"考辨》，载《文史》，1980(4)，又见《文史探微——黄永年自选集》，312~324 页，北京，中华书局，2000。

相对中立的观点，在认可河北胡化现象的前提下对其内部结构进行了更为细致的探讨。①

　　无论对其持何种态度，河北胡化在安史之乱的研究中都是一个无法回避的问题。陈寅恪向来重视政治斗争在中古史研究中的作用，遗憾的是他对于安史之乱的诠释止步于文化史的宏观解释，然而他关于中央革命、党派斗争、蕃兵部落等相关问题的卓越见解，似乎暗示着借鉴政治史研究完善和深化河北胡化理论的可能性。森部丰指出："认为单一种族是安史军队的主体，不但史料上不可能，也与历史真相相去甚远。"②中古史料的特点决定了我们不可能对河北族群结构进行精确的测算，即便获得某种局部性的可靠统计，也并不见得能揭示出历史演进的内部动因。此外，安史之乱的相关史料具有两面性。一方面，这样一场旷日持久的动乱在唐人记忆中留下了深刻的烙印，相关的军事行动、政治决策也有很多，这使得安史之乱在史料中多有提及。另一方面，叛乱对于各类文档、记载的毁坏也是不容否认的事实。这其中既有战火之中遗失的部分，也有时人对于一些敏感历史记录的刻意篡改、掩饰乃至销毁。

　　欧阳修依外族盛衰而列出有唐一代的四大边患，依次是突厥、吐蕃、回纥、南诏。③ 陈寅恪更是将其总结为"外族盛衰连环性"。以太宗朝第一突厥汗国覆亡为标志，唐朝开始在北方边境大量设置羁縻府州，大批突厥、铁勒、粟特、契丹等部族移居进来。随着第二突厥汗国的复兴和东北契丹的逐渐强大，这些内附蕃部时叛时服，唐朝并不能完全予以控制，"胡天八月即飞雪"这样的诗句反映出在唐前期中原时人的眼里，胡

---

① 张国刚认为"河朔型藩镇是具有游离性与依附性并存的双重特点的，不能把它们的割据绝对化"，"河朔割据的形成，不单单是安史之乱的后遗症，实际上还是新的政治形势和军事形势所造成的一种局面"。（张国刚：《唐代藩镇研究（增订版）》，25、49 页。）

② ［日］森部豊：《ソグド人の東方活動と東ユーラシア世界の歴史の展開》，90 頁。

③ 《新唐书》卷二一五上《突厥传上》载："唐兴，蛮夷更盛衰，尝与中国亢衡者有四：突厥、吐蕃、回鹘、云南是也。"（6023 页）

人的聚居区是与中原多有不同的地方。以安史之乱为界标，动地的渔阳鞞鼓除了带来大批幽营胡人军队，也带来了此后河朔与唐朝中央的长期对峙。安史之乱与河北胡化，是政治与民族因素相交织的问题，也是理解唐后期河朔三镇特质的关键。张国刚指出，"在安史之乱平定前后，唐王朝面临的政治矛盾的焦点和军事斗争的重心都已发生新的转移。唐廷与安史叛乱势力的矛盾已相对地让位于它与反叛势力——新起军阀和宦官势力的矛盾"，而"河朔割据的形成，不单单是安史之乱的后遗症，实际上还是新的政治形势和军事形势所造成的一种局面"。① 安史之乱是一次契机，它使得此前集聚于幽营诸州的诸蕃胡人大举南下。然而这一历史事件首先又是一次激烈的政治斗争、一场旷日持久的战争，南下的胡人军将与河北道本身的军事力量相结合②，形成了日后雄踞河北一百五十年的河朔藩镇。众多学者已经注意到大量胡人在战后迁入河北的现象，然而与此同时我们又不得不承认，日益形成的河朔藩镇的首要特点并非典型的胡化，而是有了包括政治结构、军事构成、婚姻网络诸方面的自身独特的性格特征。③ 早在战乱平复初期，魏博节度使田承嗣就曾向郭子仪的使者西向跪拜并称"此膝不屈于人若干年矣"④，表现出对于中央政治的认同。到了元和初年田弘正归朝时，指出了河北"悉化戎墟"的状况，是河朔藩镇对于其身份的自我认定。及至唐末，以河北为代表的胡汉语境更是趋于消解⑤，"胡化"俨然已成为一个历史名词。

---

① 张国刚：《唐代藩镇研究（增订版）》，25 页。

② 河北在武周时期开始设立团结兵及相应军镇，并在玄宗朝得到极大的发展和壮大，相关论述参见［日］日野開三郎：《団結兵・鎮将と藩鎮体制》，见《日野開三郎東洋史学論集》第 1 卷《唐代藩鎮の支配体制》，182～188 页，東京，三一书房，1980；方积六：《关于唐代团结兵的探讨》，载《文史》，1985(2)，95～108 页；张国刚：《唐代团结兵问题辨析》，载《历史研究》，1996(4)，37～49 页。

③ 关于河朔藩镇的结构特点，参见［日］渡辺孝：《魏博と成德——河朔三鎮の権力構造についての再検討》，载《東洋史研究》，第 54 卷，第 2 號，1996，96～139 页。

④ （北宋）司马光编著：《资治通鉴》卷二二七，"建中二年六月"条，7302 页。

⑤ 参见邓小南：《论五代宋初"胡/汉"语境的消解》，载《文史哲》，2005(5)，57～64 页。

从这一历史进程中我们可以看到，安史之乱与河北胡化之间存在双重关系。一方面，安史之乱是整个唐前期北方民族矛盾的总爆发，也是中原地区所经历的最直接、最深刻的一次胡化。随着安史叛军的南下及燕政权的建立，大批幽营地区的胡人军将进入河北，带来了蕃部蕃兵及相应的军事组织制度，以及典型的胡化信仰。另一方面，经此动乱，胡化这一主题反而悄然退出唐后期的历史舞台，河朔藩镇取代了胡化，成为唐后期的主要问题之一。一般来说，历史学家会将这种现象视为民族融合自然而然的结果，然而这只是一种笼而统之的说法，甚至是对历史问题推卸责任。任何历史事件都有缘由，安史之乱以后大批胡人入居河北，同时唐朝绥抚的平叛政策也使河朔藩镇在政治上具有相当大的独立性。但为什么叛乱之后的河北没有再被时人视为"胡地"，而是成为政治割据、礼乐缺失的"戎墟"？显然，这中间的差异需要我们着力关注。

二、河北胡化说的演进

在探讨这一问题之前，我们需要对安史之乱的学术称谓和指涉范围予以辨析。"安史之乱"的提法，在中国和日本学界相对一致，日本学界称其为"安史の乱"，如 1898 年小柳司气太编写的《东洋史纲要》下编第十六章题目即为"開元天寶の政治及び安史の亂"①。主要问题在于和欧美学界的对接。目前国内学界不时会将西方学界对此事件的指称译为"安禄山叛乱"，这种直译的方法在无形中使中西学界的研究对象发生了严重偏差。事实上，西方汉学界对于这一历史事件的认识，从宏观构架上来说仍沿袭了唐代后期逐步形成的定义，即安、史两姓四人的持续叛乱。霍渥士（Henry H. Howorth）在 1881 年对契丹的考察中，将安禄山与史思明视为前后相继的叛乱，认为后者是对安禄山反叛的仿效（imitate），安、

---

① ［日］小柳司气太：《東洋史綱要》，13 頁，東京，哲学馆，1898。

史的叛乱是一个整体。① 1923 年勒内·格鲁塞（René Grousset）在《草原帝国》一书中也认为，尽管 757 年两京光复，但唐朝的"内战并未平息"②。蒲立本在 1955 年出版《安史之乱的背景》时，将史朝义称为"安禄山的最后一位继任者"，而以史朝义北逃的 762 年作为安史之乱的终结。③ 同样，戴何都（Robert des Rotours）1962 年法文译注本《安禄山事迹》的时间下限至宝应元年（762）十二月李怀仙杀史朝义，包含了完整的安史之乱。④ 在另一篇论文中，戴何都更是明确指出他所谓"安禄山反叛"（La révolte de Ngan Lou-chan）是从 755 年到 763 年。⑤ 至于李豪伟（Howard S. Levy）的《安禄山传》时间下限止于乾元二年（759），则因为其书是对《旧唐书》安禄山与安庆绪父子二人列传所做的英译⑥，足见欧美学界对于安史之乱和安禄山本人之间的关系区分明确。综上所述，西方汉学界有关"安禄山叛乱"等提法，实质与中国学界所指相同，应翻译并理解为"安史之乱"。

在此基础上，有必要对"胡化"论的形成理路予以简要梳理。"胡"在

---

① 参见 Henry H. Howorth, "The Northern Frontagers of China. Part V. The Khitai or Khitans," *The Journal of the Royal Asiatic Society of Great Britain and Ireland*, New Series, Vol. 13, No. 2, 1881, p. 141.

② ［法］勒内·格鲁塞：《草原帝国》，蓝琪译，161 页，北京，商务印书馆，1999。

③ Edwin G. Pulleyblank, *The Background of the Rebellion of An Lu-shan*, p. 2.

④ 参见 Robert des Rotours, *Histoire de Ngan Lou-chan（Ngan Lou-chan Che Tsi）*, Paris, Press Universitaires de France, 1962, pp. 351-352.

⑤ 参见 Robert des Rotours, "Quelques notes sur l'anthropophagie en Chine," *T'oung Pao*, Second Series, Vol. 50, Livr. 4/5, 1963, p. 409.

⑥ 参见 Howard S. Levy, *Biography of An Lu-shan*, Berkeley and Los Angeles, University of California Press, 1960. 该书为加州大学"中国断代史译丛"第八种（Chinese Dynastic Histories Translations, No. 8），附有闻人诠刻本《旧唐书·安禄山传》完整书影及地图一幅，对安禄山父子"提供了一个正确但欠深刻的介绍"（Edwin G. Pulleyblank, "Review: *Biography of An Lu-shan*," *The Journal of Asian Studies*, Vol. 21, No. 2, 1962, p. 225）。

唐代史料中有狭义和广义之分。① 早在肃宗于灵武即位时，即明确以"羯胡乱常"②指涉安史之乱，此后终唐一朝，"逆胡"、"羯胡"之类词语始终与这场叛乱相联系。这个事情被当作严格的学术问题提出，则源于 20 世纪初中日学界普遍关注的种族史学术背景。1926 年，桑原骘藏发表《隋唐时代入居中国之西域人》一文，指出"从七世纪至八世纪初，东突厥之默啜成为当地新起的扩张势力"，当时"康、安等国人在突厥领土东部多有往来"，并在营州一带商胡中"占据主要位置"。③ 这篇文章后来被何健民译为中文，名为《隋唐时代西域人华化考》，在中国学术界产生了很大影响。④ 1930 年，冯承钧发表了《唐代华化蕃胡考》一文，认为各族羁縻府之设，使得"柳城胡得为奚、契丹、靺鞨、高丽也，亦得为杂胡如安禄山之类也"⑤。1933 年，向达发表《唐代长安与西域文明》一文，指出"康国人素以善贾市著称西域"，"北魏、周、齐以来北蕃部族入居中国者亦复不少，北蕃有十二姓，其中即有康姓一部落；柳城康姓，当即此辈"。⑥ 1943 年，陈寅恪撰成《唐代政治史述论稿》(当时名为《唐代政治史

---

① 参见谢思炜：《"杂种"与"杂种胡人"——兼论安禄山的出身问题》，载《历史研究》，2015(1)，169～178 页。

② (唐)肃宗：《即位大赦文》，见(清)董诰等编：《全唐文》卷四四，488 页。

③ 1926 年，为纪念内藤湖南六十周岁，以京都学派为主的一批学者撰文编集，其中内藤的同事桑原骘藏提交了题为《隋唐时代入居中国之西域人》的文章。在这篇将近百页的长文中，桑原骘藏以隋唐为主要时间对象，前后旁及两汉与元明，对中古时期广泛存在的西域人移住中国的历史现象进行了详细探讨。参见[日]桑原骘藏：《隋唐時代に"支那"に來住した西域人に就いて》，见内藤博士還曆祝賀會编：《"支那學"論叢：內藤博士還曆祝賀》，565～661 页，京都，弘文堂書房，1926。该文后来收入[日]桑原骘藏著，[日]宮崎市定等编：《東洋文明史論叢》，京都，弘文堂書房，1934。

④ 参见[日]桑原骘藏：《隋唐时代西域人华化考》，何健民译，昆明，中华书局，1939。该书同时收入下文提到的冯承钧《唐代华化蕃胡考》一文。

⑤ 冯承钧：《唐代华化蕃胡考》，载《东方杂志》，第 27 卷，第 17 号，1930，又见《西域南海史地考证论著汇辑》，129～157 页，北京，中华书局，1957。

⑥ 向达：《唐代长安与西域文明》，载《燕京学报》专号之二，1933，又见《唐代长安与西域文明》，1～116 页，北京，生活·读书·新知三联书店，1957。

略稿》），在上篇《统治阶级之氏族及其升降》中，陈氏提出其著名的文化种族观，指出"唐代安史乱后之世局，凡河朔及其他藩镇与中央政府之问题，其核心实属种族文化之关系"，认为"凡康安石等中亚月氏种人，皆以勇健善战著闻"，具体到这场叛乱来说，则"安史之徒乃自成一系统最善战之民族，在当日军事上本来无与为敌者也"。①

关于桑原骘藏首倡的安史之乱粟特说，这里有三点需要指出。首先，这一说法的提出主要依据传世文献，如都采纳了邵说《代郭令公请雪安思顺表》或《新唐书·安禄山传》关于其本姓康的说法，又如，桑原骘藏与陈寅恪均使用了宋庆礼营州招辑商胡一则史料。其次，纯粟特观点，强调河北胡化。这一说法注意到唐代中期中国东北胡人聚居这一现象，并将其与安史之乱的爆发联系起来。例如，陈寅恪即指出"即在李唐最盛"的玄宗朝，士族文化源远流长的河朔地区"胡化亦已开始"这一问题。② 最后，也是最需注意者，即这一学说最初恰恰是从它的对立观点衍生出来的，这一对立观点即安姓出自安息说，它首先由中国学者陈垣进行详细探讨。在1923年发表的《元西域人华化考》中，陈垣将宋代的安世通考证为安息人，也就是波斯或帕提亚人。③ 陈垣将此作油印本寄给桑原骘藏，后者遂于次年发表文章予以回应，其中对于陈垣将安世通比定为安息人的观点不予赞同，并指出"此安姓谓其出于安息，毋宁谓其与安国有关系也。安国即中央亚细亚之布哈拉（Bukhara）地方"，原因则主要在于两者

---

① 陈寅恪：《唐代政治史述论稿》，212～235页。

② 林悟殊认为"胡化与汉化问题"是陈寅恪"所抓住的历史中的重要环节"，"以一个人所接受或认同的生活方式、思想观念来判断其民族属性"，是很深刻的。[林悟殊：《陈寅恪先生"胡化"、"汉化"说的启示》，载《中山大学学报（社会科学版）》，2000(1)，46页。]参见林鹄：《耶律阿保机建国方略考——兼论非汉族政权之汉化命题》，载《历史研究》，2012(4)，52～68页。

③ 参见陈垣：《元西域人华化考》，载《国学季刊》，第1卷，第4号，1923，22～101页。该文撰成于1923年，最初以油印稿的形式出现。关于其间的详细经历，参见陈智超为上海古籍出版社版所作的"前言"（陈智超：《前言》，见陈垣：《元西域人华化考》，7～12页，上海，上海古籍出版社，2008）。

对祆教一信一否的态度。① 虽然陈垣的著作并未提到唐代及安史之乱，但他所提出的安姓来自安息的观点，却同样对后来学界产生了深远影响。

纯粹的粟特说存在显而易见的弊端，它无法将粟特人的活跃与当时草原主角突厥的历史结合起来进行有效的解释。② 1942 年，小野川秀美发表了题为《河曲六州胡的变迁》的专题论文，以突厥汗国的兴衰为视角，对唐五代时期六胡州聚居的粟特人进行了深入研究，文中三个方面与安史之乱有关：其一，安史之乱爆发后六州胡人的叛乱与声援；其二，安禄山等叛军将领与六州胡的血缘、姓氏关系；其三，胡人假子习俗对安史叛军牙兵制度的影响。③ 1952 年，蒲立本发表《内蒙古的粟特聚居

---

① 参见［日］桑原骘藏：《陳垣氏の〈元西域人華化考〉を讀む》，载《史林》，第 9 卷，第 4 號，1924，113～121 頁。竺沙雅章指出，桑原骘藏的《隋唐時代に"支那"に來住した西域人に就いて》源于其 1924 年 12 月所做的题为《关于中古时期移居中国的西域人》的演讲，"这个讲演是桑原通读《华化考》并为其写了书评之后进行的，可以推测会受到《华化考》较大的影响"。也正因此，这篇文章的中译文取名为《隋唐时代西域人华化考》，译者何健民认为如此"似较符合原意"。参见［日］竺沙雅章：《陈垣与桑原骘藏》，冯锦荣译，载《历史研究》，1991(3)，16 页；［日］桑原骘藏：《隋唐时代西域人华化考》，"凡例"，1 页。

② 事实上，桑原骘藏在其论著中已经提到了默啜汗国东扩对粟特人迁移的影响，而陈寅恪更是明确将河北胡化的原因归结于"胡族之迁徙"，并提出解释："其远因为隋季之丧乱，其中因为东突厥之贰亡，其近因或主因为东突厥之复兴。"（陈寅恪：《唐代政治史述论稿》，230 页。）这些论述已经注意到粟特与突厥汗国之间的关系，但其着眼点仍在于粟特人的迁徙。

③ 参见［日］小野川秀美：《河曲六州胡の沿革》，载《東亞人文學報》，第 1 卷，第 4 號，1942，193～226 頁。按：该文的题目，长期以来被中国学界误以为是"河曲六胡州的沿革"。这里存在两处错误。首先，此文的标题为"六州胡"而非"六胡州"，作者的关注对象是六州粟特胡人，以及相关的突厥、吐谷浑、沙陀等族群；其次，标题中的"沿革"（えんかく）一词，是由汉语词汇演变而成的日语词汇。《大汉和辞典》对这一汉语词源解释为："从以前的状态发生改变。"而其转变为日语词汇后，《大辞林》解释为："事物的移动和变化；变迁。"很明显，"沿革"在这篇文章中的意思不是如汉语词那样指制度因应变化，而是指六州胡人的变迁。因此，将其译为"河曲六州胡的变迁"似更妥当。参见［日］诸桥辙次主编：《大漢和辭典》（缩写版），"水部"1034，6746 頁，東京，大修館書店，1968；［日］松村明主编：《大辭林》，285 頁，東京，三省堂編修所，1995。

地》①，对安禄山家族与六胡州的关系、安禄山名字的粟特来源两大重要问题做出考证。作者在该文中首次提出了"部分突厥化"（partially Turki-cized）②的概念，将其定义为"不再如我们一般印象那样作为商人和工匠生活在城市中，而是成为游牧民"，"对于他们来说这无疑是适应其新居地的最自然的方式"，在此基础上着重分析了突厥汗国与粟特胡人互动的影响。他推测安道买为"六胡州蕃部首领"，708年兰池州的建立表明唐朝不再对当地实行直接管理，而"代之以非汉族统领的羁縻州"，并推测原因是在张仁愿建立起北方防御体系后，就不必再"对留在鄂尔多斯的胡人继续实施直接管理"。③ 小野川秀美和蒲立本的研究极大地深化了学界对于唐前期粟特人的理解，从2000年前后开始，日本学者在此基础上进一步提出了"粟特系突厥"这一概念，集中体现在森部丰于2010年出版的《粟特人的东方活动与东部欧亚世界历史的展开》一书中。按照森部丰的定义，"粟特系突厥"是指"突厥化亦即游牧化的粟特人"④，他详细列举了唐前期河北地区所居住的北亚及东北亚民族，对相应羁縻州及其与安史军队族属来源的关系进行了深入分析，认为："开元初年，东突厥第二汗国默啜势力减弱，原先从属于突厥的部分契丹、奚转而归顺唐朝，为此唐朝在幽州境内设置了羁縻州。同时随着东突厥第二汗国的崩溃，突厥遗民出现，其中部分迁往河北北部，并在幽州附近的羁縻州安置下来。

---

① Edwin G. Pulleyblank, "A Sogdian Colony in Inner Mongolia,"*T'oung Pao*, Second Series, Vol. 41, Livr. 4/5, 1952, pp. 317-356.

② 关于粟特人的突厥化，参见 Karl Krippes, "Socio-linguistic Notes on the Turcification of the Sogdians,"*Central Asiatic Journal*, Vol. 35, 1991, pp. 67-80；彭建英：《东突厥汗国属部的突厥化——以粟特人为中心的考察》，载《历史研究》，2011(2)，5页。

③ Edwin G. Pulleyblank, "A Sogdian Colony in Inner Mongolia,"*T'oung Pao*, Second Series, Vol. 41, Livr. 4/5, 1952, p. 331.

④ ［日］森部豊：《ソグド人の東方活動と東ユーラシア世界の歴史的展開》，10 頁。亦参见［日］森部豊：《ソグド系突厥の東遷と河朔三鎮の動静——特こ魏博を中心として》，載《関西大学東西学術研究所紀要》，第41號，2008，137～183頁。

不过这些羁縻州成员并不都是突厥人，也包括了粟特系突厥。"①

在有关胡化的学术理路中，还有一个看似细微但属于焦点的问题，即对于安禄山族属的争论。蒲立本提出的"部分突厥化"概念被应用到他关于安禄山族属的探讨中②，并在其随后出版的《安史之乱的背景》一书中得到集中体现。随后发表的李豪伟、戴何都、彼得森（Charles A. Peterson）的观点，在种族问题上基本沿袭了从桑原骘藏到蒲立本的说法。1995 年，意大利学者福安敦（Antonino Forte）出版《质子安世高及其后裔》③一书，通过大量金石碑刻材料，证明安世高为安息国王子，并将其后历史中的主要安姓人物通过考证进行了血缘联系，构建出一个从安世高起至唐后期止的完整的安氏家族谱系。在次年发表的《桑原氏关于布哈拉与安姓的谬论》④一文中，福安敦再次重申其观点，并从源头上对桑原骘藏的粟特说予以反驳。福安敦的观点具体到安史之乱上，集中反映在《质子安世高及其后裔》附录 B《论安禄山之安姓来源》中，认为安禄山是突厥人，被安波注一家收养。⑤ 对于福安敦的观点，荣新江进行了针锋相对的批判，认为安禄山"为地道的粟特人"。⑥ 1996 年，荣新江撰写了题为《安禄山的种族与宗教信仰》的文章，经多次修订，最终以《安禄山的种族、宗教信仰及其叛乱基础》发表，从名字、家庭、信仰、军队基础

----

① ［日］森部豊：《ソグド人の東方活動と東ユーラシア世界の歴史的展開》，86 頁。

② 参见 Edwin G. Pulleyblank：《安禄山の出自について》，载《史學雜誌》，第 61 編，第 4 號，1952，330～345 頁。

③ Antonino Forte, *The Hostage An Shigao and His Offspring*，Kyoto，Italian School of East Asian Studies Occasional Papers 6，1995.

④ Antonino Forte, "Kuwabara's Misleading Thesis on Bukhara and the Family Name an 安," *Journal of the American Oriental Society*，Vol. 116，No. 4，1996，pp. 645-652.

⑤ 参见 Antonino Forte, *The Hostage An Shigao and His Offspring*，pp. 100-107.

⑥ 参见荣新江：《安世高与武威安姓——评〈质子安世高及其后裔〉》，见黄时鉴主编：《东西交流论谭》，366～379 页，上海，上海文艺出版社，1998。

等多方面论述了安禄山及安史之乱的粟特属性。① 客观而论，尽管后来的学者较多采取了相对折中的态度，认为安禄山兼具突厥与粟特两种特点，然而从根本上来说，学界仍倾向于安禄山及安史叛军的粟特属性。近年来，钟焓试图以内亚民族的视角来重新探讨六州胡、安禄山乃至安史之乱的问题。在其 2005 年发表的《安禄山等杂胡的内亚文化背景——兼论粟特人的"内亚化"问题》一文中，钟焓强调了"粟特人聚居地带所呈现的粟特—突厥文化共生融合现象"②。此后他又撰写《失败的僭伪者与成功的开国之君——以三位北族人物传奇性事迹为中心》一文，从长时段的历史入手，从草原民族的传说类型分析了安禄山的身世。③ 到目前为止，学界主流观点仍更为认可粟特说，但不论是当初福安敦的突厥说，还是当下钟焓等人的"内亚化"视角，都预示着这个古老的问题还远未得到令人满意的解答，值得学界继续关注和探讨下去。

　　以上我们梳理了近百年间胡化理论的演变理路。抛开百年间各类学说在背景、视角、依据史料、论证方法诸方面的巨大差异，它们仍存在一个共同的关注点，即安史之乱前夕幽、营诸州大量存在的胡人。族属文化的激烈争论之下，始终暗伏着唐朝自身、唐朝与突厥等北方民族间的政治变动。即以种族迁徙说而论，虽然陈寅恪与桑原骘藏主张幽营胡人自索格狄亚那（即粟特）迁来，小野川秀美则倾向于自六胡州迁徙，但

---

　　① 参见荣新江：《安禄山叛乱的种族与宗教背景》，见中国社会科学院历史所隋唐宋辽金元史研究室编：《隋唐辽宋金元史论丛》第 1 辑，86～103 页，北京，紫禁城出版社，2011。当然，荣新江也曾利用新出墓葬图像论证突厥文化对粟特的影响，不过在安史之乱的属性上则始终坚持粟特观。参见荣新江：《粟特与突厥——粟特石棺图像的新印证》，见周伟洲主编：《西北民族论丛》第 4 辑，1～23 页，北京，中国社会科学出版社，2006。
　　② 钟焓：《安禄山等杂胡的内亚文化背景——兼论粟特人的"内亚化"问题》，载《中国史研究》，2005(1)，68 页。
　　③ 参见钟焓：《失败的僭伪者与成功的开国之君——以三位北族人物传奇性事迹为中心》，载《历史研究》，2012(4)，70～74 页。

他们都注意到了突厥汗国与唐朝间的政治因素对此产生的影响。① 随着中国境内多座粟特人墓葬的发掘,粟特人的生活痕迹和迁徙路线得到了更为充分的印证。荣新江指出新出石刻史料对粟特研究的重大意义,对入华粟特人自西往东的迁徙路径进行了详细描述,指出粟特人在河西、两京、六胡州、河北及幽营地区均有分布。② 可以看到,胡化问题看似在讲族属,其实离不开唐朝内部以及周边的政治、军事变动,而这也构成了我们随后展开讨论的一个基本视角。

三、"营州胡"辨析

如果细审胡化论的发展演变脉络,我们会发现这一问题的根源在于安史之乱的发动者安禄山以及与之相关的一众将领的特殊身份,亦即史籍中反复强调的"营州杂种胡人"。尽管粟特说久盛不衰,但它存在的根本缺陷在于,粟特人在唐代官方史籍中并无明确的人户记载,单凭个案的叠加来阐释胡化,难以恨人信服。与之相对的是大量东北民族的数量记载。以往学界的争论,重点在于"杂种胡",但事实上只要我们稍加翻检,不难发现其表述约略有"营州杂种胡人"、"营州杂胡"、"营州柳城胡"几种,其核心并非"杂种",而在于"营州"。在安史之乱爆发之后,中原地区的人们普遍产生了胡人南下、胡人作乱的看法,此后的叛乱期间,

---

① 陈寅恪指出隋季丧乱、东突厥覆亡及其复兴是粟特人东迁的原因,河北胡化将领中除突厥、回纥、高丽、契丹等族外,尚"有多数之中亚胡人","唐代中央政府若欲羁縻统治而求一武力与权术兼具之人才,为此复杂胡族方隅之主将,则柘羯与突厥合种之安禄山者,实为适应当时环境之唯一上选"。(陈寅恪:《唐代政治史述论稿》,230、234 页。)

② 参见荣新江:《新出石刻史料から見たソグド人研究の動向》,[日]森部豊译,载《関西大学東西学術研究所紀要》,第 44 號,2011,121~151 页;《北朝隋唐粟特人之迁徙及其聚落》,见袁行霈主编:《国学研究》第 6 卷,27~86 页,北京,北京大学出版社,1999,又见《中古中国与外来文明》,37~110 页;《北朝隋唐粟特人之迁徙及其聚落补考》,见余太山、李锦绣主编:《欧亚学刊》第 6 辑,165~178 页,北京,中华书局,2007,又见《中古中国与粟特文明》,22~41 页。

史籍中常能见到燕军尤其是其主力曳落河"北走范阳"的记载，清楚地表明其与幽营的密切关系。这些叛乱前夕在东北边境日益集聚的杂胡群体，并不是叛乱爆发的首要原因，但无疑是安禄山赖以培植其力量的无形温床，是一股潜移默化地推动幽营独立趋势的巨大力量。在叛乱爆发后，随着叛军的推进，其种族因素被播撒至河北、淄青乃至江淮的广大地区，对整个唐后期的历史产生了深远的影响。唯其如此，我们就有必要对这个群体进行专门的界定、划分和鉴别。营州胡是河北胡化的起点，其本身所兼具的杂种、政治等特有属性，决定了由其开启的河北胡化进程绝不仅是一次胡人的南迁，而是一场深刻的政治变动。这场变动随安史之乱而爆发，又在长达八年的叛乱中产生了细微而重大的内部变动，萌生着此后河北政治和种族的诸种因素。

大体而论，学界对于"营州胡"存在两种不同的观点。一种观点认为"营州胡"特指聚居于营州的混血粟特人，这与"胡"在中古时代的含义相关。陈寅恪认为"安禄山之种族在其同时人之著述及专纪其事之书中，均称为柘羯或羯胡"①。尽管从文献学来看，中古"胡"并不专指粟特人②，但"杂种胡"的说法仍被很多学者理解为与其他民族混血的粟特人③。另一种观点则认为"营州胡"统指生活在营州的诸蕃部族，这与营州特殊的种族结构有关。营州地处唐朝东北边境，是平卢军与安东都护府的共同驻地，主要管辖契丹、奚等东北蕃部以及高丽降户。然而无论上述哪种观点，都很难与一个基本事实达成调和，即对于僻居唐朝东北边疆的营州以及安东都护府来说，其首要任务在于治理当地各个种族蕃部，包括

---

① 陈寅恪：《唐代政治史述论稿》，213 页。

② 参见谢思炜：《"杂种"与"杂种胡人"——兼论安禄山的出身问题》，载《历史研究》，2015(1)，169~178 页。

③ 参见 Edwin G. Pulleyblank, "A Sogdian Colony in Inner Mongolia,"*T'oung Pao*, Second Series, Vol. 41, Livr. 4/5, 1952, p. 351；Edwin G. Pulleyblank, *The Background of the Rebellion of An Lu-shan*, p. 10；[日]森部豊：《ソグド人の東方活動と東ユーラシア世界の歴史的展開》，61~71 頁。

高丽、靺鞨、契丹、奚诸种东北亚民族。① 这批民族最早安置于营州，数量上也占有绝对优势。史载"高丽国旧分为五部"，高宗朝为唐所灭后，唐朝"乃分其地置都督府九、州四十二、县一百，又置安东都护府以统之。擢其酋渠有功者授都督、刺史及县令，与华人参理百姓"。② 虽然并非所有高丽降户都被唐朝有效控制，但其中相当部分以部落或流民身份融入安东都护府辖下。契丹的主要部落窟哥等部于贞观二十二年（648）"咸请内属，乃置松漠都督府"，另一孙敖曹部则早在武德年间即"与靺鞨酋长突地稽俱遣使内附，诏令于营州城傍安置"。③ 这一类蕃部原本的生活地域便在唐朝东北部，此前或为部落或建国家，但都在唐前期被以羁縻的方式集中安置在营州。根据《旧唐书·地理志》天宝年间的数据，契丹、靺鞨共占营州都督府所辖蕃户的 80％以上。而如果计入高丽降户，则高丽、契丹靺鞨、其他部族三者的比例为 1：1.15：0.24。显然，仅以纯粹的人户数来统计，突厥、粟特等部所占比重无疑很小。

唯其如此，我们对于"营州胡"的形成原因就需要从政治的层面来予以考察。其外在背景，是唐与突厥的政治博弈与互动所导致的种族迁徙。武周至玄宗初年的近二十年间，默啜可汗对唐朝东北疆周边的契丹、奚、三十姓鞑靼和河北道北部及中部发动多次军事进攻。《毗伽可汗碑》记其 14 岁时随默啜"前面（东面）一直征战到黄河（yašïl ögüz）和山东（šantung）平原"，且"几乎到达海（滨）"④，此即圣历元年（698）九月突厥侵掠赵、定、妫、檀的军事行动，有学者认为这里的"海滨"指黄河入海口的渤海湾一带⑤。桑原骘藏与陈寅恪都曾提出过突厥汗国复兴导致中亚胡人东

---

① 森部丰对营州附近的 30 个河北羁縻州进行了统计，按族属将其分为靺鞨、突厥、契丹、奚四个系别。参见［日］森部豐：《ソグド人の東方活動と東ユーラシア世界の歷史的展開》，62～74 頁。

② （后晋）刘昫等撰：《旧唐书》卷一九九上《东夷·高丽传》，5327 页。

③ （后晋）刘昫等撰：《旧唐书》卷一九九下《北狄·契丹传》，5350 页。

④ 《毗伽可汗碑》东 15 行、北 2 行，见耿世民：《古代突厥文碑铭研究》，155、168 页，北京，中央民族大学出版社，2005。

⑤ 参见［日］鈴木宏節：《唐代漠南における突厥可汗国の復興と展開》，載《東洋史研究》，第 70 卷，第 1 號，2011，44～50 頁。

迁的猜想，当然我们可以说这两者间没有必然的联系①，远在中亚的粟特人未必会随汗国扩张而有目的地迁往营州，但因战争为突厥所侵掠，或被迫流徙至营州一带者则难免存在。例如，长安二年（702）年底，为了处理默啜东侵后的复杂问题，朝廷就曾"以魏元忠为安东道安抚大使，羽林卫大将军李多祚检校幽州都督"②，开展战后重建及社会整治工作，而将更有作战经验的张仁愿调往新的唐厥前线任并州大都督府长史，负责代北防卫工作，这一权力变动正是关于安禄山出生的"韩公屠帐"传说的产生背景。③ 又如，安史之乱爆发之初，燕军中的主要力量同罗也属于铁勒诸部，他们以曳落河的形式被编入安禄山嫡系军队，在叛乱前期发挥了重要作用。

"营州胡"形成的内在背景，则是唐朝在东北边境的羁縻制度。作为唐前期东北边境的前沿重镇，营州肩负着抵御与羁縻周边部族的双重任务，不仅军镇中吸纳有大量蕃将胡兵，而且历次所设的羁縻州也使众多部族汇聚于此。这中间既有世居当地、走马射猎的胡汉土著，也有内附归降的高丽、契丹诸蕃部，甚至不乏怀远招徕的粟特商胡。④ 无论是哪种来源，其居民都与唐朝在东北部的总体政策密切相关。平卢军和安东都护府共驻营州，以及城傍制度的实施，都增加了其族群成分的复杂性。营州作为上都督府，直接管辖者只有治所之柳城县及燕州，但此外尚有

---

① 参见［日］桑原骘藏：《隋唐时代に"支那"に来住した西域人に就いて》，见内藤博士还历祝贺会编：《"支那学"论丛：内藤博士还历祝贺》，565～661 页；陈寅恪：《唐代政治史述论稿》，212～235 页。黄永年反问："难道昭武九姓一经东突厥统辖，就必然要大量东迁？"他认为"这不仅在文献上毫无依据，在逻辑推理上也是讲不通的"。（黄永年：《"羯胡""柘羯""杂种胡"考辨》，见《文史探微——黄永年自选集》，322 页。）

② （北宋）司马光编著：《资治通鉴》卷二〇七，"长安二年十二月"条，6561 页。

③ 参见（唐）姚汝能撰：《安禄山事迹》卷上，73 页，北京，中华书局，2006。

④ 《旧唐书·郎余令传》记载了高武时期幽州曾"有客僧聚众欲自焚，长史裴照率官属欲往观之"的事件［（后晋）刘昫等撰：《旧唐书》卷一八九下《儒学下·郎余令传》，4961 页］，所谓"客僧"很可能即指外蕃教徒，说明幽营一带并不只限于通常认为的招徕商胡，还包括各类人等的来往。

威、慎、玄、崇等十七个羁縻州归其管辖，"皆东北蕃降胡散诸处幽州、营州界内，以州名羁縻之，无所役属"。此外尚有安东都护府所管十四州，"并无城池。是高丽降户散此诸军镇，以其酋渠为都督、刺史羁縻之"。① 据此可知，营州胡基本是以破散部落和归降蕃部为主，而且是在历次安置中逐步形成的一个群体。它是唐朝东北边境羁縻政策的实施对象和落实结果，也随着唐前期东北边疆局势的历次变动而改变融合，形成了复杂的族群结构。

　　那么是什么因素使得本来种族比例悬殊的营州变成了以杂胡著称的地方呢？要而言之有三。首先，是武周后期营州寄理渔阳及其辖下诸羁縻州的内迁。万岁通天二年(697)柳城陷于契丹，营州在此后二十余年间寄理渔阳，其下辖的慎、玄等十二州迁往青齐，并在神龙以后转隶幽州。这使得"唐朝多年经营起来的东北远疆防线被打破"②，"东北防务只好完全倚仗幽州"③，以往远处柳城的诸蕃降户逐渐迁往幽州一带生活，其郡望、籍贯、居住地均发生了变化，成为一批有新的特点的胡人。我们今天所熟知的营州胡，早期主要出生或生长于武周后期至玄宗朝初年。在这段时期内，史籍中常见的"营州柳城人"、"营州城傍"一类说法往往实指渔阳及其周边地区蕃部。例如，李光弼为"营州柳城人"，其父李楷洛武周归唐后即于当地统领蕃部，直至延和元年(712)仍作为副将随幽州节度使孙佺出征突厥④，知光弼当于 708 年生于渔阳一带。又如，王思礼为"营州城傍高丽人"，曾在王忠嗣麾下与哥舒翰"对为押衙"⑤，后者生于 700 年，揆以常情，若思礼与翰年岁相仿，则他实际也出生于渔阳。最为显著的案例是安史降将李宝臣，他在《新唐书·宰相世系表》中被称

　　①　(后晋)刘昫等撰：《旧唐书》卷三九《地理志二》，1527 页。

　　②　李松涛：《唐代前期的政治文化研究》，207 页，台北，台湾学生书局有限公司，2009。

　　③　王小甫：《总论：隋唐五代东北亚政治关系大势》，见王小甫主编：《盛唐时代与东北亚政局》，12 页，上海，上海辞书出版社，2003。

　　④　参见(北宋)欧阳修、(北宋)宋祁撰：《新唐书》卷五《睿宗纪》，119 页。

　　⑤　(后晋)刘昫等撰：《旧唐书》卷一一〇《王思礼传》，3312 页。

为"柳城李氏"，实际上营州在他出生的开元六年（718）之际并未完全迁回柳城旧址，因此他在当时更为人所熟知的身份是"范阳城旁奚族"①。

其次，在于玄宗一朝诸蕃部族的迁入，包括开元前期营州还治柳城后多民族的融入，以及天宝初年第二突厥汗国覆灭后其旧部的迁入。"开元五年，奚、契丹各款塞归附"，为复置营州提供了难得的历史机遇。唐廷遂命宋庆礼等"更于柳城筑营州城"，"追拔幽州及渔阳、淄青等户，并招辑商胡"，尽管此后一度又迁往幽州境内，但终于开元九年（721）还治柳城，史称数年后"居人渐殷"。② 外迁蕃户的追回及粟特等民族的融入，使得营州辖下诸色胡人进一步融合，以致开元中期又增置了以突厥降户为主的宁夷等羁縻州。③ 天宝元年（742），第二突厥汗国覆亡，辖下诸蕃部族陆续归附唐朝，其中相当部分进入了幽、营二州，《新唐书·地理志》便明载"降胡州一。凛州，天宝初置，侨治范阳境"④，据森部丰推测，凛州居民既有从宁夷州迁入的突厥人，也不乏自突厥汗国新近归唐的粟特降户⑤。从玄宗朝开始，当地胡人墓志中才明确出现了以营州为籍或说"本贯"的案例⑥，其中有世居柳城者，如卒于开元九年（721）的何

---

① （后晋）刘昫等撰：《旧唐书》卷一四二《李宝臣传》，3865 页。这种情况其实初唐即有，如李希烈其先为内附靺鞨，其所在的燕州在武德年间便寄治幽州，州治所在的辽西县也迁往幽州以北的桃谷山，因此李希烈被称为"燕州辽西"人。参见（北宋）欧阳修、（北宋）宋祁撰：《新唐书》卷二二五中《逆臣中·李希烈传》，6437 页。

② （后晋）刘昫等撰：《旧唐书》卷一八五下《良吏下·宋庆礼传》，4814 页。

③ 参见［日］森部豊：《ソグド人の東方活動と東ユーラシア世界の歴史的展開》，76～77 頁。

④ （北宋）欧阳修、（北宋）宋祁撰：《新唐书》卷四三下《地理志七下》，1128 页。

⑤ 参见［日］森部豊：《ソグド人の東方活動と東ユーラシア世界の歴史的展開》，76～77 頁。

⑥ 早在贞观年间即有时人张秀的墓志径称其为"营州柳城"人，我们不好判断该张姓是汉姓或是胡姓，但很明显其家族在当时并不知名，因此聊以居住地"营州柳城"作为郡望。参见周绍良、赵超主编：《唐代墓志汇编续集》贞观〇一一《张秀墓志》，14～15 页。"本贯"的概念，参见荣新江：《北朝隋唐粟特人之迁徙及其聚落》，见《中古中国与外来文明》，105～108 页；［日］森部豊：《ソグド人の東方活動と東ユーラシア世界の歴史的展開》，114 頁。

数的墓志称其为"柳城人"①，卒于开元二十二年（734）的翟诜的墓志称其
为"辽西柳城人"②；也有后来迁入者，如永泰元年（765）撰写的《康阿义
屈达干碑》也称其为"柳城人"③，而碑主在天宝元年（742）方随突厥归唐。
终玄宗一朝，营州辖下的民族随着新附蕃部的迁入而不断趋于复杂。

　　最后，安史之乱的爆发使营州胡作为一种特有族群身份而被唐人认
识。玄宗朝以来出现的营州籍只是一部分胡人的自称，还有相当部分迁
入的胡人对其籍贯语焉不详，这主要是由于营州并非传统意义上的郡望
之地。以敦煌文书 S.2052《新集天下姓望氏族谱》记载的冀州二十八姓为
例④，唐代内附营州诸族除高丽降户多攀附渤海高氏外⑤，其余契丹、
奚、突厥、粟特等族均没有现成的姓氏可供攀附。因此史籍中的所谓"营
州杂种胡"其实是时人对这批来自营州的胡人的指称，而这一称谓的形成
与安史之乱的爆发有直接关系。玄宗朝后期，蕃将势力普遍崛起，河陇、
朔方、河东等边镇皆是蕃胡聚集之处，但时人并不目之为胡化之区，也

---

①　荣新江：《中古中国与外来文明》，278 页。

②　周绍良主编：《唐代墓志汇编》开元四〇四《□唐故冠军大将军行左屯卫翊府中郎将幽州经略军节度副使翟公墓志铭》，1435 页。按：中古翟氏的郡望没有过于显赫者，是一个汉、胡兼有的姓氏，从翟诜曾祖率部归附之事来看，其家可能是丁零人。参见王晶：《论汉宋间翟氏的民族融合》，载《中国边疆史地研究》，2015（1），104～111 页；段连勤：《丁零、高车与铁勒》，22～23 页，上海，上海人民出版社，1988；荣新江：《敦煌归义军曹氏统治者为粟特后裔说》，载《历史研究》，2001（1），69 页。森部丰将房山石经中的翟光弼列为卢龙的粟特系武人，未知何据。参见［日］森部豊：《ソグド人の東方活動と東ユーラシア世界の歴史の展開》，131 页。

③　（唐）颜真卿：《特进行左金吾卫大将军上柱国清河郡开国公赠开府仪同三司兼夏州都督康公神道碑铭》，见（清）董浩等编：《全唐文》卷三四二，3474 页。

④　参见唐耕耦、陆宏基编：《敦煌社会经济文献真迹释录》第 1 辑，94 页，北京，书目文献出版社，1986。

⑤　参见马一虹：《从唐墓志看入唐高句丽遗民归属意识的变化——以高句丽末代王孙高震一族及权势贵族为中心》，载《北方文物》，2006（1），29～37 页；仇鹿鸣：《"攀附先世"与"伪冒士籍"——以渤海高氏为中心的研究》，载《历史研究》，2008（2），60～74 页。有学者将高丽入唐降户分为四代，除第一代以外，基本都号称"渤海人"。参见拜根兴：《入唐高丽移民墓葬及其墓志的史料价值》，见金健人主编：《韩国研究》第 12 辑，68～69 页，杭州，浙江大学出版社，2014。

不见有"灵州胡"、"并州胡"一类称谓。及至安禄山起兵后，营州胡人作为一个叛乱的异族群体进入时人视野，"羯胡乱常"、"逆胡猖狂"等说法一时纷纷涌现。这批胡人经"禄山之乱，一切驱之为寇，遂扰中原。至德之后，入据河朔，其部落之名无存者"①，安禄山的裨将李宝臣、李怀仙、王武俊等在战后成为河北藩镇的节度使或高级军将，这些来自安史叛军巢穴的蕃部将领给时人以深刻印象，使他们进一步将降户众多的营州柳城与胡人联系起来。《旧唐书》编者将安史之乱斥为"柳城一胡，敢窥佐伯"②，而欧阳修在罗列藩镇出身的宰相时，也将李光弼、李宝臣径称为"柳城李氏"，以至"营州王氏"之王思礼、"安东王氏"之王镕、"高丽李氏"之李正己，皆是此例③。

四、幽营与恒魏：河北胡化的两个阶段

陈寅恪对安史之乱及其后河北重要将领的族属、生活地域进行了细致罗列，在此基础上得出了河北胡化的重要结论，其解答当从"民族迁移事求之"。这一胡化进程"在李唐最盛之时即玄宗之世"便已开始，及至"安史乱后，除拥护李氏皇室之区域"外，"尚别有一河北藩镇独立之团体"，甚至"长安天子与河北镇将为对立不同之二集团首领"，是以"不待五代之乱，神州东北一隅如田弘正所谓'悉化戎墟'矣"。④ 这一观点固然有解释安史之乱爆发原因的意旨，不过其终极目的在于通过河北胡化与胡汉殊途，阐述"关陇集团"的种族变化。

陈寅恪对河北藩镇是以战斗为职业的胡化之区的论断如实地反映了唐后期这一地区的内在特质，但是这并不等于说明河北藩镇是完全别异

① （后晋）刘昫等撰：《旧唐书》卷三九《地理志二》，1527 页。

② （后晋）刘昫等撰：《旧唐书》卷一四二《李宝臣等传》，3892 页。

③ 参见（北宋）欧阳修、（北宋）宋祁撰：《新唐书》卷七五下《宰相世系表五下》，3443～3458 页。

④ 陈寅恪：《唐代政治史述论稿》，209、211、230 页。

于中央文化的特殊区域。越来越多的研究表明，河北当地有儒学传统的家族仍承习世业，而非一律拒斥周孔文教，河北以文化为媒介与中央王朝保持着内在的联系。① 河朔地区也绝非陈寅恪所指出的那样是为两京贵族所避之不及的为官之地，唐代后期士人北游河朔的现象也逐渐为学者们所重视。② 毛汉光也指出河北胡化程度在不同区域有不同的表现，镇州暨滹沱河一线以北，其人以武质为主，以南虽然政治上是强藩统治，但社会上仍有若干士人，但是随着河北地区胡化程度之加深，河北南部地区的士人也不断地南移。③ 森部丰已指出在安史之乱前夕，恒州等河北中部地区便有粟特胡人聚居。荣新江进一步注意到叛乱平定后，在"排胡杀胡"的社会风潮下，大量粟特人入居河北。④

与此同时，河北藩镇的形成动因也得到了深入探讨。日野开三郎将唐朝在安史之乱平定后采取的对河北藩镇的措施称为"渐进主义"，这一方略直接导致了魏博、相卫、成德、幽州、淄青等广义上的"河北"藩镇的形成。⑤ 蒲立本探讨了叛乱对唐后期藩镇军事权力的影响⑥，认为"节帅攫取并把持地盘是此后数十年藩镇强权而中央弱势的根源"⑦。彼得森

---

① 参见牟发松：《墓志资料中的河北藩镇形象新探——以〈崔氏合祔墓志〉所见成德镇为中心》，载《陕西师范大学学报(哲学社会科学版)》，2008(3)，117～123 页。

② 参见史广峰：《唐代后期士人北游河朔原因探析》，载《河北师范大学学报(哲学社会科学版)》，2013(5)，99～102 页。

③ 参见毛汉光：《论安史乱后河北地区之社会与文化——举在籍大士族为例》，见淡江大学中文系主编：《晚唐的社会与文化》，105 页，台北，台湾学生书局，1990。

④ 参见荣新江：《安史之乱后粟特胡人的动向》，见纪宗安、汤开建主编：《暨南史学》第 2 辑，102～123 页，广州，暨南大学出版社，2003。

⑤ 参见[日]日野開三郎：《"支那"中世の軍閥》，见《日野開三郎東洋史学論集》第 1 卷《唐代藩鎮の支配体制》，91～94 页。

⑥ 参见 Edwin G. Pulleyblank, "The An Lu-shan Rebellion and the Origins of Chronic Militarism in Late T'ang China," in *Essays on T'ang Society: The Interplay of Social, Political and Economic Forces*, eds. John Curtis Perry and Bardwell Leith Smith, Leiden, Brill, 1976, pp. 32-60.

⑦ Charles A. Peterson, "Review: *Essays on T'ang Society: The Interplay of Social, Political and Economic Forces*," *Journal of the American Oriental Society*, Vol. 102, No. 1, 1982, p. 142.

将幽州作为个案进行研究，重点强调东北藩镇的特殊性。① 梅兆赞（Jon-athan Mirsky）从中央与地方的结构关系入手，对安史之乱造成的地方势力尤其是河北藩镇的强大进行了深入分析。② 中国学界倾向于将藩镇的形成归结为肃、代之际唐廷整体决策的失误，岑仲勉总结为"肃、代昏暗，辅弼无谋，安、史虽死，而安、史之乱却未定，于是形成晚唐藩镇之祸"③。方积六认为军事力量的强大、财力的雄厚、官僚的地方化以及地主豪强的统治，成为唐后期河朔三镇长期割据的原因。④ 黄永年认为绥靖安史降将是当时河北叛党势力尚强的情况下朝廷被迫做出的权宜之策。⑤

要之，我们在当今学术语境下讨论河北胡化问题，其实就是要探究8世纪以降的河北为什么会成为"那个样子"。至于"那个样子"究竟是什么，正是两种深刻的印象：胡人众多，藩镇跋扈。因此这个问题其实包含了两个层面的内容。对于陈寅恪的河北胡化论，彼得森提出了质疑："这一引人注意的假设没有足够的证据作为依据。他的叛乱前的证据所指

---

① 参见 Charles A. Peterson，"The Autonomy of the Northeastern Provinces in the Period Following the An Lu-shan Rebellion," PhD diss.，University of Washington，1966. 在 1979 年出版的《剑桥中国隋唐史》第八章"中唐和晚唐的宫廷和地方"（"Court and Province in Mid-and Late T'ang"）中，彼得森的上述观点得到整合与深入，并吸纳了蒲立本等前人的成果，具有很高的学术价值。按照彼得森的设想，他本希望在此基础上撰写出一本名为《帝国的分离部分：中晚唐的中国东北》（A Fragment of Empire：Northeastern China in Middle and Late T'ang）的专著，不过未见出版。参见 Denis Twitchett，The Cambridge History of China，Vol. 3，Sui and T'ang China，589-906，Part 1，Cambridge，Cambridge University Press，1979，p. 477；[英]崔瑞德编：《剑桥中国隋唐史（589—906 年）》，中国社会科学院历史研究所西方汉学研究课题组译，486 页，北京，中国社会科学出版社，1990。

② 参见 Jonathan Mirsky，"Structure of Rebellion：A Successful Insurrection during the T'ang," Journal of the American Oriental Society，Vol. 89，No. 1，1969，pp. 67-87.

③ 岑仲勉：《隋唐史》，273 页，北京，中华书局，1982。

④ 参见方积六：《论唐代河朔三镇的长期割据》，载《中国史研究》，1984（1），33～46 页。

⑤ 参见黄永年：《论安史之乱的平定和河北藩镇的重建》，见《唐代史事考释》，211～228 页，台北，联经出版事业公司，1998。

的不是整个河北，而只是具体地指边境地区；他用的叛乱后的材料——
这是他论证的大部分依据——则错误地把一些具体的后果归因于主观设
想的文化变化，而不是归因于这一区域取得的事实上的政治自治。"①易
言之，这种"混淆"在为我们高屋建瓴观察唐代统治阶级氏族升降变迁搭
建了可资凭借之平台的同时，又潜藏着往前一步而引申出河北胡化引发
安史之乱的危险。对此仇鹿鸣认为："陈氏之说大约可以抽绎出两个层面
来加以讨论，一是对胡化范围及程度的考辨，二则是如何理解中晚唐长
安士大夫眼中河北社会所呈现出的'异质感'。"②这是很有道理的。何以
安史之乱前恒魏诸州从未被视为化外戎墟，而叛乱之后便面貌焕然了呢？
除了民族迁徙，这一转变恐怕还要更多从政治史的角度去加以观察。

武周后期第二突厥汗国的东扩和契丹、奚的反叛，是河北胡化产生
的民族背景。我们已经指出，河北胡化的起点是营州胡的形成，而营州
胡两个最主要的特点即为：杂胡群居，政治导向。之所以将武周后期定
为其开端，在于真正意义上的幽营杂胡群体是从这时才开始形成的。尽
管唐代初年营州就有靺鞨首领突地稽的归附，高宗朝东北战局获胜后又
有大量高丽降户，此外尚有大量契丹及奚族，但这些民族归根结底都还
是东北亚民族。直至武周后期，随着第二突厥汗国的崛起及其东征，才
有突厥、铁勒、粟特这样的北亚乃至中亚民族大量迁至营州，形成了营
州胡杂种群居的显著特点。这是和族迁徙所导致的胡化。

军镇的普遍设立和长征健儿的职业化，是河北胡化形成的军事背景。
随着突厥的侵扰和契丹的反叛，唐朝从武周后期起加强了对幽营乃至整
个河北道的经营，大量军镇先后设立，长征健儿逐渐增多，长驻边镇的
职业军人群体形成，甚至不乏代居幽燕者。武周中后期，随着契丹孙万
荣的叛乱和默啜的频繁寇边，河北道最早开始设置武骑团，并在玄宗年

①　［英］崔瑞德编：《剑桥中国隋唐史（589—906 年）》，469～470 页。
②　仇鹿鸣：《长安与河北之间：中晚唐的政治与文化》，308 页，北京，北京师
范大学出版社，2018。

间演变为常设的团结兵。① 这些开天之际的兵募、防丁、屯丁及土镇兵，均被纳入广义的团结兵范畴。② 这一批新设的军镇在河北道中南部更多表现出地方团结兵的特点，但在东北边疆的幽营诸州则是长征健儿日渐居于主体。开元八年（720）唐廷"敕幽州刺史邵宠于幽易两州选二万灼然骁勇者充幽州经略军健儿"③，这是幽州设置健儿的开始。及至玄宗朝中期，健儿尽管从制度上来讲仍然分番上下，但实际上已具有了职业兵的特点，即鲜明的身份性。④

上述研究提示我们，陈寅恪的胡化理论其实可以析分为两个阶段来递进分析，即幽营胡化与恒魏胡化。玄宗朝后期的胡化局限于以幽、营二州为中心的东北边境。陈寅恪的论述，是将整个唐后期的河北将领不分时代放在一起归纳，其中如罗弘信等人已迟至晚唐。陈寅恪所列的胡化安史将领基本都是幽、营二州之人，这与第二突厥汗国后期整个北方民族的迁移是相符合的。这说明叛乱爆发前的胡化武将主要集中在幽营二州，并未延伸至整个河北道。从文士的角度来看，胡化者主要限于安禄山的心腹幕僚，而其迁转也是通过京师等地的参军实现；至于其苦心征辟的诸多河北名士，则都是纯粹的中原士人，没有任何胡化特征。例如，高尚为幽州雍奴人且"寓居河朔县界"，但其迁转却经由怀州刺史李齐物荐举"并助钱三万"送于京师，经高力士提携在"天宝元年，拜左领军仓曹参军同正员"。⑤ 另一位中原名士甄济则无论从祖居地还是迁转途径，都没有表现出任何胡化特征。⑥ 总体说来，天宝末年的河北道没有

① 参见［日］日野開三郎：《团结兵・镇将と藩镇体制》，见《日野開三郎東洋史学論集》第 1 卷《唐代藩镇の支配体制》，184～185、205～207 页。
② 参见张国刚：《唐代团结兵问题辨析》，载《历史研究》，1996（4），39 页。
③ （北宋）王钦若等编：《册府元龟》卷一二四《帝王部・修武备》，1490 页，北京，中华书局，1960。
④ 参见张国刚：《唐代兵制的演变与中古社会变迁》，载《中国社会科学》，2006（4），179～180 页。
⑤ （后晋）刘昫等撰：《旧唐书》卷二〇〇上《高尚传》，5374 页。
⑥ 参见（后晋）刘昫等撰：《旧唐书》卷一八七下《忠义下・甄济传》，4909 页。

表现出任何明显的胡化迹象，相反，当地世代累积的士族传统表现出极强的力量。中原名士甄济、梁令直①、崔夷甫等均曾受禄山延聘，但都在叛乱前夜逃离，身历叛乱的崔祐甫认为安禄山在河北采访使任内"外奖廉平，精择能吏，唯日不足"②，清楚地表明当时士人北走河朔的现象，是一种正常的宦途迁转，而安禄山与河北士人的关系，还仅是一种纯粹政治层面的关系。叛乱爆发之后，深受安禄山赏识的平原太守颜真卿与禄山心腹、摄常山太守颜杲卿之间的迅速结盟，靠的正是颜氏强烈的宗族认同感，颜氏一门死难者数十人就是明证。因此，无论是武将还是文士的经历，都表明安史之乱爆发前的胡化仅限于幽营地区。

胡化有两种表现形式，一种是胡人数量在当地总人口中占有明显优势，另一种是胡人在政治上起主导作用。唐朝前期在北方边境普遍实行羁縻府州制度，贞观四年（630）第一突厥汗国覆亡后，太宗采纳温彦博建议，对归降的北方民族"自幽州至灵州，置顺、祐、化、长四州都督府以处之"，"全其部落"并使其"各有酋长，不相统属"③，这一制度此后得以持续推行，使得北方边境尤其是丰灵盐夏向东经代北以至幽营一线，聚集了大量内附北方民族。其中相当一部分虽为唐朝正州却以内附蕃部为主，安史之乱前夕的营州正属此类情况。营州大都督府所辖十七个正州，几乎全部是为羁縻蕃部而设，其人口自然以北方民族为主，但每州居民总数也少；而幽州大都督府所辖六州，则情况更为复杂。这些州中本来便有较多汉人居住，不太容易得出较为准确的胡汉人口比例，且由于每州人口总数较多，因此并不能单纯依据胡人比重来判断当地胡人数量。有鉴于此，我们希望对幽营两州在天宝年间的人户资料进行全面对比，从多方面对安史之乱前夕的幽营胡人比例进行考察。

① 参见周绍良主编：《唐代墓志汇编》天宝二六七《唐故朝散大夫使持节龙溪郡诸军事守龙溪郡太守上柱国梁君墓志铭并序》，1718页。
② 周绍良主编：《唐代墓志汇编》大历〇七二《唐故□□□魏郡魏县令崔公墓志铭》，1811～1812页。
③ （唐）吴兢编著：《贞观政要》卷九《安边第三十六》，274～275页。

表 2.1　天宝年间幽营地区人户统计①

州名	族属	户数	口数	户均人口	户数比		口数比	
					占本都督府比例(%)	占幽营两州比例(%)	占本都督府比例(%)	占幽营两州比例(%)
幽州		67242	171312	2.55	78.09	66.72	61.99	51.44
蓟州		5317	28521	5.36	6.18	5.28	10.32	8.56
檀州		6064	30246	4.99	7.04	6.02	10.94	9.08
妫州		2263	11584	5.12	2.63	2.25	4.19	3.48
平州		3113	25086	8.06	3.62	3.09	9.08	7.53
顺州		1064	5157	4.85	1.24	1.06	1.87	1.55
归顺州	契丹	1037	4469	4.31	1.20	1.03	1.62	1.34
幽州总计		86100	276375	3.21		85.44		82.99
营州		997	3789	3.80	11.13	0.99	9.84	1.14
燕州	靺鞨	2045	11603	5.67	22.82	2.03	3.01	3.48
威州	契丹	611	1869	3.06	6.82	0.61	4.85	0.56
慎州	靺鞨	250	984	3.94	2.79	0.25	2.56	0.30
玄州	契丹	618	1333	2.16	6.90	0.61	3.46	0.40
崇州	奚	200	716	3.58	2.23	0.20	1.86	0.21
夷宾州	靺鞨	130	648	4.98	1.45	0.13	1.68	0.19
师州	契丹	314	3251	10.35	3.50	0.31	8.44	0.98
鲜州	奚	107	367	3.43	1.19	0.11	0.95	0.11
带州	契丹	569	1990	3.50	6.35	0.56	5.17	0.60
黎州	靺鞨	569	1991	3.50	6.35	0.56	5.17	0.60
沃州	契丹	159	619	3.89	1.77	0.16	1.61	0.19
昌州	契丹	281	1088	3.87	3.14	0.28	2.83	0.33
归义州	新罗	195	624	3.20	2.18	0.19	1.62	0.19
瑞州	突厥	195	624	3.20	2.18	0.19	1.62	0.19
信州	契丹	414	1600	3.86	4.62	0.41	4.16	0.48

---

① 本表数据来源：(后晋)刘昫等撰：《旧唐书》卷三九《地理志二》，1515～1527 页。

续表

州名	族属	户数	口数	户均人口	户数比		口数比	
					占本都督府比例(%)	占幽营两州比例(%)	占本都督府比例(%)	占幽营两州比例(%)
青山州	契丹	622	3215	5.17	6.94	0.62	8.35	0.97
凜州	粟特	684	2187	3.2C	7.63	0.68	5.68	0.66
营州总计		8960	38498	4.30		8.89		11.56
安东都护府	高丽	5718	18156	3.18		5.67		5.45
三府总计		100778	333029	3.30				

上表数据来自《旧唐书·地理志》关于幽州、营州及安东都护府天宝年间的户口统计。[1] 就户均人口而言，营州总体高于幽州，而幽州其他州又高于幽州本州；幽州各州中，平州最高，达到8.06，其次为蓟州。在此基础上，我们再对天宝年间幽营地区的主要蕃族进行整体统计：

表 2.2　天宝年间幽营地区主要蕃族统计[2]

族属	户数	占幽营全部的比例(%)	口数	占幽营全部的比例(%)	户均人口
契丹	4625	4.59	19434	5.85	4.20
高丽	5718	5.67	18156	5.45	3.18
靺鞨	2994	2.97	15226	4.57	5.09
粟特	684	0.68	2187	0.66	3.20
奚	307	0.31	1083	0.32	3.53
突厥	195	0.19	624	0.19	3.20
新罗	195	0.19	624	0.19	3.20
总计	14718	14.60	57334	17.23	3.90

---

[1]　关于《旧唐书·地理志》户籍和人口的史料来源考辨，参见［英］杜希德：《唐代官修史籍考》，黄宝华译，201～202页，上海，上海古籍出版社，2010。

[2]　本表数据来源：(后晋)刘昫等撰：《旧唐书》卷三九《地理志二》，1515～1527页。

上述诸族总数占幽营地区户数的 14.60%，口数的 17.23%，这其中有若干细节值得注意。契丹、高丽、靺鞨、奚、新罗均为东北民族，其总户数占幽营地区的 13.73%，总口数占 16.38%；粟特户数占 0.68%，口数占 0.66%；突厥户数占 0.19%，口数占 0.19%。单纯从人口来看，东北民族占有绝对优势。这些民族主要聚居在营州都督府及安东都护府辖下区域，因此仅从上表数据来看，幽营地区的胡人主要聚集在营州。不过需要指出，《旧唐书·地理志》仅是就最初归附时而言，随着时间的推移和人口的迁移，任何一州都不可能保持族属的纯粹。这中间既包括原有羁縻部族向外迁徙的人口，更包括其他未在此地安置的北方民族部落破散后流入当地的人口。

对比幽、营两州可以发现，营州辖下诸州户均人口相对稳定，大体在 3～4 之间；幽州所辖几州户均人口略高，但也未高出中原诸道的平均水平。尤其值得注意的是，幽州本州的户均人口只有 2.55 人，这个数字放在天宝十一载(752)的整个国内，几乎已是最低水平。石见清裕统计了《旧唐书·地理志》所载全部羁縻州的人户资料，在有数据可查的诸羁縻州中，户均人口最低为 3.02 人(烛龙州)，最高为 6.19 人(单于都护府)。在灵、夏等 17 个羁縻州中，户均 3～4 人的有 7 个，4～5 人的有 5 个，5～6 人的有 4 个，6～7 人的有 1 个。① 我们将这一统计与上表对幽、营两州的统计结合起来，表示如下：

---

① 参见［日］石见清裕：《唐代的北方问题与国际秩序》，胡鸿译，115～120 页，上海，复旦大学出版社，2019。

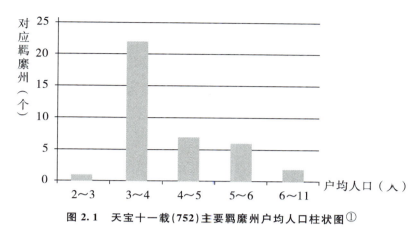

图 2.1　天宝十一载(752)主要羁縻州户均人口柱状图①

　　上图中，户均 2～3 人有 1 州，3～4 人有 22 州，4～5 人有 7 州，5～6 人有 6 州，6～11 人有 2 州。结合前面两表的统计，我们发现，唐朝天宝年间全国羁縻州的户均人口以 3～4 人的情况最多。冻国栋曾对天宝年间的全国户均人口进行统计，得出如下结论："唐天宝年间各道户均口数除山南道较低之外，大部分都在 5 口上下。其中以河北道最高，户均 6.88 口，河东、河南、淮南、关内、江南诸道各在 5～6 口之间。另从两唐志各道下辖州府之户均口数来看，也大体比较均衡，只有河北道的深州(饶阳郡)和陇右道的瓜州(晋昌郡)例外，深州户均 18.40 口，瓜州户均 10.45 口，超出本道户均口数的 1～2 倍。"②蒋爱花通过对墓志数据的统计，认为以保守估计而论，唐代平民家庭的户均人口为 5.83 人，而与官宦家庭结合统计后的一般家庭的户均人口则为 6.43 人。③ 据此来看，唐代的正常户均人口当维持在 5～7 人的水平，而中原诸州的户均人

　　①　此图统计的羁縻州包括：云中、呼延州、桑乾、定襄、达浑、安化州、宁朔州、仆固州、安北、单于、安东 11 个都督府，燕然、鸡虎、鸡田、东皋兰、燕山、烛龙、宥、归顺、威、慎、玄、崇、夷宾、师、鲜、带、黎、沃、昌、归义、瑞、信、青山、凛、燕、洮、严共 27 个州。

　　②　冻国栋：《中国人口史·第二卷·隋唐五代时期》，373 页，上海，复旦大学出版社，2002。

　　③　参见蒋爱花：《唐代家庭人口辑考——以墓志铭资料为中心》，140～142 页，北京，中央民族大学出版社，2013。

口一般相对要高一些。综合以上诸种因素，我们大体可以认为，以蕃部为主的州，其户均人口要低于全国正常水平。户均人口较少的原因，包括隐匿丁口、逃户增多、死亡、析户等多种因素。① 在我们的统计中，幽州户均人口为 2.55 人，营州为 3.80 人，安东都护府为 3.18 人，均明显低于同期中原地区 5～7 人的水平。这里面不排除逃户等问题的存在，不过更为重要的原因或许正在于大量客户的迁入和内附蕃部的归顺。

这种现象的出现固然有外部民族迁入的原因，但从深层来说，其实与唐朝对北方边镇的政策变化密切相关。开元二十五年（737），唐朝颁布了著名的敕书，规定："自今已后，诸军镇量闲剧、利害，置兵防健儿，于诸色征行人内及客户中召募，取丁壮情愿充健儿常住边军者，每年加常例给赐，兼给永年优复；其家口情愿同去者，听至军州，各给田地、屋宅。"②唐长孺认为这种现象与唐初"师不土著"的原则大为不同，其影响在于"既令诸军召募，投效者非边塞之人即久戍不归者，又得移家口，给田地，则边兵生活之凭借悉在于所隶之军镇"。③ 由于缺少直接数据，我们尚难以确认这一政策对于胡人的影响程度，但显而易见，大量入居边镇的军人中无疑包含了北方的诸蕃部族。对于这种变化，李鸿宾将其称为粟特人在河北的"地著化"，认为"军队与地区利益的结合，这是节度使据以存续的基础"。④ 事实上不仅是粟特人，各类入居的蕃部都受到这一趋势的影响，这是玄宗朝整体兵制变化的结果。可以说，从玄宗朝后期起，长征健儿逐渐取代了府兵番上，并在边镇诸州定居，使得大量新户出现，但由于入居边州时间不久，即使家口同往居住，每户人口也不是很多，这在客观上进一步减少了当地的户均人口。

---

① 参见冻国栋：《唐代人口问题研究》，410 页，武汉，武汉大学出版社，1993。
② （唐）李林甫等撰：《唐六典》卷五《尚书兵部·兵部》，157 页，北京，中华书局，1992。
③ 唐长孺：《唐代军事制度之演变》，见《山居存稿续编》，345 页，北京，中华书局，2011。
④ 李鸿宾：《墓志所见唐朝的胡汉关系与文化认同问题》，226 页，北京，中华书局，2019。

我们综合以上分析，可以得出如下的基本看法。首先，安史之乱前夕幽营地区的确生活有相当数量的胡人。其中幽州辖下羁縻州虽少，但由于人口基数大，胡人数量应当并不少；营州胡人占当州的比重高，但总人口在幽营地区不占优势，且多以羁縻州县的形式聚集于边陲地区，属于内附降蕃。两相结合而论，幽营地区普遍存在一定程度的胡化现象。其次，就胡人的族属结构而言，幽营地区聚集了高丽、契丹、靺鞨、奚、突厥、粟特等多种民族，粟特人的数量是较为有限的。对于唐朝的河北胡化而言，胡人的入居和迁移只是一部分因素，较之更为重要的，在于胡人对河北政治和军事的掌控。

五、"河北"形象的塑造

大体而言，三种因素从各自角度共同塑造了战后河北的"胡化"印象。第一个因素，在于安史之乱中政治军事格局的客观作用。随安禄山南下的将领有很多成为后来河朔藩镇的统帅，如安忠志（李宝臣）镇守土门而逐渐据有成德；而随史思明南下的平卢系将领田承嗣等，更是后来居上成为晚唐河朔藩镇的主要力量。代宗朝末年，整个河北的军事格局已基本定型，此后无论是魏博还是成德，其发展更多表现出一种胡汉融合后的特征。及至元和年间田弘正归唐，他将过往六十年的河北演变史总结为"自天宝以还，幽陵肇乱，山东奥壤，悉化戎墟"，尽管我们已就"戎墟"的政治意涵有深入辨析，不过对于自幼生长于兹的魏博新帅而言，作为"戎"之本义的幽营胡骑，其南下河朔所产生的巨大影响却是再明晰不过的。

燕朝高层内斗而军镇力量稳定发展，使恒魏在叛乱期间分别成长为各自区域的军事重镇。渡边孝、毛汉光等学者均对此有专门探讨①，不

---

① 参见［日］渡边孝：《魏博と成德——河朔三鎮の権力構造についての再検討》，载《東洋史研究》，第 54 卷，第 2 號，1996，96～139 頁；毛汉光：《魏博二百年史论》，见《中国中古政治史论》，349～417 页，上海，上海书店出版社，2002。

过这种探讨更多着眼于叛乱之后的情形，所描述的是河朔藩镇稳定下来后的内部结构。而要探寻其中胡化的渊源，则需要从安史之乱中恒魏两州的内部变化入手。这是恒魏此后长期割据的滥觞，也是其胡化最为显著的时期。安禄山在起兵前夕，便已安排其幕僚颜杲卿以太常丞、范阳节度营田判官的身份摄理常山太守。安禄山于天宝十四载（755）十一月初九夜在范阳起兵，次日太原即上报了太守杨光翙被劫持的事情，也就是说，何千年等人在范阳起兵之前即已南下。十九日安禄山到达博陵南，斩杀杨光翙，二十二日抵达常山，太守颜杲卿开城接纳。从太原事变到叛军至博陵，中间相隔十天，说明在劫持杨光翙后，何千年等人并未再行北上，而是一直滞留博陵等待主力军队的到来。博陵与常山两郡紧邻，且往来必须经过常山辖下的井陉隘口①，这样一支劫持朝廷命官的先遣部队在常山境内来去如入无人之境，这样看来至少太守颜杲卿对此是持默许态度的。《资治通鉴考异》引《河洛春秋》载，"禄山至藁城，杲卿上书陈国忠罪恶宜诛之状"，"禄山大悦"，但随后由于"张献诚围深州月余不下"，河北前途未卜，颜杲卿在赵州司户包处遂等人的建议下才决定"拒禄山之命"，"立忠贞之节"。② 究竟颜杲卿当时的内心考虑如何，我们已不得而知，但一个不容置疑的事实是，他在叛乱前由安禄山特意安排，由范阳节度营田判官一职调任常山摄任太守，并在禄山南下博陵时顺利迎接。我们完全不否认颜杲卿随后起兵反安禄山的凛然大义，但同时也应承认他在叛乱爆发前与安禄山亲密的政治关系，这或许正是安禄山必欲剐颜杲卿的深层原因。我们据此来看，常山在叛乱最初，就是安禄山布在河北中部最为重要的棋子。这种历史渊源，使其成为叛乱期间争夺最为激烈，也最被燕军看重的据点。由于军镇建制长期稳定，并在长期镇守中逐渐形成深厚的将卒统属关系，因此反倒孕育出可依靠的军事力

---

① 参见严耕望撰：《唐代交通图考·第五卷·河东河北区》，1444 页，上海，上海古籍出版社，2007。

② （北宋）司马光编著：《资治通鉴》卷二一七，"天宝十四载十二月"条，6946 页。

量。刻于大历元年（766）的《承天军城记》与刻于大历十一年（776）的《妒神颂》，两方碑的碑阴将领名单与职任生动地反映出军镇中这种将卒迁转的牢固密切的人事关系。① 尽管这是河东承天军的情况，但作为紧邻的河北恒魏诸军镇，其实际情形不会有太大差别。而一度作为燕政权首都的邺城居于恒魏之间，使得这一带在作为战场前线的同时，也发挥着燕政权核心与枢纽的作用。燕政权有三个核心区，分别是位于北部的幽州、据守中部的相州、南端的洛阳。三个核心中，幽州在叛乱爆发后随着主力军队的南下，更多作为燕军回防、整顿与补给的基地。经过数次兵变与内讧，燕军初期的高层将领如阿史那承庆、向润客等先后在内斗中死去，使得"由史思明所安排的幽州军政体系"趋于瓦解。② 洛阳则在至德二载（757）十月被唐与回纥联军收复，此后虽有反复，但已基本处于唐军掌控之中。因此，由恒州往南至相、魏二州这一线，就成为燕军南北联络的必经之地。

第二个因素，在于唐朝出于统一需求而对河北进行的政治性描述。谷霁光很早便注意到了唐朝自立国以来便对河北一带存在的政治歧视与偏见③，这种偏见随着安史之乱的爆发而变得格外突出。从唐朝方面来说，河北的胡化，与其说是种族迁徙所致，毋宁归因于政治上的相对孤立；与其说是社会实情，毋宁是一种政治话语的想象。在肃代之际特殊的政治形式下，"唐王朝面临的政治矛盾和军事斗争的重心都已发生新的转移"，平叛导致地方军事力量兴起，宦官权力膨胀，加之吐蕃侵扰不断，在新的内忧外患下，安史降将得以安堵河北如故，是以唐后期"河朔

---

① 关于承天军的建制沿革，参见严耕望撰：《唐代交通图考·第五卷·河东河北区》，1444～1445 页；［日］高瀬奈津子：《安史の亂後における河東節度使の動向——"張奉璋墓誌"と"承天軍城記"を中心に》，见氣賀澤保規主编：《中國石刻資料とその社會——北朝隋唐期を中心に》，88～112 頁，東京，汲古書院，2007。关于承天军在战后的人事变动，参见贾志刚：《唐代河东承天军史实寻踪——以五份碑志资料为中心》，载《人文杂志》，2009（6），124～130 页。

② 李碧妍：《危机与重构——唐帝国及其地方诸侯》，283 页。

③ 参见谷霁光：《安史乱前之河北道》，见《史林漫拾》，232～236 页。

割据的形成，不单单是安史之乱的后遗症，实际上还是新的政治形势和军事形势所造成的一种局面"。① 从叛乱平定伊始，中央对于河朔藩镇的猜忌和压制就未曾停止②，而以河东实权派为代表的唐朝地方军将与安史降将的关系更是剑拔弩张。元和年间盗杀武元衡案发生后，两京间曾就"伟状异制、燕赵之音者，多执讯之"③，长期的政治对峙使得中原社会对河朔产生了胡化的印象。我们不否认河朔社会本身存在的北方民族内迁现象，但这种带有歧见色彩的看法，似乎更多来自政治上的误导。类似情况也出现在吴元济统治时期的淮西，史称申蔡之人"长者衰丧，而壮者安于毒暴而恬于搏噬"④，实际上也是一种政治隔绝导致的歧视性印象。从反面来说，与河朔一山之隔的河东在唐后期也有大量内附蕃部迁入，而代北尤甚，以铁勒诸部为主体的黄头军作为唐军劲旅驰名当时⑤，但无论是时人还是后来的学界均没有明确的"河东胡化"的概念。河朔诸镇与中央渊源已久的博弈对峙，加深了其于中原两京胡化、异域的印象。

如果从社会思想层面做更为深入的考察，则这种政治歧视与话语规训在很大程度上受到我们此前所说的"羯胡"典故的影响。"河朔"一词典出《尚书》，其中《洛诰》篇周公声言"我卜河朔黎水"，孔安国释"朔，北

---

① 张国刚：《唐代藩镇研究（增订版）》，25 页。宫廷内争对于河朔政治局面的形成也起到了不容忽视的作用，参见张国刚、王炳文：《肃代之际宫廷内争与藩镇割据局面形成的关系》，载《唐研究》，第 20 卷，2014，291～308 页。

② 参见黄永年：《论安史之乱的平定和河北藩镇的重建》，见《唐代史事考释》，226 页。

③ （后晋）刘昫等撰：《旧唐书》卷一五八《武元衡传》，4162 页。

④ （后晋）刘昫等撰：《旧唐书》卷一四五《吴元济传》，3951 页。

⑤ 从碑志材料来看，迁入河东的阿跌、舍利等部保留了较为显著的部族特点，这种源自蕃部的军事体制直至晚唐宣宗时仍被岭南军队仿效［参见（北宋）司马光编著：《资治通鉴》卷二四九，"大中十二年七月"条，8071～8072 页］。这种典型的"胡化"正发生在河东，但无论是唐人还是后来的学界均不提晚唐河东胡化之事。以此来看，我们似乎尚不能贸然将作为历史进程的蕃部胡族内迁与作为思想认识的河朔胡化两件事情混同看待，河朔胡化应该更多从其在唐后期与中央相对紧张的政治关系来认识。

也"。① 至于《泰誓》篇记"惟戊午，王次于河朔。群后以师毕会"，孔安国更是明确以"河之北"来解释"河朔"一词，即以黄河之北为"河朔"。周武王在此大会诸侯，誓师伐纣，孔颖达概括为"戊午渡河，甲子杀纣"，充满政治敌对意味。② 对于周人而言，"河朔"是殷人土境的象征，这一概念早在先秦时期便已与对立、异域等意象联系起来。③ 东汉末年，袁绍据有河北之地，"河朔"一词在时人话语中大量出现，一度成为袁绍割据的代指。④ 西晋时期，河北之地相继被石赵、慕容燕等胡族政权统治，尤其在晋室南迁后，"立功河朔"、恢复北土成为一种持续的政治口号。无论是作为逆胡石勒的发迹之处，还是作为桓温北伐的重要对象，"河朔"都成为中原王朝对于异族割据的一种固有意象。唐朝立国之初，这一典故被拿来现用，指称窦建德、王世充及罗艺等割据势力，如高祖敕文中有"河朔余寇"⑤之语。此后，这一观念波及中原人士对于当地文化的认知，如杨炯所作《王勃集序》俱以"河朔之制"对"江南之风"⑥，以此形容两种文风的巨大差异。随着玄宗朝河北道辖区的明晰，"河朔"所指基本与河北道所辖无异，如称宋庆礼有"罢海运，收岁储，边亭晏然，河朔无扰"⑦之功，就是如此。而对于经历了安史之乱的唐人而言，这种意象恰如其分地反映出当时河北的割据状态，并与"羯胡构逆"的社会思潮完

---

① （汉）孔安国传，（唐）孔颖达疏：《尚书正义》卷一四《洛诰第十五》，593 页，上海，上海古籍出版社，2007。

② （汉）孔安国传，（唐）孔颖达疏：《尚书正义》卷一〇《泰誓中第二》，407 页。

③ 《泰誓》中提到的"孟津"亦在河北，王先谦已有辩证，陈梦家则对《泰誓》成书年代与历史地位做出详细探讨。参见（清）王先谦：《尚书孔传参正》卷一四《泰誓中第二》，508 页，北京，中华书局，2011；陈梦家：《尚书通论》，58～77 页，石家庄，河北教育出版社，2000。

④ 如荀彧曾称："绍既并河朔，天下畏其强。"［（西晋）陈寿撰，（南朝宋）裴松之注：《三国志》卷一〇《魏书十·荀彧传》，313 页，北京，中华书局，1982。］类似说法在东汉末年颇为常见。

⑤ （唐）高祖：《秦王领左右十二卫大将军制》，见（清）董诰等编：《全唐文》卷一，19 页。

⑥ （唐）杨炯：《王勃集序》，见（清）董诰等编：《全唐文》卷一九一，1931 页。

⑦ （后晋）刘昫等撰：《旧唐书》卷一八五下《良吏下·宋庆礼传》，4815 页。

美衔接起来。

第三个因素，是河北藩镇自身为追求割据依据而刻意建构的"河朔故事"。在传统印象中，安史之乱对此后唐朝历史发展的最大"馈赠"当数河北藩镇格局，而河北藩镇的集中特点，便是所谓"河朔故事"。蒲立本认为河北本身远自北齐以来便存在着一种"分裂主义"。① 作为一种父子相承、互为姻娅的政治共同体，这种"故事"之下的河朔显然已具有了某种特殊的含义，有学者将其归纳为"节度使职位的世袭继承制、相对独立的自治原则以及比较模糊的上下尊卑关系"②，是颇为准确的。

"河朔故事"的雏形，来自安禄山谋士田乾真对于汉末袁绍据守河北的仿效。天宝十四载(755)十二月，颜真卿、颜杲卿相继起兵，河北诸郡纷纷归唐。两京战场上，在封常清弃守东都、荣王琬突然离世的情况下，玄宗起用病居京师的哥舒翰，唐军退守潼关。一时间局势骤变，安禄山认为高尚等人怂恿其叛变，怒斥以绝之。他向从潼关前线返回洛阳的谋士田乾真表达了内心的惶恐，而田则提出了一个具有指导性的方略："纵大事不成，犹可效袁本初以数万之众据守河北之地，亦足过十年五岁耳。"③此番对话在燕政权发展中具有重要意义。它打消了安禄山"大事不成"的顾虑，所谓"大事"，即指革唐之命，四面扰攘的燕政权显然离这个目标还有一定距离。而安禄山以及高尚诸人叛乱的初衷，是希望建立一个完全取代唐朝的新的统一王朝，叛乱前夕出现的五星会聚天象以及金土相代的德运说④，都是这一初衷的体现。但叛乱之后的复杂局面显然超出了安禄山的预期，安禄山在洛阳称帝后便未再返回河北，直至一年后为其子庆绪所弑，不过这很大程度上源于其个人的身体原因。至德元

---

① 　Edwin G. Pulleyblank, *The Background of the Rebellion of An Lu-shan*, p. 76.

② 　张天虹：《唐易定镇的张氏家族与陈氏家族——"河朔故事"研究之二》，载《首都师范大学学报(社会科学版)》，2012(2)，8 页。

③ 　(唐)姚汝能撰：《安禄山事迹》卷中，98 页，北京，中华书局，2006。

④ 　参见仇鹿鸣：《五星会聚与安禄山起兵的政治宣传》，见《长安与河北之间：中晚唐的政治与文化》，1~32 页。

载（756）冬，在与肃宗的交谈中，李泌曾语及"贼所获子女金帛，皆输之范阳"①，则这种据守河朔的思路已逐步显现。安史之乱平定以后，河北藩镇为了追溯其割据的合理性，刻意塑造出了安史父子的"四圣"形象。②所谓"圣"即"圣人"，唐人以之称呼皇帝。无论是大历年间田承嗣建立"四圣"，还是后来幽州将安禄山、史思明合称"二圣"，都是对自身合法性的追溯。事实上如果翻检文献，会发现唐朝本身便惯以"几圣"来指称此前几代的皇帝，而且从"二圣"直至"十圣"都有例子，显然是对当前政治行为的一种引经据典。我们不必惊讶于安、史被称为圣人，更不宜夸大这种称法的意义。对于河北三镇来说，追祀安、史，无非是对其父子相袭传统的历史依据的刻意树立。如果仅据此便断言河北的割据倾向，则无疑与当时的唐朝人犯了同样的错误。可以说，河朔胡化并非以往认为的那样是安史之乱爆发的原因之一，同时胡化也与河北诸镇在唐后期的分裂倾向没有直接关系，这是两种到果为因的看法。

---

① （北宋）司马光编著：《资治通鉴》卷二一九，"至德元载十二月"条，7008 页。
② 《资治通鉴》卷二二四"大历八年九月"条载："魏博节度使田承嗣为安、史父子立祠堂，谓之四圣。"（7222 页）

第三章　天宝党争与幽州格局变化

　　我们已经对营州胡的形成过程做出了较为系统的分析，但这只是族属层面的变动。安史之乱归根结底，是一个政治事件，政治因素在其中起到了举足轻重的作用。安史之乱与中央政治的关系，是自古以来议论最多的。《旧唐书》认为李林甫为固位，"杜出将入相之源"，因而"用寒族、蕃人"，使之得以"专任大将"，而"禄山竟为乱阶，由专得大将之任故也"。① 司马光进而将节度使的权力归纳为久任、遥领、兼统三个特点。② 这可以看作关于安史之乱与中央政治之关系最早的论述。而在现代史学意义上，则是陈寅恪最早提出观点，指出唐代皇位继承的不确定性导致皇帝与太子关系的恶化，在唐前期由于强干弱枝的政治格局，这种不确定性主要表现为对北衙禁军的争取，在唐后期则表现为宦官专权。③ 继陈寅恪之后，汪篯提出了著名的"文学—吏治"模式，对后人研究玄宗朝政治问题产生了深远影响。在汪篯看来，武则天以女主掌政，间接加剧了皇位继承的不稳定性，而"开科选士"和"破格用人"又在客观上助长了朋党之风，这两大因素直接影响到玄宗朝政局的走向。大体而论，玄宗朝的文学派以张说、张九龄为代表，以文章作为士人进退标准，

---

　　① （后晋）刘昫等撰：《旧唐书》卷一〇六《李林甫传》，3240 页。

　　② 《资治通鉴》卷二一六"天宝六载十二月"条载："自唐兴以来，边帅皆用忠厚名臣，不久任，不遥领，不兼统……及开元中，天子有吞四夷之志，为边将者十余年不易，始久任矣；皇子则庆、忠诸王，宰相则萧嵩、牛仙客，始遥领矣；盖嘉运、王忠嗣专制数道，始兼统矣。"（6888～6889 页）

　　③ 参见陈寅恪：《唐代政治史述论稿》，236～320 页。

重视科举取士，排斥胥吏杂途，此派"是承袭武则天破格用人崇尚文学的观点"；吏治派以宇文融、李林甫为代表，主张"择官的标准应凭才识吏干，不应专用词章"，其思想源头可溯至张柬之等"五王"和故相姚崇的施政举措。双方的派系争斗和势力浮沉塑造了开天之际的政治格局，而天宝年间的几起大狱则实属这一问题衍生出的"私人争权"。① 此后，蒲立本提出"中央化"（centralization）观点，即玄宗朝为解决当时的各方面问题而不断加强中央权力，最终导致党争严重、边将权力膨胀②，李林甫专权是上述矛盾的集中体现，"过度依赖于一人之能"而使其基础"岌岌可危"，以制度稳定为代价换取行政的高效率，却最终"退化为（当权者）个人野心和一己私欲的满足"③。制度既已毁坏，因此当李林甫死后，安禄山与杨国忠的矛盾日益激化，从而走向反叛。唐华全对党争与安禄山势力崛起的关系进行了论述，认为李林甫与太子两大集团的矛盾是玄宗朝后期最重要的政治斗争，作为其地方亲信的军事力量，安禄山的势力随

---

① 汪篯：《唐玄宗安定皇位的改策和姚崇的关系——玄宗朝政治史发微之一》、《唐玄宗时期吏治与文学之争——玄宗朝政治史发微之二》，见《汪篯隋唐史论稿》，189～208 页，北京，中国社会科学出版社，1981。

② 从经济方面来讲，8 世纪初的唐朝逃户现象普遍存在，关中物资对江淮转运的依赖性不断增强，因而玄宗即位之初就面临着严峻的财政危机。为了增加中央税收，玄宗先后任用宇文融、裴耀卿、韦坚、杨慎矜、王鉷、杨国忠等人负责财政，强化使职差遣。虽然中央财政得以充实，但地方行政体制大为削弱。李林甫的当政可以看作这一中央化的最高体现，但正是他对文士及贵族的打压、对胡人边将的重用，使得安禄山得以发动叛乱。总体说来，蒲立本延续了以司马光为代表的传统史家对于安史之乱的解释，与温公不同的是，蒲立本在叙述背后始终关注着制度性的东西。与"中央化"的核心概念相联系，他同时划分出了"文士"（literati）、"贵族"（aristocrats）、"士族"（gentry）、"权相"（dictator）等不同集团。要而言之，文士指以张说、张九龄为代表的政治力量，贵族包括皇室、宦官、宗室等群体，士族特指江南的南朝士族，权相即指李林甫及其党羽（henchmen）。

③ 需要指出，蒲立本对于李林甫专权持客观公允的态度，承认在玄宗朝高度发达的物质文化成就中，"很多无疑都基于李林甫及其后继者、支持者们为皇帝所实施的政治与经济改革"（Edwin G. Pulleyblank, *The Background of the Rebellion of An Lu-shan*, p. 103）。

着李林甫权势的膨胀和玄宗的宠幸而迅速壮大。① 任士英观察到玄宗朝中枢辅政体制崛起的现象，主张从政治体制变化的层面来分析天宝党争与安史之乱的关系。他认为："唐玄宗通过政治体制的调整对皇太子权力地位的压缩与防范，特别是中书令因中枢辅政体制的调整权力滋长成为首相，使其能够在执行皇权意志的前提下挟其权势以倾动太子，才是来自政治体制方面的深刻根源。"②

上述研究从政治史的角度对安史之乱的爆发做出了相对完整的分析，然而一个不容否认的事实在于，并非玄宗朝的一切政治斗争都与安史之乱存在因果关系。易言之，我们需要在已有研究的基础上，探寻安史之乱爆发的直接原因。细审前贤所论，可以看出其论述的焦点仍在于开元、天宝年间的政治斗争。因此，本章选取天宝政局作为切入点，对叛乱爆发前幽州局面形成的政治缘起和人事因由予以进一步分析。

一、"忠王党"与朔方集团

长期以来，学界习惯于将安史之乱作为唐朝前后两期的转折点，然而正如我们此前所指出的那样，以安史之乱作为唐史分期的做法，掺杂了太多历史学以外的因素。因此在对这个问题进行讨论前，我们需要明确一个基本事实，即玄宗的统治并未因安史之乱的爆发而立刻终结，天宝年间的深层政治斗争直至天宝十五载(756)六月，亦即潼关失守、马嵬兵变后方才宣告结束。这个连续性已为前辈学者所注意，例如，陈寅恪基于其一以贯之的文化史观以及相应的唐前期"关中本位主义"观点，将安史之乱作为唐朝内外实力对比的转折点，指出唐前期中央革命无论流血冲突与否，皆"全国莫之能抗，则以'关中本位政策'施行以来，内重外

---

① 参见唐华全：《试论安禄山势力的发展壮大》，载《中国史研究》，1991(3)，82～90 页。

② 参见任士英：《唐代玄宗肃宗之际的中枢政局》，111、127、225 页，北京，社会科学文献出版社，2003，引文在 127 页。

轻之势所致也。然自玄宗末年安史叛乱之后，内外轻重之形势既与以前不同"，政治革命遂"大抵不决之于公开战争，而在宫廷之内以争取皇位继承之形式出之"。① 这种观点被荣新江称为"天宝变革论"②。

至今为止，尚未见学界将唐朝中央的党争与胡化明确联系起来论述，事实上这是一个不容忽视的关键问题。如上所述，发生在安史之乱及其前后时期的中央斗争是持续一贯的，其影响借由安史之乱而纵贯玄、肃、代三朝。从一定意义上来讲，正是天宝年间激烈的党争直接导致了安史之乱的爆发，因此对于这一问题的分析显得尤为必要。关于天宝党争中的集团划分，学界长期以来围绕吏治与文学之争展开讨论。蒲立本即认为李林甫专权的形成"并非只是玩弄心机的结果，而是两个势不两立的利益集团间长期斗争的结果"③。任士英则将天宝党争分为初年和末年两个阶段，分别对应李林甫、杨国忠当政时期。他认为在天宝初年"唐朝中枢政局内的矛盾斗争与相互较量，已经投影到唐朝边防军事势力之中"，也可视为边将势力卷入了中央斗争中，而如"王忠嗣屡奏安禄山有谋反之心"、"安禄山入朝不拜太子"等事"都反映出这种政治态势"。而关于末年的斗争，则主要体现在潼关战局上。它"是这一时期唐朝中枢政局内不同势力集团之间矛盾斗争的表象"。④ 总体来看，以往学界的讨论无论是吏治文学之争，还是李杨权力更替，都没有对玄宗和太子李亨在天宝党争中的作用予以专门分析。例如，蒲立本认为玄宗并未介入任何一方，而

---

① 陈寅恪：《唐代政治史述论稿》，245～246 页。陈寅恪即已注意到了玄、肃两朝政治在立储、党争等方面的连续性，黄永年、任士英等学者在这一方面做出进一步的整体性研究，主张将对肃宗朝政治的研究上溯至玄宗朝，不过将其与河北胡化联系起来做系统研究则尚未见到。参见黄永年：《唐肃宗即位前的政治地位和肃代两朝中枢政局》，见中国唐史研究会编：《唐史研究会论文集》，西安，陕西人民出版社，1983。

② 荣新江：《安禄山叛乱的种族与宗教背景》，见中国社会科学院历史所隋唐宋辽金元史研究室编：《隋唐辽宋金元史论丛》第 1 辑，93 页。

③ Edwin G. Pulleyblank, *The Background of the Rebellion of An Lu-shan*, p. 59.

④ 任士英：《唐代玄宗肃宗之际的中枢政局》，111、225 页。

只是"怠于提不同意见的官员",而选择了"被温言顺从的李林甫所蒙蔽"。① 黄永年虽然将对肃宗朝政治的研究上溯至玄宗朝,却认为"肃宗在成为皇太子以后仍缺真正的奥援,没有能形成自己的政治势力"②。任士英指出,正是由于忠王当时"在内廷外朝没有任何政治力量可以依赖",才得以代寿王而被立为太子。③ 然而如果从唐中期中央集权不断强化的趋势来看,玄宗与太子在天宝党争中的作用才是问题根本之所在。也正因此,我们有必要从源头上指出当时党争的实质,即中央集权的不断强化和玄宗对旧僚猜忌的持续加重。在这一过程中,太子李亨及相应官员由于人事关系、政治斗争等因素而逐渐聚集起来,在事实上形成了与玄宗及宰相相对立的利益集团。

在玄宗朝后期中央集权不断加强的趋势下,太子李亨与以王忠嗣为代表的一批朔方河陇军将逐渐趋于接近,形成了一个相对松散但持续时间较长的政治集团,我们将其称为"忠王党"。忠王党的形成有很大的被动因素,是玄宗朝中后期日益激烈的储位斗争和皇权猜忌的产物。这一集团在天宝年间与以李林甫为首的宰相集团之间的矛盾,成为蕃将势力崛起的直接原因。《旧唐书·王忠嗣传》载:"忠嗣初名训,年九岁,以父死王事,起复拜朝散大夫、尚辇奉御,赐名忠嗣,养于禁中累年。肃宗在忠邸,与之游处。"④正史仅简述忠嗣少养宫中的经历,对其与肃宗的游处详情及深层关系语焉不详,而传世的《王忠嗣碑》则提供了相当丰富的史实,对理解忠王党的形成有重要作用。《王忠嗣碑》由元载撰文,王缙书丹。元载是王忠嗣之婿,王缙则生于700年,较王忠嗣尚长六岁,与其为同一代人,安史之乱爆发后"选为太原少尹,与李光弼同守太

----

① Edwin G. Pulleyblank, *The Background of the Rebellion of An Lu-shan*, p. 59.

② 黄永年:《唐肃宗即位前的政治地位和肃代两朝中枢政局》,见中国唐史研究会编:《唐史研究会论文集》,229页。

③ 任士英:《唐玄宗舍寿王而立肃宗原因考》,载《历史研究》,2004(3),177页。

④ (后晋)刘昫等撰:《旧唐书》卷一〇三《王忠嗣传》,3197页。

原"①。这两人撰写的碑文，可信复应该是很高的。两《唐书》王忠嗣本传所载事迹不出碑文范围，但多有遗漏省略。② 因此，《王忠嗣碑》是探讨其经历的关键途径。现择要录文于下：

> 衣之以朱绂，锡名曰忠嗣。部曲主家，后宫收视，每随诸王问安否，独与肃宗同卧起。至尊以子育，储后以兄事。公亦唯专唯直，不倾不堕，未尝迕目，孰云有过。……上既知公有日磾之纯固，加李广之材气，义形于主，确然夐志，少而侍中，虑不省事。乃试守代州别驾、大同军戎副。干法六豪，闭门自敛；卖功老将，俯伏听令。凉秋八月，禾干草腓，方佯白登外，驰突长城下。单戈指虏，轻骑犯胡，有向必摧，能当辄破。往往射雕者，居公掌握中。匈奴惮边，不敢揵□。肃宗□上泣曰："王忠嗣□材敢战，必恐亡之。"即日征还，守未央卫尉。入侍之岁，时方就冠，元献皇太后降家人之慈，盛择配之礼，命之主馈，恩情甚厚。公以仇耻未雪，激愤逾深，每对案忘餐，或独居掩涕。玄宗虽欲大其伸而全其屈，终亦观其志而感其衷。俾以中郎将官从徐公萧嵩出塞，但使通知四夷事，饱习军阵容，不得先启行，无令当一队，且有后命，虞其夭瘀。枕戈假寐，如诏三年。③

史载王海宾战殁后玄宗曾有"因抚而谓曰：'此去病之孤，吾当壮而将之，万户侯不足得也！'"的言语，烈士遗孤的身份是忠嗣得以少养宫中的前

---

① （后晋）刘昫等撰：《旧唐书》卷一一八《王缙传》，3416 页。
② 王世贞认为："所记事与史不甚异，其文词琐冗，无足多者。"［（明）王世贞：《弇州山人稿》卷一三五《王清源碑》，见中国国家图书馆编：《原国立北平图书馆甲库善本丛书》第 787 册，1995 页，北京：国家图书馆出版社，2013。］事实上，恰恰是碑文中看似"琐冗"的文字，才保留了很多正史不曾记载的重要信息。
③ （唐）元载：《王忠嗣碑》，见（清）王昶：《金石萃编》卷一〇〇，收入新文丰出版公司编辑部编：《石刻史料新编》第 1 辑，1651～1652 页，台北，新文丰出版公司，1982。关于《王忠嗣碑》的研究，参见徐伟、吴景山：《〈王忠嗣碑〉校正》，载《敦煌学辑刊》，2015(2)，151～165 页。

提，而这恰恰密切了他与忠王的关系。王忠嗣生于706年，肃宗生于711年①，忠嗣长其5岁。开元二年（714）王忠嗣入宫时8岁，肃宗年仅3岁。所谓"每随诸王问安否，独与肃宗同卧起。至尊以子育，储后以兄事"，清楚地说明了这种收养关系及王忠嗣自幼便拥有的特殊待遇。但如果细究碑文，会发现玄宗与忠王对其的态度有很大不同。玄宗对王忠嗣的态度，始终是有所怀疑和保留的，这与王忠嗣少年时即表现出的偏执好勇不无关系。与此形成对比，忠王与之则交谊笃深，而且这背后其实有忠王生母杨氏的支持。王忠嗣初次外任为试守代州别驾、大同军副使，这一职位级别相当之高，对于尚未弱冠的王忠嗣，不可能凭正常迁转获取，只能以试职膺任。外任的原因，在于玄宗担心其"少而侍中，虑不省事"。从碑文所谓大豪敛迹、老将听令以及王忠嗣单骑频繁出边来看，这位不更世事的少年别驾在代北可能多有意气用事之处，与边将相处恐未必融洽，这也是肃宗泣诉请传回宫中的原因。王忠嗣再次入宫后受任卫尉卿，"入侍之岁，时方就冠"，即当年他才到了行冠礼的年龄。唐中期男子冠礼最晚为20岁②，则王忠嗣再次入侍宫中的时间约当开元十二年至开元十三年（724—725）。

这一事件背后其实有更为深层的政治因素。我们已知王忠嗣再次入侍后由杨氏为之举行冠礼并婚配。杨氏为肃宗生母，据史载：

> 太平公主用事，尤忌东宫。……后时方娠，太子密谓张说曰："用事者不欲吾多息胤，恐祸及此妇人，其如之何？"密令说怀去胎药而入。太子……梦神人覆鼎……异之，告说。说曰："天命也，无宜他虑。"既而太平诛，后果生肃宗。太子妃王氏无子，后班在下，后

① 《旧唐书》卷一〇《肃宗纪》载其于"景云二年乙亥生"（239页）。

② 关于唐代男子冠礼及初婚年龄，参见张国刚、蒋爱花：《唐代男女婚嫁年龄考略》，载《中国史研究》，2004（2），65～75页；张国刚：《唐代家庭与社会》，234～247页，北京，中华书局，2014；蒋爱花：《唐代家庭人口辑考——以墓志铭资料为中心》，1～49页。

不敢母肃宗。王妃抚鞠，慈甚厅生。开元中，肃宗为忠王，后为妃，
又生宁亲公主。张说以旧恩特承宠异，说亦奇忠王仪表，心知运
历所钟，故宁亲公主降说子埱。开元十七年后薨……玄宗命说为
志文……二十四年，忠王立为皇太子。①

据此知杨氏于景云元年（710）选入东宫事奉太子李隆基，在尚无名分的情
形下怀孕。杨氏墓志见张说撰《节愍太子妃杨氏墓志铭》②。肃宗出生后，
长期被太子妃亦即后来的皇后王氏当作己子抚养③，杨氏本人甚至"不敢
母肃宗"，遑论为宫中养子王忠嗣做主婚配。由于无子且事涉厌胜，王皇
后于开元十二年（724）七月被废为庶人④，开元十五年（727）肃宗由陕王
徙封忠王⑤，杨氏方才晋升为妃，因此杨氏为忠嗣举行冠礼并主婚只能
发生在开元十二年（724）七月以后。开元十三年（725）十月，玄宗举行了
规模浩大的东封，舆驾东行约三个月，这期间不太可能处理召回王忠嗣
这样的宫廷琐事。综合上述因素，可以推知王忠嗣再次入宫为开元十三
年（725），具体时间在当年十月以前。忠嗣时年二十，在杨氏主导下行冠
礼并婚配。而他所担任的"未央卫尉"，很可能正是针对当年冬的东封而
授予的近卫之职。

　　尚没有直接证据表明忠王党与文学派之间的渊源流转，但其与文学
派领袖张说之间的人事关系则不容否认，并且后者与吏治派的关系，间

---

　　①　（后晋）刘昫等撰：《旧唐书》卷三二《后妃下·玄宗元献皇后杨氏传》，2184 页。
　　②　（唐）张说：《节愍太子妃杨氏墓志铭》，见（清）董诰等编：《全唐文》卷二三
二，2351 页。参见雷闻：《被遗忘的皇妃——新见〈唐故淑妃玉真观女道士杨尊师（真
一）墓志铭〉考释》，载《华中师范大学学报（人文社会科学版）》，2016(1)，138～148 页。
　　③　这种情形在唐代宫廷较为常见，高宗皇后王氏便不生养，以萧氏所生燕王
李忠为己子抚养。
　　④　《旧唐书》卷五一《后妃上·玄宗废后王氏传》载："后兄守一以后无子，常惧
有废立，导以符厌之事。……开元十二年秋七月己卯，下制曰：'皇后王氏，天命不
祐，华而不实。造起狱讼，朋扇朝廷……可废为庶人……'守一赐死。其年十月，庶
人卒。"(2177 页)
　　⑤　《旧唐书》卷一〇《肃宗纪》载："开元十五年正月，封忠王，改名浚。"(239 页)

接影响到其在天宝年间对以李林甫为首的宰相集团所持的反对立场。《资治通鉴考异》引柳珵《常侍言旨》记载了至德二载(757)复两京后，肃宗与玄宗之间关于张说父子和东宫旧事的一段对话，可以看作对于这一关系的忠实记载：

> 肃宗下殿，叩头再拜曰："臣比在东宫，彼人诬谮，三度合死，皆张说保护，得全首领以至今日。说两男一度合死，臣不能力争，傥死者有知，臣将何面目见张说于地下！"呜咽俯伏。①

《资治通鉴考异》虽指出此记事之谬，但认为其意指张说二子"以说遗言尽心于肃宗"。这段出自肃宗本人的自白毫不隐晦地道出了张说父子与李亨的关系，更为重要的是，它一语道破了忠王党日后得以形成的原因，即皇位的继承权问题，这也正是忠王党与李林甫、杨国忠等宰相集团均发生冲突的根本原因。

忠王党的出现，从根源上讲仍在于玄宗念兹在兹的储位问题。玄宗本人早年的特殊经历，使其对太子及相关可能对皇位构成威胁的势力极为敏感②，这种具有鲜明倾向性的政治认识，使得太子问题进而影响到天宝年间的政治格局，"逐渐形成一人把持朝政的局面"③。随着忠王党与李林甫针锋相对的斗争，北方边镇的蕃将势力悄然崛起，由此导致了天宝前期接连的几起大案。学界对此已有较多论述，认为是李林甫对太子集团所发动的攻击④，但其背后的深层政治关系似尚待揭示，其中的关键因素，则在于忠王党和朔方集团的日益结合。朔方节度使初设于开元

---

① （北宋）司马光编著：《资治通鉴》卷二二〇，"至德二载十二月"条，7050页。
② 参见汪篯：《唐玄宗安定皇位的政策和姚崇的关系——玄宗朝政治史发微之一》，见《汪篯隋唐史论稿》，192～194页。
③ 孟彦弘：《唐前期的太子问题及其政治后果》，见《出土文献与汉唐典制研究》，168页，北京，北京大学出版社，2015。
④ 参见任士英：《唐代玄宗肃宗之际的中枢政局》，225页；丁俊：《李林甫研究》，445～448页，南京，凤凰出版社，2014；唐华全：《试论安禄山势力的发展壮大》，载《中国史研究》，1991(3)，88～90页。

十年(722)，随后的开元十五年(727)正月，陕王"封忠王，改名浚。五月，领朔方大使、单于大都护"①，忠王自此遥领朔方军，其大使一职至安史乱前未见取代。按：及至安史之乱前夕，历任朔方节度使依次为张说、王晙、杨执一、忠王浚(即太子亨)、萧嵩、信安王祎、牛仙客、韦光乘、王忠嗣、张齐丘、李林甫以及安思顺。② 其中忠王浚为节度大使，牛仙客、李林甫则以宰相兼任，三人均属遥领，真正与忠王党形成有密切关系的是王忠嗣，他是节制朔方时间最长者[自开元二十九年(741)至天宝五载(747)，凡六年]，在其任内朔方军事力量与太子李亨相结合，成为忠王党的坚强后盾。《资治通鉴》记载："初，太子之立，非林甫意。林甫恐异日为己祸，常有动摇东宫之志；而坚，又太子之妃兄也。皇甫惟明尝为忠王友，时破吐蕃，入献捷，见林甫专权，意颇不平。时因见上，乘间微劝上去林甫，林甫知之，使杨慎矜密伺其所为。"③这段文字表明韦坚案背后是太子与李林甫两派的冲突，所谓皇甫惟明"见林甫专权"而"意颇不平"，仅为托词，其实是太子勾结皇甫惟明的河陇军事力量向李林甫施压。该案以李林甫取胜结束，死者包括李适之、韦坚、裴敦复、皇甫惟明等大员。此后，王忠嗣兼任河西、陇右两节度。史载："李林甫以王忠嗣功名日盛，恐其入相，忌之。安禄山潜蓄异志，托以御寇，筑雄武城，大贮兵器，请忠嗣助役，因欲留其兵。忠嗣先期而往，不见禄山而还，数上言禄山必反；林甫益恶之。夏，四月，忠嗣固辞兼河东、朔方节度，许之。"④王忠嗣借机言安禄山反，矛头直指李林甫，其实是上年皇甫惟明之发难的继续。而忠嗣之固辞河东、朔方两节度，非仅出于其个人原因，其实是迫于李林甫及玄宗的压力。史称"忠嗣杖四节，控制

① (后晋)刘昫等撰：《旧唐书》卷一〇《肃宗纪》，239页。
② 参见李鸿宾：《唐朝朔方军研究——兼论唐廷与西北诸族的关系及其演变》，361~362页，长春，吉林人民出版社，2000。
③ (北宋)司马光编著：《资治通鉴》卷二一五，"天宝五载正月"条，6870页。关于杨慎矜，参见[日]小野木聰：《唐における侍御史知雑事と御史台の変容》，载《史林》，第101卷，第4號，2018，1~38页。
④ (北宋)司马光编著：《资治通鉴》卷二一五，"天宝六载三月、四月"条，6877页。

万里，天下劲兵重镇，皆在掌握"①。这样一种局面自然不为玄宗所容。

太子李亨与王忠嗣、皇甫惟明之间的政治结盟更为深远的影响，则在于由王忠嗣一手提拔、掌控河陇朔方军队实权的一批将领与李林甫间接形成对立，成为一股巨大的政治力量。例如，契丹将领李光弼之父李楷洛武周时率部归唐，开元初年为朔方节度副使，光弼"天宝初，累迁左清道率兼安北都护府、朔方都虞候。五载，河西节度王忠嗣补为兵马使，充赤水军使。忠嗣遇之甚厚，常云：'光弼必居我位。'"②光弼以门荫入仕兼以军功迁转，是朔方军中根基雄厚者。天宝五载(746)他随王忠嗣调任河西，以河西节度兵马使充赤水军使，足见信任之深。又如，哥舒翰天宝元年(742)为河西节度衙前讨击副使③，王忠嗣节制河西后"补为衙将"，"以为大斗军副使"，及至天宝六载(747)，已得"擢授右武卫员外将军，充陇右节度副使、都知关西兵马使、河源军使"④。翰以军功仕进，初与朔方军本无关系，但其在政治上的关键性拔擢正出于朔方核心人物王忠嗣之手。王倕开元二十九年(741)到天宝二年(743)任河西节度使⑤，王忠嗣兼任河西时哥舒翰最多在当地五年，其后方迁左卫郎将，可见先时地位卑微。忠嗣以之为卫将并任大斗军副使，成为其政治生涯中极关键的一步。再如，王思礼少随其父在朔方军中，"随节度使王忠嗣至河西，与哥舒翰对为押衙"⑥。

上述三位将领均由朔方节度使王忠嗣拔擢，李光弼、王思礼并代居朔方，以军将为世职，而此三人又因共同的政治经历而关系密切，互为

① （北宋）司马光编著：《资治通鉴》卷二一五，"天宝五载正月"条，6871页。关于王忠嗣的征战事迹，参见李荣辉：《王忠嗣墓志中紫乾河及怒皆部考》，载《北方文物》，2018(1)，67~71页。
② （后晋）刘昫等撰：《旧唐书》卷一一〇《李光弼传》，3303页。
③ 参见（唐）樊衡：《河西破蕃贼露布》，见（清）董诰等编：《全唐文》卷三五二，3571~3573页。
④ （后晋）刘昫等撰：《旧唐书》卷一〇四《哥舒翰传》，3212页。
⑤ 参见吴廷燮撰：《唐方镇年表》卷八《河西》，1221页，北京，中华书局，1980。
⑥ （后晋）刘昫等撰：《旧唐书》卷一一〇《王思礼传》，3312页。

援引，成为忠王党事实上的支持者。从天宝党争的表象来看，忠王党一派屡受打压，似乎处于劣势，实际恰恰表明其势力涉及范围之广。尽管这种势力不是完全意义上的政治掌控，且其内部亦难统一，但它在一次次斗争中不断撼动着以李林甫为首的宰相集团，并间接催生了北方蕃将势力的崛起。玄宗此时之所以屡袒林甫并一意提拔幽州胡将如安禄山者，非因年老怠政，而是此期太子一党势力实在林甫之上，且采取攻势。

王忠嗣在当年十月即去职下狱，史书认为是因在攻取石堡城一事上与玄宗态度不同①，复受李林甫诬告。其实石堡城事仅系表面，诬告一事方为根本原因。据《旧唐书·王忠嗣传》：

> 玄宗方事石堡城，诏问以攻取之略，忠嗣奏云："……请休兵秣马，观衅而取之……"玄宗因不快。李林甫尤忌忠嗣，日求其过。六载，会董延光献策请下石堡城，诏忠嗣分兵应接之。忠嗣倜傥而从，延光不悦。河西兵马使李光弼危之，遽而入告。……及延光过期不克，诉忠嗣缓师，故师出无功。李林甫又令济阳别驾魏林告忠嗣，称往任朔州刺史，忠嗣为河东节度，云"早与忠王同养宫中，我欲尊奉太子"。玄宗大怒，因征入朝，令三司推讯之，几陷极刑。会哥舒翰代忠嗣为陇右节度，特承恩顾，因奏忠嗣之枉，词甚恳切，请以己官爵赎罪。玄宗怒稍解。……明年，暴卒，年四十五。②

如前所述，王忠嗣与太子交往笃深，魏林所奏未必全诬，而这正是玄宗最为忌讳之事。天宝六载(747)，当王忠嗣下狱之际，哥舒翰刚刚升任陇右节度副使、都知关西兵马使、河源军使，玄宗召其至华清宫，"与语悦之，遂以为鸿胪卿，兼西平郡太守，摄御史中丞，代忠嗣为陇右节度支

---

① 这种观点为许多当代研究者所承袭，如王效锋认为"王忠嗣的保守主义边防策略与唐廷利益相悖"，其下系"君主与将帅政治歧见"。（王效锋：《唐代中期战争问题研究》，27页，博士学位论文，陕西师范大学，2012。）

② （后晋）刘昫等撰：《旧唐书》卷一〇三《王忠嗣传》，3199～3200页。

度营田副大使，知节度事。仍极言救忠嗣，上起入禁中，翰叩头随之而前，言词慷慨，声泪俱下，帝感而宽之，贬忠嗣为汉阳太守，朝廷义而壮之"①。正是由于哥舒翰的极力保全，忠嗣才得以保全性命。所谓翰时"特承恩顾"，并非因为玄宗单纯赏识他，而是忠王党势力已经形成，不可能进行全面清洗。玄宗并未在忠嗣下狱后选择职位较高的李光弼，而是直接拔擢起用资历较光弼为浅的哥舒翰。颜真卿称翰"自郎将授将军，便登节制，后生可畏"②，可见拔擢之速。翰时掌陇右兵权，玄宗方倚重之，故"怒稍解"。而忠嗣竟于次年"暴卒"，终可见玄宗之痛恶。

二、玄宗对边镇新势力的培植

在对天宝政局做出分析的基础上，我们有必要对《旧唐书》提出的李林甫"用寒族、蕃人"使之"专任大将"而"竟为乱阶"③的观点进行商榷。陈寅恪基于"太宗所任之蕃将为部落酋长，而玄宗所任之蕃将乃寒族胡人"这一事实，认为正是由于太宗对于蕃部羁縻保全并任用其首领继续管辖，因此"此酋长及其部落亦造成一种特殊势力"，其极端表现便是"东突厥败亡后而又复兴"。殷鉴在前，"职此之故，玄宗之重用安禄山，其主因实以其为杂种贱胡"，是看重"此蕃将及其统领之诸种不同之部落也"。④ 这一观点尚有商榷余地，孟彦弘认为这一现象实有深层的政治原因。⑤借由对天宝党争的分析，我们可以对这个问题有更为深入的看法。

---

① （后晋）刘昫等撰：《旧唐书》卷一〇四《哥舒翰传》，3212 页。

② （后晋）刘昫等撰：《旧唐书》卷一一四《鲁炅传》，3361 页。事实上颜真卿生于 708 年，与李光弼同岁，而哥舒翰生于 700 年前后，长颜、李约 8 岁。这里所谓"后生"，恐怕不排除逸闻失真，或者仅就资历而言。

③ （后晋）刘昫等撰：《旧唐书》卷一〇六《李林甫传》，3240 页。

④ 陈寅恪：《论唐代之蕃将与府兵》，载《中山大学学报》，1957(1)，165～176 页，又见《金明馆丛稿初编》，302～309 页，北京，生活·读书·新知三联书店，2001。

⑤ 参见孟彦弘：《唐前期的太子问题及其政治后果》，见《出土文献与汉唐典制研究》，158～167 页。

　　为了限制忠王党势力，玄宗在天宝后期开始着意培植新的边镇力量。王忠嗣卸任后玄宗之所以起用张齐丘和安思顺，主要在于他们和朔方集团素无渊源，甚至与朔方军中的忠王党有所不和。安思顺上任后有意拉拢朔方资深旧将李光弼，"奏为副使、知留后事"，并"欲妻之"，而光弼则"称疾辞官"。时任陇右节度使的哥舒翰"闻而奏之"，在其帮助下光弼乃"得还京师"。① 至于哥舒翰则更与安思顺势不两立，在禄山起兵后"使人诈为禄山遗思顺书"，并上书历数其罪，一手制造了安思顺及其弟元贞被诛之案，以至于"杨国忠不能救"。② 上述两事，史家多以个人恩怨解释，殊不知其后自有集团利益关系，这从郭子仪后来为安思顺平反的积极态度也可见一斑。③

　　关于张齐丘的生平行状，史料记载不多，但唯其如此更显关键。张齐丘为吴郡望族④，开元年间应已在朔方军中任职⑤，天宝五载（746）继王忠嗣为朔方节度使⑥。张齐丘任内最大的影响，在于他一手培植了横塞（天德）军势力。天宝四载（745）冬唐廷曾在单于、安北两都护府境内各

----

　　① （后晋）刘昫等撰：《旧唐书》卷一一〇《李光弼传》，3303 页。

　　② （北宋）司马光编著：《资治通鉴》卷二一七，"天宝十五载三月"条，6957 页。

　　③ 参见乔潮、穆渭生：《郭子仪青雪安思顺冤案发微》，载《西北大学学报（哲学社会科学版）》，2009(6)，150～152 页；穆渭生、乔潮：《盛唐大将安思顺生平事迹钩沉》，载《唐都学刊》，2011(6)，10～16 页。

　　④ 参见（北宋）欧阳修、（北宋）宋祁撰：《新唐书》卷七二下《宰相世系表二下》，2709 页。

　　⑤ 《新唐书》卷一二七《张嘉贞传》载开元八年（720）宋璟等罢相后，"帝欲果用嘉贞，而忘其名。夜诏中书侍郎韦抗曰：'朕尝记其风操，而今为北方大将，张姓而复名，卿为我思之。'抗曰：'非张齐丘乎？今为朔方节度使。'帝即使拜诏以为相。夜且半，因阅大臣表疏，举一则嘉贞所献，遂得其名，即以为中书侍郎、同中书门下平章事"（4442 页）。按：齐丘之为朔方节度，已晚至天宝中期，但这样一则逸事却可以看出张齐丘早在开元间即闻名朔方。《旧唐书》卷九九《张嘉贞传》亦载："八年春，宋璟、苏颋罢知政事，擢嘉贞为中书侍郎、同中书门下平章事。"（3091 页）

　　⑥ 参见吴廷燮撰：《唐方镇年表》卷一《朔方》，132～133 页。吴廷燮认为其于天宝五载（746）接任，但真正受命则在天宝六载（747）十二月。

置一县①，据此来看，王忠嗣在其节制朔方后期，即已着手充实单于、安北两都护力量②。但直至天宝八载（749）三月"朔方节度使张齐丘于中受降城北筑横塞城"③，才标志着这一新兴军事力量的崛起。当年九月，朝廷下诏遍祭河岳诸神，其中"太仆少卿兼单于、安北副太［大］都护张齐丘祭北海"④。按：《旧唐书·郭子仪传》称"天宝八载，于木刺山置横塞军及安北都护府，命子仪领其使"⑤，从郭子仪当时的资历及本传所谓"累历诸军使"的记载综合判断，其应为横塞军首任经略使，实际经营这一军事力量，节度使张齐丘仅以副大都护身份虚领。从上引与张嘉贞混淆之逸事，以及天宝八载（749）秋代表玄宗祭祀北海⑥综合来看，张齐丘在朔方任内一度炙手可热。天宝九载（750）"灵州都督兼御史中丞张齐丘上言，请于新筑（安）北大都护府建圣德碑颂许之"⑦，颂圣德只是幌子，实际在于标榜其兴建横塞军的政绩。

在张齐丘的拔擢之下，安史之乱期间年纪最长、大器晚成的将领郭子仪（生于697年）从中层军镇走上历史舞台。天宝八载（749）唐朝"于木刺山置横塞军及安北都护府"，以郭子仪为左卫大将军、横塞军使，天宝十三载（754）移置永清栅北，易名天德军，"子仪为之使，兼九原太守、

---

① 《旧唐书》卷九《玄宗纪下》载："冬十月，于单于都护府置金河县，安北都护府置阴山县。"（219页）

② 《旧唐书》卷一〇三《王忠嗣传》载："忠嗣之在朔方也，每至互市时，即高估马价以诱之……故蕃马益少，而汉军益壮。及至河、陇，又奏请徙朔方、河东戎马九千匹以实之，其军又壮。"（3201页）王忠嗣的思路重在积累军实，单于、安北两都护府置县，正是边贸繁荣的表现。

③ （后晋）刘昫等撰：《旧唐书》卷九《玄宗纪下》，222页。

④ （北宋）王钦若等编：《册府元龟》卷三三《帝王部·崇祭祀二》，364页。

⑤ （后晋）刘昫等撰：《旧唐书》卷一二〇《郭子仪传》，3449页。

⑥ 玄宗当年诏曰："朕肃恭明祀，祈福上元，冀敷佑于黎蒸，将昭报于灵应。顷蛮夷款附，万里廓清，稼穑丰穰，群方乐业。岂惟菲德，以致元和，实赖神休，永绥景贶。思崇望秩，用展虔诚。宜令宗正卿褒信郡王璆等，即分往五岳四渎及四海致祭；所经道次有名山大川，亦便致祭。务令精意，以称朕怀。"［（唐）玄宗：《遣使祭岳渎四海诏》，见（清）董诰等编：《全唐文》卷三二，362页。］

⑦ （北宋）王钦若等编：《册府元龟》卷三七《帝王部·颂德》，415页。

朔方节度右兵马使"。① 横塞军、天德军、九原郡及安北都护府均位于今河套地区，唐曾先后于此筑三受降城。② 郭子仪自天宝八载(749)以后，长期经营此地，并于天宝十三载(754)兼九原太守。郭子仪与仆固怀恩等蕃将不同，后者以其部落家族为基础，往往为羁縻府州首领，并因其善战而多在节度使衙前任职，控制着朔方军的嫡系力量。子仪则武举出身，"累历诸军使"，属体制内武将迁转之类。在天宝八载(749)任横塞军使前，他未必都在朔方节度使管内任职。郭子仪长驻三受降城，控制着天德军，其拔擢经由张齐丘、安思顺二人之手，与朔方集团的忠王党势力固无瓜葛。郭子仪以天德军使兼九原太守、朔方节度右兵马使，其职位均较辞官回京的李光弼为低。安禄山起兵后，玄宗"以子仪为卫尉卿，兼灵武郡太守，充朔方节度使，诏子仪以本军东讨"③，充分显示出对其之信任。安禄山起兵于天宝十四载(755)十一月，郭子仪之任朔方节度紧随其后。所谓"以本军东讨"，即子仪未回朔方驻节地灵武，而是在受任节度后直接带领麾下天德军经代北东进。这一则是出于战略钳制的考虑，二则恰从侧面证明子仪实际控制的力量为天德军。

安史之乱爆发后至潼关陷落前，杨国忠与哥舒翰之间的斗争，可以看作忠王党势力的最后一次大的举动。东京失守后，身为前线元帅的荣王琬突然死亡，太子趁机取得东征元帅之位，并以哥舒翰为先锋元帅，掌控了潼关军队。《旧唐书·杨国忠传》载：

> 及哥舒翰守潼关，诸将以函关距京师三百里，利在守险，不利出攻。国忠以翰持兵未决，虑反图己，欲其速战，自中督促之。翰不获已出关，及接战桃林，王师奔败，哥舒受擒，败国丧师，皆国

---

① （后晋）刘昫等撰：《旧唐书》卷一二〇《郭子仪传》，3449 页。

② 关于三受降城和单于都护府的设置经过，参见[日]齐藤茂雄：《唐代单于都護府考——その所在地と成立背景について》，载《東方學》，第 118 辑，2009，22～39 頁。

③ （后晋）刘昫等撰：《旧唐书》卷一二〇《郭子仪传》，3449 頁。

忠之误惑也。①

此旧史惯常说法，以国忠中沮为潼关失守原因。但若与他传参看，则知其谬。《旧唐书·哥舒翰传》载：

> 翰至潼关，或劝翰曰："……公若留兵三万守关，悉以精锐回诛国忠，此汉挫七国之计也，公以为何如？"翰心许之，未发。有客泄其谋于国忠，国忠大惧，乃奏曰："兵法'安不忘危'，今潼关兵众虽盛，而无后殿，万一不利，京师得无恐乎！请选监牧小儿三千人训练于苑中。"诏从之，遂遣剑南军将李福、刘光庭分统焉。又奏召募一万人，屯于灞上，令其腹心杜乾运将之。②

《资治通鉴考异》所引《玄宗实录》与此同。所谓"诛国忠"以为"汉挫七国之计"，实是发动军事政变，矛头直指玄宗。上引本传所谓"或劝翰"之"或"者，正为朔方军中的忠王党人物王思礼。③ 哥舒翰与国忠本非一派，但因阿布思之故而在邢璹案中站在国忠一边。李林甫倒台后，"杨国忠欲厚结翰共排安禄山，奏以翰兼河西节度使"④。但玄宗对哥舒翰实存顾忌，所谓翰以风病废居京师，不排除是朝廷对其进行人身控制。安禄山起兵后，局势倒向太子一党，玄宗不得已重用剑南势力。而天宝十四载（755）年底，太子节制关东，哥舒翰为先锋兵马元帅，双方矛盾加剧。以剑南节制朔方忠王党势力，恐未必出于国忠私心，而当是玄宗本意，之前即已如此。既选剑南兵及监牧小儿，翰复斩其将，矛盾遂至不可调和。于是玄宗及国忠频施压力，翰出击而败。

---

① （后晋）刘昫等撰：《旧唐书》卷一〇六《杨国忠传》，3245～3246 页。
② （后晋）刘昫等撰：《旧唐书》卷一〇四《哥舒翰传》，3214 页。
③ 《旧唐书》卷一一〇《王思礼传》载："禄山反，哥舒翰为元帅，奏思礼……充元帅府马军都将，每事独与思礼决之。十五载二月，思礼白翰谋杀安思顺父元贞，于纸隔上密语翰，请抗表诛杨国忠。"（3312 页）
④ （北宋）司马光编著：《资治通鉴》卷二一六，"天宝十二载五月"条，6919 页。

　　以上我们对忠王党在天宝党争中的动向及其对北方边镇蕃将势力普遍崛起的作用进行了梳理。正如我们所强调的那样，忠王党是一个在中央集权下被动形成的松散群体，它反映出唐中期中央权力不断强化的整体趋势。与其说忠王党终结于潼关陷落前夕的政治斗争，毋宁说其随着肃宗灵武即位而圆满完成使命。作于乾元三年（760）正月的《河阳陕东破贼贺表》记载："胜州已北百姓数千人，忽见兵马极众，唤百姓索食。其中有人云：'我是张韩公及王忠嗣，领此兵马为国家讨贼，不日当太平。'百姓陈祭讫，须臾不见。"与此事同时记载的还有河阳出现毗沙门天王，因此该奏表称"圣德所感，人神合符"。① 这说明在安史之乱期间，唐朝人仍将张仁愿和王忠嗣作为与毗沙门天王相类的战神看待，所谓"人神合符"即为此意。及至建中三年（732）陪享武庙时，唐朝共有十人入侍，左侧为尉迟敬德、苏定方、张仁愿、王晙、王孝杰，右侧为李孝恭、裴行俭、郭元振、张齐丘、郭子仪。其中玄宗朝以来入选者凡六人，即每侧后三人。② 唐德宗在为先辈旧亭定论时，借助于武庙排序巧妙地将朔方集团的先祖和忠王党核心人物王忠嗣摈斥在外，代之以政治态度更为中允、没有污点的张齐丘和郭子仪。他不会不知道祖父与王忠嗣等人间的深厚关系，这一举动证明没有一成不变的党派，只有唯我独尊的皇权。

　　安禄山在短期内得以不次拔擢，从根本上说源于玄宗朝后期边镇军队的扩充。况且，安禄山并非玄宗朝后期升迁最快的边镇将领。我们可以选取哥舒翰作为比较。史载翰"年四十，遭父丧，三年客居京师"，此后"发愤折节，仗剑之河西。初事节度使王倕"。③ 按：王倕开元二十九年（741）到天宝二年（743）任河西节度使④，作于天宝元年（742）的《河西

---

① 《河阳陕东破贼贺表》，见（清）董诰等编：《全唐文》卷九六二，9994 页。
② 《新唐书》卷一五《礼乐志五》载："建中三年，礼仪使颜真卿奏：'治武成庙……'诏史馆考定可配享者，列古今名将凡六十四人图形焉……朔方节度使兼御史大夫张齐丘、太尉中书令尚父汾阳郡王郭子仪。"（377～378 页）
③ （后晋）刘昫等撰：《旧唐书》卷一〇四《哥舒翰传》，3211～3212 页。
④ 参见吴廷燮撰：《唐方镇年表》卷八《河西》，1221 页。

破蕃贼露布》中哥舒翰之职为节度衙前讨击副使①，这是一种节度使身边亲信性质的差使，并非正式官职，这与本传所谓"初事节度使王倕"的说法是符合的。哥舒翰投身河西的原因，除了本传所谓"发愤折节"外，恐怕还有更深层的人事因由。王倕在史书中记载不多，目前所知的，是他在开元九年（721）前后任新丰尉，经由时任京畿按察使的韦抗荐举任其判官②，开元二十九年（741）得授河西节度使③，天宝九载（750）曾与王鉌、张均等人寻石经宝瑞并进献④。翰父哥舒道元传称"安西副都护"，事实上《新唐书》"安西都护将军、赤水军使"⑤的记载可能更加符合实际情况，即道元在安西仅为一普通都护，他应当在后来调任赤水军使，这一职任相对应的级别已经相当高。哥舒翰"年四十，遭父丧，三年客居京师"，开元二十九年（741）从军河西，以此推算，哥舒道元卒于开元二十七年（739），翰则生于 700 年。天宝元年（742）十二月河西节度使王倕督军远征吐蕃渔海军时，哥舒翰时年 43 岁，其职仅为河西节度衙前讨击副使（仅为副职）⑥，至天宝六载（747）冬则已"代（王）忠嗣为陇右节度支度营田副大使，知节度事"⑦。因陇右节度大使一般由皇子遥领，因此其实际职务即为陇右节度使，如此腾达仅用五年。与之相似，安禄山在开元二十一年（733）任幽州节度衙前讨击使（已为正职），至天宝元年（742）方得

---

① 参见（唐）樊衡：《河西破蕃贼露布》，见（清）董诰等编：《全唐文》卷三五二，3571～3573 页。

② 《旧唐书·韦抗传》载："抗为京畿按察使时，举奉天尉梁昇卿、新丰尉王倕、金城尉王冰、华原尉王焘为判官及支使，其后昇卿等皆名位通显，时人以抗有知人之鉴。"[（后晋）刘昫等撰：《旧唐书》卷九二《韦安石附从父兄子抗传》，2963 页。] 韦抗开元八年（720）后不久任京畿按察使，开元十一年（723）调任，知王倕于开元九年（721）前后任新丰尉。按照所需的年资推测，王倕约生于 690 年。

③ 参见吴廷燮撰：《唐方镇年表》卷八《河西》，1221 页。

④ 《旧唐书》卷二四《礼仪志四》载："遣王鉌、张均、王倕、韦济、王翼、王岳灵于洞中得玉石函《上清护国经》。"（927 页）

⑤ （北宋）欧阳修、（北宋）宋祁撰：《新唐书》卷一三五《哥舒翰传》，4569 页。

⑥ 参见（唐）樊衡：《河西破蕃贼露布》，见（清）董诰等编：《全唐文》卷三五二，3571～3573 页。

⑦ （后晋）刘昫等撰：《旧唐书》卷一○四《哥舒翰传》，3212 页。

"持节充平卢军摄御史大夫，管内采访处置等使"①，其间用时八年，而且平卢节度的实际地位较陇右明显要低②。有学者认为直至天宝十一载(752)安禄山才与玄宗建立了进一步的信任关系③，与哥舒翰的迅速升迁相比，安禄山不能算是被过度宠信，我们应该更关注其背后所反映的政治斗争。

从地域上来讲，这批边镇力量主要分布在朔方节度使辖下的三受降城与安北都护府一线、范阳节度使辖下的幽营地区，以及由杨国忠遥控的剑南两川地区。从人员上来说，张齐丘、安思顺、郭子仪、安禄山、史思明、章仇兼琼等一众新起节帅都在此范围之内。史学界习惯以"寒族蕃将"来予以概括，事实上"寒族"只是表面现象，其实质在于培植新兴边镇势力；而"蕃将"也与事实不尽相符，只是在杂胡广布的幽营一带较为显著而已。一个明显的反例是，李光弼是典型的蕃将，但他并非玄宗着意提拔者。陈寅恪认为"玄宗时默啜帝国崩溃后，诸不同胡族之小部落纷杂散居于中国边境，或渐入内地"，而"唐平安史之乱，其主力为朔方军，而朔方军实一以胡人部落蕃将为其主要成分者"。④"蕃将"的崛起只是玄宗朝中央政治大变动催生出的一种表象，无论是幽营诸州还是朔方军辖内，胡人势力的兴盛都是政治斗争支配下的诸种结果之一。如果将这种现象作为安史之乱爆发的起因，则恐有舍本逐末之嫌。

三、安禄山崛起的人事因由

在边镇新兴势力普遍崛起的历史背景下，粟特人掌控幽营军政，其

---

① （唐）姚汝能撰：《安禄山事迹》卷上，75 页，北京，中华书局，2006。

② 《旧唐书》卷二〇〇上《安禄山传》载："天宝元年，以平卢为节度，以禄山摄中丞为使。"(5368 页)平卢天宝元年(742)始建节，无论从资历、战略位置还是官员迁转惯例来看，都要明显低于传统重镇陇右。参见冯金忠：《唐代河北藩镇研究》，7～9 页，北京，科学出版社，2012。

③ 参见雷闻：《杨贵妃与安禄山"三日洗儿"的仪式解读》，见中国社会科学院历史所隋唐宋辽金元史研究室编：《隋唐辽宋金元史论丛》第 1 辑。

④ 陈寅恪：《论唐代之蕃将与府兵》，见《金明馆丛稿初编》，302～303、309 页。日本学者提出了河东地区的沙陀化现象，但这已迟至晚唐。

实也是玄宗朝中期以来中央不断调整东北边疆军事结构所导致的结果，
这是安史之乱得以发生的直接因由，也将是接下来我们要重点论述的问
题。玄宗朝前期，幽营军队中多有契丹及奚族将领。粟特人虽然入居东
北，但在军队中不占据主要地位。事实上西方汉学界最初是将安史之乱
视为契丹等东北民族的一次叛乱①，从安史军队的将领构成来看，这种
说法无疑是片面的，但它表明学界其实一开始便注意到契丹与奚在幽营
胡化及安史之乱爆发的过程中所起到的作用。8世纪初，唐朝重建了幽
营地区的秩序，玄宗即位后在营州建立平卢军，同时接受了契丹与奚的
归顺，双方通婚并建立朝贡边贸关系，加上突厥的没落和渤海国的亲唐
立场，从而"使东北开始了一段相对安定的时期"②。

契丹与奚的崛起不仅迫使唐朝将边防重心逐渐转向东北，也使幽营
二州的内部军事结构发生着潜移默化的转变。在张守珪到任之前，"契丹
及奚连年为边患"，而"赵含章、薛楚玉等前后为幽州长史，竟不能
拒"。③ 抗拒契丹与奚失利，成为幽州接连易帅的直接原因。但其背后的
深层原因则在于对幽州旧有军事权力的调整，表现为朝廷屡次试图解除
前任幽州节度使在当地培植的势力，加强中央对幽营的军事控制。这一
历程从开元中后期开始直至天宝初年，是一个持续十余年的整体进程，
其间有三次重要事件，兹考论如下。

发生于开元二十年(732)的赵含章案，揭开了幽州持续的军事调整的
序幕。开元二十年(732)六月，时任"幽州长史赵含章坐盗用库物，左监

---

① 参见[法]勒内·格鲁塞：《草原帝国》，170页。

② [英]崔瑞德编：《剑桥中国隋唐史(589—906年)》，446页。森部丰也认为
"随着开元初年突厥默啜势力的衰落"，契丹"乘机归顺唐朝"，唐廷在幽州怀柔县附
近设归顺州以便契丹移住。([日]森部豊：《ソグド人の東方活動と東ユーラシア世
界の歴史的展開》，75~76页。)速水大对玄宗朝前期唐与契丹的关系及契丹内部的政
权更迭有详细论述，参见[日]速水大：《開元22年の唐と契丹》，载《明大アジア史
論集》，第18號(氣賀澤保規先生退休記念號)，2014，190页。

③ (后晋)刘昫等撰：《旧唐书》卷一〇三《张守珪传》，3194页。

门员外将军杨元方受含章馈饷，并于朝堂决杖，流瀼州，皆赐死于路"①。此案之缘由在颜真卿撰写的《宋璟碑侧记》中有更为详细的记载："开元末，安西都护赵含章冒于货贿，多以金帛赂遗朝廷之士，九品以上，悉皆有名。其后节度范阳，事方发觉。有司具以上闻，元宗切责名品，将加黜削。公一无所受，乃进谏焉，元宗纳之，遂御花萼楼，一切释放。"②赵含章的问题，主要在于其节制安西时期，遍赂朝官以求进取，而从他迁至幽州来看，显然其贿赂起到了作用。所谓玄宗"切责名品"，是要树立朝廷的威信，正如杜牧所说，"纵有功劳，不赎罪犯"③，而宋璟在此事的化解中产生的作用，绝不仅限于简单的进谏。杨元方史书阙载，南衙诸卫将军员外置员者，一般会实任军镇之经略使。"馈饷"一词在唐代大致有两种含义，一指军队粮饷，一指财物馈遗，杨元方所受之"馈饷"当属后者。按照《唐律》规定，"诸监临主司受财而枉法者，一尺杖一百，一匹加一等，十五匹绞"，所谓"监临主司，谓统摄案验及行案主典之类"。④

赵案所产生的巨大影响，于其幕僚杜孚的墓志中得到了充分展现：

> 开元中，幽州节度赵含章特相器重，引摄渔阳县兼知判营田。属林胡不庭，皇赫斯怒，而幽州称天之罚，绝漠以讨，乃总徒率驭，负糗束甲，熊罴万族，辒輨千里，爰征假护，见推才略，遂转授公静塞军司马假绯鱼袋，始筹运帷幄，终折冲垣翰，卒使东胡歼夷，北虏穷逐，赤地草薙，黄沙骨铺，虽任专将帅，盖力展稗辅，斯则公之效也。而赵将军凯薆未毕，诽书纵横，功归庙堂，身系下狱，对主吏以魂夺，援征骖而骨飞，尸僵路隅，名削勋府，部曲且死，

① （后晋）刘昫等撰：《旧唐书》卷八《玄宗纪上》，198 页。

② （唐）颜真卿：《唐故太尉广平文贞公宋公神道碑侧记》，见（清）董诰等编：《全唐文》卷三三八，3431～3432 页。

③ （唐）杜牧：《朱叔明授右武卫大将军制》，见《樊川文集》卷一九，284 页。

④ （唐）长孙无忌等编：《唐律疏议》卷一一《监临主司受财而枉法》，220 页，北京，中华书局，1983。

占募何从。岂任安独存；逝虞卿偕去，适免所假，遂安初服。感栾
生之义，哀赵氏之孤，扶血无依，吞声莫辩。怏怏终日，将成祸胎，
悠悠苦思，奄缺中寿。虽生死恒理，诚今古所难，知己之分，未之
有也。春秋五十一……以开元廿年十一月十日属纩。①

志主杜孚为京兆人，生于永淳元年（682），此前任仙州西平尉，开元十八
年（730）赵含章受任节制幽州后征为幕佐，摄渔阳县令，兼知节度营田判
官。据《旧唐书·北狄·契丹传》记载，开元十八年（730）秋"幽州长史赵
含章发清夷军兵击奚，破之，斩首二百级"②，随后的开元二十年（732）
三月"信安王祎与幽州长史赵含章大破奚、契丹于幽州之北山"③。据墓
志知杜孚先后以节度营田判官、静塞军司马之职参与了上述两次对奚及
契丹的作战，其中开元十八年（730）对奚作战时杜孚负责后勤军需，有效
地保障了前线作战，即墓志所谓"总徒率驭"、"辎耕千里"。开元二十年
（732）征讨两蕃是更大规模的战争，由信安王祎亲自督战，杜孚时已擢任
静塞军司马。静塞军驻在蓟州城内，其兵力在幽州辖下仅次于节度使直
属的经略军及营州的平卢军④，其地复密迩范阳，为此次军事行动的重
要力量，从"始筹运帷幄，终折冲垣翰"、"力展稗辅"等语来看，杜孚不
光在战争初期随赵含章坐镇幽蓟出谋划策，还在后期随军出战。从以上
经历来看，杜孚无疑是赵含章的心腹力量。

然而开元二十年（732）征讨两蕃后不久，赵含章就于当年六月"坐盗
用库物"而流放瀼州，并"赐死于路"，《杜孚墓志》称此次政治变故为"诽
书纵横"，其间真相已难考知。不过从墓志接下来的记载来看，都是与正
史记载相吻合的。六月六日忠王浚、信安王祎均以功受封，当月十九日

---

① 周绍良主编：《唐代墓志汇编》开元三六○《大唐故静塞军司马杜府君墓志铭
并序》，1405 页。

② （后晋）刘昫等撰：《旧唐书》卷一九九下《北狄·奚传》，5356 页。

③ （后晋）刘昫等撰：《旧唐书》卷八《玄宗纪上》，197 页。按：《旧唐书》中华书
局点校本此处将信安王之名误作"袆"，已据本传及《新唐书》改为"祎"。

④ 参见（后晋）刘昫等撰：《旧唐书》卷三八《地理志一》，1387 页。

赵含章被廷杖流放，与墓志"功归庙堂，身系下狱"的说法非常切合。赵含章在流放途中被赐死，即所谓"尸僵路隅，名削勋府"。上述史实的勘合使我们有理由相信，《杜孚墓志》较为忠实地反映了开元二十年（732）幽州的内斗情况。既明于此，墓志随后"部曲且死，占募何从"两句记载就尤其值得我们注意。据此来看，朝廷不光以"盗用库物"之名加罪于赵含章，而且对其任内培植的亲信力量进行了根除。其中"占募"明确指涉以杜孚为代表的征辟幕佐，至于"部曲"，虽然可以泛解为武将亲信，但如下文即将论证的，此处很可能是特指亲近赵氏的幽营蕃部。墓志中"感栾生之义，哀赵氏之孤"之语，暗示杜孚或曾在东窗事发时试图掩护赵含章的子胤，也可见赵案绝非一般的作奸犯赃之事，而更像是一次政治诛灭。杜孚回到河南后便于当年十一月中寿而卒，虽不能确定是否获罪，但赵案所产生的巨大影响于此可见。

幽营军事结构的第二次调整，发生在开元二十一年（733）九月至次年二月。在此期间，新任节度使张守珪对当地实权派蕃将进行了诛除清洗，并对以安禄山为代表的粟特胡人势力予以大力扶植。开元二十一年（733）闰三月，契丹进犯，史载：

> 幽州长史薛楚玉遣副将郭英杰、吴克勤、邬知义、罗守忠率精骑万人，并领降奚之众追击之。军至渝关都山之下，可突于领突厥兵以拒官军。奚众遂持两端，散走保险。官军大败，知义、守忠率麾下遁归，英杰、克勤没于阵，其下六千余人，尽为贼所杀。诏以张守珪为幽州长史兼御史中丞以经略之。①

① （后晋）刘昫等撰：《旧唐书》卷一九九下《北狄·契丹传》，5353 页。《旧唐书》卷八《玄宗纪上》载："闰月，幽州道副总管郭英杰等讨契丹，为所败于都山之下，英杰死之。"（199 页）《资治通鉴》卷二一三"开元二十一年闰三月"条载："闰月，癸酉，幽州道副总管郭英杰与契丹战于都山，败死。时节度薛楚玉遣英杰将精骑一万及降奚击契丹，屯于榆关之外。可突干引突厥之众来合战，奚持两端，散走保险；唐兵不利，英杰战死。余众六千余人犹力战不已，虏以英杰首示之，竟不降，尽为虏所杀。"（6801～6802 页）

张守珪调任幽州，本传及墓志均只记载在开元二十一年(733)①，熊飞考证在闰三月或稍晚②，速水大考证在当年九月，并指出此次唐军惨败成为幽州节度更替的直接原因③。无论如何，从传世的各类史籍记载来看，张守珪到任后的首次军事捷报，已经迟至次年六月。④ 而关于开元二十一年(733)夏至次年夏这整整一年中幽州方面的动向，传世史料均付之阙如。所幸出土墓志填补了这一空缺，并为我们了解当时幽州的内部实情提供了宝贵史料。先看平卢军使高钦德的墓志：

> 公教人数年，亦可以即戎也，自宁远将军制兼幽州副节度知平卢军事。才可为裨副冠首。公讳钦德，字应休，渤海人也。曾祖瑗，建安州都督；祖怀，袭爵建安州都督；父千，唐左玉钤卫中郎。公即先君仲子也。……先君身死王事，鸿泽酬汲，赠一子官，解褐拜陶城府果毅。……以开元廿一年九月十有九日，终于柳城郡公舍。

---

① 《旧唐书》卷一〇三《张守珪传》载："二十一年，转幽州长史、兼御史中丞、营州都督、河北节度副大使。"(3194页)《张守珪墓志》载："廿一年，复驿占至京，加御史中丞，改幽州长史、营府都督、节度营田采访海运等使。"(李志凡：《唐张守珪墓志浅释》，载《唐研究》，第5卷，1999，469～478页。)

② 参见(唐)张九龄：《敕幽州节度(副大使)张守珪书》，见(唐)张九龄撰，熊飞校注：《张九龄集校注》卷八，544页。

③ 参见[日]速水大：《開元22年の唐と契丹》，载《明大アジア史論集》，第18號(氣賀澤保規先生退休記念號)，2014，194～195页。

④ 《册府元龟》卷一二《帝王部·告功》载："二十二年六月，幽州节度副大使张守珪大破林胡，遣使献捷。"(136页)这是张守珪到任幽州后见诸史籍的首次捷报。《册府元龟》卷三五八《将帅部·立功十一》载："张守珪为幽州长史、河北节度副大使，开元二十二年发兵讨契丹，斩其王屈烈及其大臣可突千[干]等，传首东都。"(4245页)《册府元龟》卷四三四《将帅部·献捷一》载："张守珪为幽州节度副大使，开元二十二年，守珪大破林胡，遣使献捷，择日告庙。"(5158页)《册府元龟》卷九八六《外臣部·征讨五》载："二十二年十二月，幽州长史张守珪发兵讨奚、契丹，斩其王屈烈及其大臣可突于阵，传首东都，余叛奚皆散走(立其酋长李过折为契丹王)。"(11586页)据以上记载可以看出，开元二十二年(734)张守珪针对奚与契丹展开了一系列大规模的军事行动。六月捷报应属首战报功，斩屈烈等则在下半年的行动中。

春秋五十有七。①

志主高钦德生于仪凤二年(677)，其曾祖、祖父均为建安州都督。据《旧唐书·地理志》，建安州都督府与其他等共十四处羁縻州并隶安东都护管辖，"凡此十四州，并无城池。是高丽降户散此诸军镇，以其酋渠为都督、刺史羁縻之"②。虽然志文对志主的族属仅以"渤海人也"含混而过，但通过其姓氏、代居当地、曾祖两代任羁縻州都督③以及《旧唐书》的规定来看，其无疑为高丽降户。高钦德卒前的官职为"幽州副节度知平卢军事"，且"终于柳城郡公舍"，知其以节度副使的身份实际担任平卢军经略使，并长驻柳城。

另外一位翟诜时任幽州经略军副使，相关志文如下：

> 公讳诜，字□□，辽西柳城人……解褐授右卫中候。……袭父之故，授冠军大将军、行左屯卫翊府中郎将。……迁左威卫将军，封辽西县开国男，又进封辽西郡开国公，余如故。属天骄尚梗，河朔未清，以公为经略军节度副使。庙堂算远，金鼓气雄；遭时不遇，王师小衄，贬授左威卫中郎将……夫人开元廿一年岁次癸酉十二月七日终于蓟邑之第，春秋卅有三。公以廿二年岁次甲戌二月十八日终于幽郡之第，春秋五十有七矣。④

志文部分文字残缺，但可根据前后信息补正。志主的郡望，文中虽称"汉高陵侯方进之派别"，事实上从其封辽西县男、郡公来看，所缺之字补充

---

① 周绍良主编：《唐代墓志汇编》开元三七六《唐右武卫将军高府君墓志铭并序》，1416 页。

② (后晋)刘昫等撰：《旧唐书》卷三九《地理志二》，1527 页。

③ 志主之父"身死王事"，卒时仅为左玉钤卫中郎，当是壮年战殁，未及袭先人都督一职，但这并不影响我们对高氏代为当地酋渠的判断。

④ 周绍良主编：《唐代墓志汇编》开元四〇四《□唐故冠军大将军行左屯卫翊府中郎将幽州经略军节度副使翟公墓志铭》，1435 页。

后正是"辽西柳城人"。《旧唐书·地理志》载："柳城，汉县，属辽西郡。"①此处或以汉时郡望称之。②志主在其卒前已官至幽州经略军副使，所谓"遭时不遇，王师小衄"，正指开元二十一年（733）闰三月唐军的溃败。值得注意的是，虽然志主翟诜因此"贬授左威卫中郎将"，但撰写墓志时仍使用了此前的"左屯卫翊府中郎将"一职，与称最后官职的墓志惯例不同。由此推测，翟诜之贬官可能正是在张守珪到任之后。

我们综合上引两方墓志，可以看到在开元二十一年（733）九月至次年二月这不到半年的时间里，平卢军使高钦德、幽州经略军副使翟诜这两位掌握当地核心军事力量的将领相继谢世，更为蹊跷的是，他们的夫人也在同一时间内先后故去。③两相比照来看，颇疑张守珪到任后对幽州内部的旧有格局进行了大幅度的深入调整。

幽营军事的第三次调整，发生在开元二十九年（741）至天宝三载（744）。以安禄山相继受任平卢、范阳节度使为契点，标志着粟特胡人对幽营的主要军事权力基本实现了掌控。《曲江集》及《全唐文》中保留了八封张守珪到任幽州后朝廷所下敕旨，是研究安禄山早期升迁的重要史料。但这些敕书不署年月，且并未严格按时间顺序排列，为我们推断其书写时间制造了很大障碍。其中最关键的一封内容如下：

> 敕张守珪、安禄山：两蕃自昔辅车相依，奚既破伤，殆无遗噍；

---

① （后晋）刘昫等撰：《旧唐书》卷三九《地理志二》，1521页。

② 中古翟氏的郡望没有过于显赫者，与安、史等粟特姓不同，翟氏是一个汉、胡兼有的姓氏，单从姓氏难以判断志主的郡望族属。森部丰将房山石经中的翟光弼列为卢龙的粟特系武人，未知何据。参见［日］森部豊：《ソグド人の東方活動と東ユーラシア世界の歴史の展開》，131页。此处所缺字也可补为"陇西金城人"，从郡望上来讲固然更为著名，但陇西、金城各为一郡，不存在所属关系；此外正如正文所分析，从志主受封辽西、任职幽州来看，补为"辽西柳城"似乎更为妥当。

③ 《唐右武卫将军高府君墓志铭并序》载其夫人"继公逝亡，并权措私第"，直至天宝年间合迁于洛阳，据此推测，可能也在随后去世。参见周绍良主编：《唐代墓志汇编》开元三七六《唐右武卫将军高府君墓志铭并序》，1416页。翟诜夫人则如上引志文所记，先诜卒于开元二十一年（733）年底。

契丹孤弱，何能自全？复闻突厥征求，欲有逃避；传者纵其未实，此虏终已合然。借卿运筹，徐以计取；况禄山义勇，武用绝人，谋帅得贤，裨将复尔，以讨残虿，势若摧枯。……今者又云遇贼，略有芟夷，乘其数穷，日向歼尽，其灼然有功效者，可具以状闻。……边事烦总，无乃为劳。冬初薄寒，卿及禄山并诸将士已下，并平安好。①

蒲立本注意到该敕未提到次年夏"对敌（契丹）作战的胜利"，"似与其前一封单写给张守珪者及后两封致降奚及契丹诸部者同时发出"。这四封敕书均提到了奚已降服而契丹仍旧反叛，奚在 732 年归顺，此后 734 年年初再次反叛，"直至契丹归降"②，据此他断定这封信写于开元二十一年（733）秋，并进而认为安禄山是张守珪从河陇带来的心腹故将，因为"在当年（733）四月前任幽州节度使（按：指薛楚玉）宣称对契丹作战胜利的一份加急公文中并未提到安禄山。如果他在张守珪到任前一直身在河北而默默无闻，则不会在当年年底就突然获得如此令誉"③。蒲立本的这一看法颇有值得商榷之处。如前所述，《曲江集》中的敕文并未按时间顺序排列，该封敕书中的"奚既破伤"、"契丹孤弱"是否就当时东北的总体战局而言，未可完全坐实。唐人往往将契丹与奚并称，且不乏省略之例，如《学海类编》本《安禄山事迹》有"二十四年，禄山为平卢将军，讨契丹失利"④的记载，而《资治通鉴考异》所引《安禄山事迹》则记为"讨奚、契丹失利"⑤。据此来看，似未便单纯根据上引文字未提到奚而断定其具体

---

①　（唐）张九龄：《敕幽州节度（冐大）使张守珪（等）书》，见（唐）张九龄撰，熊飞校注：《张九龄集校注》卷八，545～546 页。

②　Edwin G. Pulleyblank，*The Background of the Rebellion of An Lu-shan*，p. 113.

③　Edwin G. Pulleyblank，*The Background of the Rebellion of An Lu-shan*，p. 21.

④　（唐）姚汝能：《安禄山事迹》卷上，见（清）曹溶辑，（清）陶樾增订：《学海类编》第 2 册，719 页，扬州，广陵书社，2007。

⑤　目前通行的《安禄山事迹》点校本作"讨[奚]契丹失利"，点校者指出"'讨'下原脱'奚'，据《通鉴》卷二一四补"[（唐）姚汝能撰：《安禄山事迹》卷上，86 页，"校勘记"，北京，中华书局，2006]。

年。况且熊飞从张九龄丁忧推断该敕更可能作于开元二十二年（734）十月①，因此没有任何证据表明安禄山是由张守珪自河陇带至幽州的心腹故将。

张守珪掌政幽州期间刻意扶植东北边境新兴力量，成为安禄山迅速晋升的直接原因。在营州胡复杂的构成中，粟特胡人无论从数量还是势力上都不占优势。为了铲除高丽—契丹种胡人在幽营军事中形成的深厚根基，加强中央控制，唐朝官方对幽营胡人中的弱势群体进行了刻意培植，安禄山便是在这种历史背景下登上唐中期的政治舞台。开元二十四年（736），安禄山升任平卢将军，由于对契丹作战失利，引发了玄宗与宰相张九龄之间的严重争执。在此之前，安禄山只是一个互市牙郎，关于他与张守珪间的最初关系，有一则众所周知的典故，即他因"盗羊奸发"将被杀，危急之际大呼获守珪赏识。这则真伪混杂的传说背后隐含着相对确定的事实，即张守珪到任后，安禄山与史思明同为其捉生将，禄山"后为守珪偏将"，因作战勇猛而被守珪"养为子，以军功加员外左骑卫将军，充衙前讨击使"。② 安禄山由捉生将升至衙前讨击使，这一转变发生在开元二十一年（733）至开元二十四年（736）间。开元二十四年（736）他升任平卢将军，至开元二十八年（740）为平卢军兵马使，并于次年任平卢军节度使知左厢兵马使。不到十年时间，安禄山从几近白衣效力的捉生将，升为平卢军经略使，这样迅速的升迁，与张守珪的态度密不可分。

张守珪掌政幽州的局面随着中央的政治斗争而于开元二十七年（739）终结，但安禄山并未受此影响。张守珪东窗事发后，家属受到牵连，家道中衰，以至于在复两京后不久的乾元元年（758）三月，"取承宁坊张守珪宅置"司天台③，连家宅也被没收。但安禄山非但未受牵连，反而更加受到朝廷的重用，并在天宝初年最终获取幽营地区军政大权，成为幽营

---

① 参见（唐）张九龄：《敕幽州节度（副大）使张守珪（等）书》，见（唐）张九龄撰，熊飞校注：《张九龄集校注》卷八，546 页。

② （唐）姚汝能撰：《安禄山事迹》卷上，73～74 页，北京，中华书局，2006。

③ （后晋）刘昫等撰：《旧唐书》卷一〇《肃宗纪》，251 页。

军事结构的第三次，也是最后一次变动。经此变更，以安禄山为代表的粟特胡人取得了对幽营军事的控制，标志着河北胡化第一个阶段——幽营胡化的基本完成。目前尚没有史料直接表明此次变革经历了流血冲突，但我们仍能寻到若干蛛丝马迹。据出土的《士如珪墓志》，志主"解褐授幽州临渠府别将"，此后一度转任滁州，张守珪节制范阳后"别表授平卢军司马"，据有营州重要权力。士如珪"以天宝二年四月廿九日终于范阳郡蓟宁里"①，卒因不明，但这一时间值得关注。当年正月，时任平卢节度使的"安禄山入朝"，史称"上宠待尤厚，谒见无时"，而禄山因得奏言："去年营州虫食苗，臣焚香祝天云：'臣若操心不正，事君不忠，愿使虫食臣心；若不负神祇，愿使虫散。'即有群鸟从北来，食虫立尽。请宣付史官。"②这一事件的背后，是安禄山对营州的完全控制。作为张守珪提拔的平卢旧僚，士如珪卒于随后的四月。据此来看，不排除当时的幽营发生过军事冲突，也再次印证了我们此前的观点，即安禄山的腾达尽管离不开张守珪的拔擢，但根本原因在于此间唐朝对幽营军事结构的持续调整。这正是为什么同样作为张守珪旧僚的士如珪却在此次政治变动中成为牺牲品。

经过上述三次军事结构调整，幽营二州实现了政治意义上的胡化，以安禄山及粟特胡人为主导，兼统其他内附蕃部及汉将，形成了明显有异于其他边镇的特点。事实上，唐朝最初任命胡人的目的，仍在于最大限度地掌控边镇军事力量，胡人只是不次拔擢的边将中的一部分，至于有粟特背景的杂胡安禄山登上历史舞台，则更是开天之际政治变动的产物。时人盛传的射虎将军裴旻，正反映了这种趋势。史称"开元中，山戎寇边，玄宗命将军守北平州，且充龙苑军使，以捍蓟之北门"，最终使得

---

① 周绍良主编：《唐代墓志汇编》天宝〇四七《大唐故朝散郎试平卢军司马赏绯鱼袋士府君太原郭夫人墓志铭》，1562页。

② （北宋）司马光编著：《资治通鉴》卷二一五，"天宝二年正月"条，6856~6857页。

"胡人服艺畏威，不敢南牧，愿充麾下者五百余人"。① 唐朝最初的构想无疑是以最为经济、省事的方法提升边军战斗力，而不会是像后世史家所说的那样，因李林甫的私欲而提拔之。

四、安禄山叛乱前夕的实际权力分析

安禄山在叛乱前，究竟实际掌握着多少权力，这是一个很关键的问题。姚汝能在《安禄山事迹》中最早提出其"总三道以节制"的观点，并注出三道谓其先后担任的平卢、范阳、河东三节度使。②《旧唐书》、《资治通鉴》等均沿袭了这一说法。③ 然而如果我们对安禄山叛乱前夕的权力予以客观分析，会发现安禄山并未掌握如史家所称那样大的权力。安禄山的叛乱与此后历次藩镇问题一样，其实质在于藩镇内部权力结构的更替。

从史源学角度来说，与安禄山同时期的文献中并没有关于其兼制三道的看法。以"三道"之类的方式统称所辖区域，是唐后期处理地方事务时的常见称谓，是一个产生于藩镇行政体制时期的词语，源于朝廷对一些地理紧邻、政治密切的州道之间协同统筹的总称。例如，宪宗《上尊号赦文》中有"郓曹濮、淄青、沂海等三道百姓，久沦寇境"④的说法，又如，宣宗曾下诏"淮南、宣歙、浙西三道今年贺冬及来年贺正所进奉金银钱帛，宜特放免均融"⑤，再如，懿宗制"江陵、江西、鄂州三道，比于潭桂"⑥，其中淄青三道、浙西三道，都是唐后期行政、经济有密切关联

---

① （唐）李翰：《裴将军旻射虎图赞并序》，见（清）董诰等编：《全唐文》卷四三一，4388 页。

② （唐）姚汝能：《安禄山事迹》卷上，83 页，北京，中华书局，2006。

③ 司马光认为他"专制三道，阴蓄异志"[（北宋）司马光编著：《资治通鉴》卷二一七，"天宝十四载十月"条，6934 页]。

④ （唐）宪宗：《上尊号赦文》，见（清）董诰等编：《全唐文》卷六三，676 页。

⑤ （唐）宣宗：《赈恤江淮百姓德音》，见（清）董诰等编：《全唐文》卷八一，853 页。

⑥ （唐）懿宗：《以南蛮用兵特恩优恤制》，见（清）董诰等编：《全唐文》卷八三，872 页。

的地区，并称之例颇为多见①。在安禄山叛乱之前的唐朝，一人统辖数镇的情况极为少见，要么是人事调整过渡期行政交接期间的临时现象，如张仁愿长安三年(703)年初一度身兼幽、并都督，要么则是权高位危之际政治斗争的一时妥协，如三忠嗣天宝四载(745)统辖四镇。② 黄永年注意到早在玄宗朝中期，幽州节度使便兼领了河北采访处置、营田海运诸使，"成为权力前所未有的河北全道最高军政长官"③，不过从行政演进上来说这并不是当时的常态。张国刚指出："采访使如果没有掌握一支强大的军队，即行政权若不与军事权合二为一，是不可能形成尾大不掉的局面的。天宝年间采访使与节度使的区域划分并不完全吻合，二者也是分开设置的。"④故从经济上来讲玄宗朝末期更不会有三道合论的观念。综上而言，所谓安禄山"兼制三道"至少不会是天宝年间唐朝官方的看法，甚至也不大像是当时民间的观念。毗汝能很可能是用晚唐的习语来指涉安禄山叛乱前权力之大。

在此基础上，我们有必要对安禄山在叛乱前夕的实际权力进行逐一分析。首先来看安禄山对河北道的控制。对于开元中期以来幽州重要性的显著提升，学界长期以来认为这一现象与契丹和奚所谓"两蕃"的崛起和威胁密切相关。玄宗朝后期，随着第二突厥汗国的没落，东北部的契丹与奚逐渐成为唐朝的主要边患。随着开元初年默啜败亡，东北边疆奚与契丹的威胁日益严重。杜佑指出"开元二十年以后，邀功之将，务恢封略，以甘上心，将欲荡灭奚、契丹，剪除蛮、吐蕃"⑤这一事实，可见东北方面与奚、契丹间的矛盾已日益突显。陈寅恪最早注意到唐代东北方

---

① 参见(唐)宪宗：《赈恤百姓德音》 见(清)董诰等编：《全唐文》卷六二，666 页。

② 关于王忠嗣身兼四镇，唐华全认为是其"为了最大可能地保住实力和应付李林甫而不得不采取的一种表面退让策略"，是政治斗争下的产物，且随即被李林甫借机铲除。参见唐华全：《试论安禄山势力的发展壮大》，载《中国史研究》，1991(3)，88～89 页。

③ 黄永年：《唐代河北藩镇与奚契丹》，见《文史探微——黄永年自选集》，279 页。

④ 张国刚：《唐代藩镇研究(增订版)》，18 页。

⑤ (唐)杜佑撰：《通典》卷一四八《兵一·兵序》，3780 页，北京，中华书局，1988。

的问题，指出"高丽废而新罗、渤海兴，唐室对于东北遂消极采退守维持现状之政策"，认为"斯诚可谓唐代对外之一大事"。① 黄永年将杜佑的"二统"说予以发挥，认为随着第二突厥汗国"到开元初默啜败亡，势复浸衰"，肩负抵御奚、契丹责任的范阳、平卢、河东三镇则日见重要。② 这种解释存在明显的局限性，它过分夸大了两蕃在当时的实际力量，并刻意将幽营地位的提升与安史之乱的爆发联系起来。事实上，分析这一时期唐朝的边疆局势，仍然离不开对整个北方战略的宏观把握。如果我们细审当时玄宗的诸道相关诏书，会发现对于两蕃的遏制，其初衷仍在于对抗唐朝当时的头号劲敌突厥。无论是经略幽营还是控遏两蕃，根本目的都是最大限度地孤立和肢解突厥汗国。

在天宝后期，安禄山对其幽州节度辖下的河北道进行了刻意的人事调整。安禄山起兵后沿河北一路南下，要理解这种局面的出现，就必须深入分析其幽州节度任上对河北道所做出的各种安排。李碧妍认为"虽然安禄山在天宝九载获得了河北道采访处置使的身份"，但"控制范围其实主要还是在边境地区"，对幽州以南的河北道并未"实施过有效控制并产生太大的影响"。③ 安禄山对幽州以南河北道的控制，主要是荐举幕僚和笼络州郡长官，控制重要战略据点。我们既没有必要夸大他在这一地区的权力，也不能无视这种影响。在颜真卿所撰《东方先生画赞碑阴记》中，曾提到其"去岁拜此郡（平原郡，亦即德州），属殿中侍御史平公冽、监察御史阎公宽、李公史鱼、右金吾胄曹宋公睿，咸以河北采访使东平王判官巡按狩至，真卿候于境上"④。颜真卿系正常官员迁转至德州，政治背景较为雄厚，安禄山采取了笼络与巡察相结合的方式试图控制，而派遣

---

① 陈寅恪：《唐代政治史述论稿》，345～346 页。
② 黄永年：《〈通典〉论安史之乱的"二统"说证释》，载《陕西历史学会会刊》，第 2 期，1981，又见《文史探微——黄永年自选集》，295 页。
③ 李碧妍：《危机与重构——唐帝国及其地方诸侯》，272 页。
④ （唐）颜真卿：《东方先生画赞碑阴记》，见（清）董诰等编：《全唐文》卷三三八，3430 页。

前往的平冽等人，则均为安禄山的心腹幕僚。除此之外，史料所见经安禄山举荐表请而得升迁者尚有多人，如柳郡长史梁令直经"仆射安公奏充节度支度陆运营田四蕃两府等判官"，"又迁文安郡司马"①，战后被奉为忠义典范的甄济也是经"采访使安禄山表荐之"而得"充范阳郡节度掌书记"②，至于前面提到的一代英烈颜杲卿，实际正是经由安禄山的举荐才得以以幕僚身份一路升迁并摄理常山。无论是笼络的州郡官员还是拔擢的身边幕僚，并不是所有人都完全投靠安禄山，上述诸人中有不少幕僚在叛乱前夕设法逃离，至于河北道辖下众多的地方官僚，从叛乱后的反复立场来看③，虽然不都会像平原太守颜真卿那样明确抵抗，但恐怕对于幽州方面更多只是一种表面上的认可和服从。

其次，应当注意到安禄山与河东的矛盾。安禄山所兼制的三道之中，最晚获得的即为河东。其对河东的控制到底达到何种程度，是一个值得深入探讨的问题。安禄山虽兼有河东节度使之衔，但基本未得染指河东军政。天宝十载（751）"二月二日，遂加云中太守兼充河东节度采访使"④，事实上其并未实际控制河东。要探寻安禄山兼制河东的历史背景，仍然绕不开忠王党及发生在天宝六载（747）的王忠嗣案。天宝"十载，（李）林甫兼领安西大都护、朔方节度，俄兼单于副大都护"⑤，这就是一个值得注意的信息，因为也就在同一年，安禄山兼任河东节度使。史称"禄山奏请户部侍郎吉温知留后事，大理寺张通儒为留后判官。云中之事一委吉温，禄山甚重之"⑥。言温是安禄山在朝廷中的亲密盟友。《旧唐

---

① 周绍良主编：《唐代墓志汇编》天宝二六七《唐故朝散大夫使持节龙溪郡诸军事守龙溪郡太守上柱国梁君墓志铭并序》，1718 页。

② （后晋）刘昫等撰：《旧唐书》卷一八七下《忠义下·甄济传》，4909 页。

③ 叛乱之初河北诸郡望风纳降，但在常山成功策反并与平原联手后，史称"河北诸郡响应，凡十七郡皆归朝廷"［（北宋）司马光编著：《资治通鉴》卷二一七，"天宝十四载十二月"条，6946 页］。

④ （唐）姚汝能撰：《安禄山事迹》卷上，82 页，北京，中华书局，2006。

⑤ （后晋）刘昫等撰：《旧唐书》卷一〇六《李林甫传》，3239 页。

⑥ （唐）姚汝能撰：《安禄山事迹》卷上，82 页，北京，中华书局，2006。

书·吉温传》则记作"十载,禄山加河东节度,因奏温为河东节度副使,并知节度营田及管内采访监察留后事"①,进一步说明安禄山只是名义上兼制河东,而实际控制河东的是吉温,等于是双方结成的一种政治阵营而已。吉温此后不久即因丁忧而停职,天宝十三载(754)冬"河东太守韦陟入奏于华清宫","托于温结欢于禄山",被杨国忠发觉后"召付中书门下,对法官鞫之",韦陟、吉温被贬官,此后吉温赃事进一步暴露,天宝十四载(755)八月死于狱中,三个月后安禄山便于范阳起兵,以至于"人谓与温报仇耳"。② 这说明直至叛乱爆发前,唐廷始终牢牢控制着河东。从目前所掌握的史料来看,安禄山实际控制的可能只是与幽州地理相近的代北几处军镇,而这种控制也并不牢固。究其原因,一则在于天宝末期获得玄宗器重的朔方将领郭子仪实际控制着三受降城及单于都护府一线。叛乱爆发后,代北成为最早的战场,但它也是战局最早得以明朗的地区。早在天宝十五载(756)二月,郭子仪麾下军队就在代北取得优势。随着高秀岩的战败和归降,燕政权实际上很早便放弃了代北地区。另一原因则在于玄宗朝后期,随着第二突厥汗国的覆亡,铁勒诸部大量入居代北,相应的蕃兵部落也逐渐建立,客观上对幽州方面形成有效抵制和威胁③,而且他们与以粟特胡人为主力的幽营方面关系似乎并不密切。

再次,应辨析安禄山与平卢军之间的关系变化。尽管幽州是河北胡化最初的发源地,但幽、营二州之间在政治上并非如人们印象中那样是铁板一块,而是存在日益强烈的分离趋势。《唐方镇年表》将至德元载(756)邓景山任青齐节度使作为平卢军建制的开端,这是就平卢南下后的

---

① (后晋)刘昫等撰:《旧唐书》卷一八六下《酷吏下·吉温传》,4856 页。
② (后晋)刘昫等撰:《旧唐书》卷一八六下《酷吏下·吉温传》,4857 页。
③ 关于铁勒入居河东的部落关系和军事演变,参见苏航:《唐后期河东北部的铁勒势力》,载《唐研究》,第 16 卷,2010,261~277 页;[日]山下将司:《唐の"元和中兴"におけるテユルク軍團》,载《東洋史研究》,第 72 卷,第 4 號,2014,1~35 页。

统辖范围而言的。① 与其他节度使相比，范阳与平卢的关系较为特殊。
开元七年(719)年初设平卢节度使，但实际运作中隶属幽州管辖，至天宝
元年(742)复从幽州辖下析出，由安禄山担任节度使。② 学界很早就注意
到了双方这种微妙的关系。冯金忠指出"玄宗在幽州、平卢二镇态度上是
十分矛盾的"，两镇间"离析并合情况十分复杂"。③ 而安禄山染指平卢军
事的时间，则可以提早至开元二十四年(736)任平卢将军时。当年，围绕
安禄山讨契丹失利是否应处斩一事，唐朝高层展开了激烈的争论。需要
指出的是，虽然安禄山与身平卢军事近二十年，但他并非平卢自始至终
的实际控制者。最晚从天宝十一载(752)开始，平卢就被史思明实际控制
了。安禄山在叛乱前夕，已经丧失了对平卢的有效控制，相应权力被史
思明取代。

平卢的特殊性首先在于它此前虽仅为一军，但规格与级别却有类节
度使。平卢系藩镇是近年新提出的一个观点，主要关注平卢南下后对中
原藩镇造成的影响，得到中日学者的较多关注。④ 据《安禄山事迹》记载，
开元二十九年(741)安禄山任平卢军使时，其完整职衔为"营州都督，充
平卢军节度使，知左厢兵马使，支度、营田、水利、陆运使副，押两蕃、
渤海、黑水四府经略使，顺化州刺史"⑤。我们从此前所提及的《高钦德

---

① 参见吴廷燮撰：《唐方镇年表》卷三《平卢》，330 页。此处全称为"平卢军节
度、淄青齐棣登莱观察、押新罗渤海两蕃等使、青州刺史，领淄青齐棣登莱六州"，
知为平卢南下淄青后的建制。
② 《安禄山事迹》卷上载："天宝元年正月六日，分平卢别为节度。"[(唐)姚汝
能撰：《安禄山事迹》卷上，74 页，北京，中华书局，2006。]《旧唐书》卷二〇〇上《安
禄山传》载："天宝元年，以平卢为节度。"(5368 页)
③ 冯金忠：《唐代河北藩镇研究》，8～9 页。
④ 参见[日]新见まどか：《唐後半期における平盧節度使と海商・山地狩猟民
の活動》，载《東洋學報》，第 95 卷，第 1 號，2013，59～88 頁。
⑤ (唐)姚汝能撰：《安禄山事迹》卷上，74 页，北京，中华书局，2006。

墓志》可知，在张守珪清洗东北边疆之前，平卢军使一般身兼幽州节度副使①，军力远在其他东北诸军之上②，是时人墓志所称道的"裨副冠首"③。安禄山掌政东北后对张守珪的整治策略遵行不替，即削弱平卢的独立倾向，兼掌幽州、平卢，并安排亲信实际掌控平卢军事。但这一策略实际上恰恰提升了平卢的地位，这也正是开元末年平卢不得不升格为节度使的一个重要原因。而安史之乱的爆发，事实上也始终贯穿着幽州与平卢之间激烈的斗争。这一变化在玄宗朝末期安禄山所担任的职衔上得到了充分体现。天宝八载（749）安禄山加封东平郡王时，其职衔为"开府仪同三司、兼右羽林军大将军员外置同正员、御史大夫、范阳大都督府长史、柳城郡太守、持节充范阳节度经略支度营田陆运押两蕃渤海黑水等四府节度处置及平卢军河北海运并管内采访等事、上柱国、柳城郡开国公"④。这个职衔的实质，在于以范阳长史持节幽州、以柳城太守节制平卢，但事实上这样的职任是无法兼得的。

在这种情况下，史思明作为天宝朝平卢军事的实际掌握者，逐渐对安禄山的权力构成潜在制约与威胁。甚至可以说，幽州与平卢之间这种日趋显著的分离倾向，是安禄山发动叛乱的一个不容忽视的原因。在叛乱爆发前夕，安禄山实际已失去了对平卢的有效控制，这一转变大致发生在天宝八载（749）至十一载（752）间。从开元二十九年（741）到天宝十四载（755），安禄山任平卢节度使长达十五年，不过这并不意味着他始终实

---

① 类似的例子在其他同时期藩镇中也存在，如《承天军城记》反映出承天军使兼任河东节度副使，而《赠花卿》则证明梓州刺史兼任东川节度副使，这都是由于其重要的战略地位及军事力量。参见张国刚、王炳文：《肃代之际宫廷内争与藩镇割据局面形成的关系》，载《唐研究》，第 20 卷，2014，279 页。

② 据《旧唐书·地理志》的相关记载，平卢节度使管兵 17500 人，马 5500 匹，其中平卢军本身管兵 16000 人，马 4200 匹。这一兵力较东北其他军队有明显优势。参见（后晋）刘昫等撰：《旧唐书》卷三八《地理志一》，1387 页。

③ 周绍良主编：《唐代墓志汇编》开元三七六《唐右武卫将军高府君墓志铭并序》，1416 页。

④ （唐）玄宗：《封安禄山东平郡王制》，见（清）董诰等编：《全唐文》卷二五，289 页。《安禄山事迹》卷上"天宝八载"引此制书，据此可知其时间。

际掌控平卢。由于东北方面史料缺乏，我们难窥其详，不过若干存留于唐中央的文件记载仍透露出这一变化的种种迹象。其一，是安禄山本人的职任及封爵变化。如上所述，范阳长史与柳城太守事实上是不可兼得的，安禄山以营州杂胡的出身发迹于平卢，即从开元二十四年（736）任平卢将军算起，他实际控制平卢至少十年。也正因此，他被封为柳城郡开国公，这一封爵明确指出了其出身特点。然而正是天宝八载（749）这次看似荣耀的擢升，却暗示着安禄山事实上已与平卢没有太多直接关系。①其二，是安禄山亲信高尚的职任迁转。史载高尚"天宝元年，拜左领军仓曹参军同正员"，天宝六载（747）经安禄山奏为平卢掌书记，十一载（752）迁屯田员外郎。这次迁转值得注意。在此之前，高尚是在平卢军中供职的。其三，是史思明的职任升迁。史思明天宝元年（742）以将军知平卢军事，随后"迁大将军、北平太守"②。按：平州于"天宝元年，改为北平郡"，是卢龙军驻地③，《唐六典》规定"横海、高阳、唐兴、恒阳、北平等五军皆本州刺史为使"④，知史思明应该同时兼任卢龙军使。及至天宝十一载（752）由"禄山奏授平卢节度都知兵马使"，史思明已经事实上掌控了平卢方面的军事。高尚在同一年升任屯田员外郎，离开平卢全职来到幽州，成为安禄山的心腹顾问。其四，从安禄山起兵前的心腹成员也能看出幽营分离的趋势。无论是《安禄山事迹》还是两《唐书》禄山本传抑或是《资治通鉴》相关部分，安禄山的心腹中均未提到史思明。《李休烈墓志》称其"本望赵郡，因官北徙，今为密云人"，实际长于幽州，先后任"宁远将军守恒王府典军、赐紫金鱼袋、上柱国，充范阳节度经略副使兼节度都虞候，转平卢节度副使兼都虞候。每自出师，皆知两节马步。……至

---

① 东平属河南道，东平郡王一爵曾封给唐初元勋李勣。

② （后晋）刘昫等撰：《旧唐书》卷二〇〇上《史思明传》，5376 页。

③ 《旧唐书》卷三八《地理志一》或："卢龙军，在平州城内，管兵万人，马三百匹。"（1387 页）

④ （唐）李林甫等撰：《唐六典》卷五《尚书兵部·兵部》，158 页。

天宝九载九月十一日遭疾,终于平卢官舍,春秋五十五"①,当为史思明心腹。我们据此来看,史思明在天宝后期已经在平卢培植起了属于自己的军事力量。

唐朝前期东北疆的衣粮供应和转运模式,使得营州严重依赖辽海转运,经济上与淄青的关系远较幽州密切。营州是东北海路转运的主要对象,庞大的军事需求使其成为河北道的财政负担,为其弃置和南迁埋下了隐患。随着开元后期江南普遍折租纳布,河北道得以留贮更多的粮食以充军用,对于营州这样僻居东北的前沿重镇,衣粮破用即由隔海相望的清河等州郡随近支给,计入河北道转运预算。这种特殊的支给方式既有地理上的原因,也与自古以来的经济传统有关。敦煌发现的 P. 2507 开元二十五年(737)《水部式》残卷 76~77 行规定:"安东都里镇防人粮,令莱州召取当州经渡海得勋人谙知风水者,置海师二人、拖师四人,隶蓬莱镇。令候风调海晏,并运镇粮,同京上勋官例,年满听选。"王永兴指出"都里镇乃安东都护府下的军队单位"②,杜希德(Denis Twitchett,又作崔瑞德)援引《元和郡县图志》"大人故城,在(蓬莱)县北二十里。司马宣王伐辽东,造此城,运粮船从此入,今新罗、百济往还常由于此"③的记载,指出蓬莱与辽东间的密切关系。④ 杜甫《后出塞》之四有"云帆转辽海,粳稻来东吴"的名句,仇兆鳌注曰:"辽东,南临渤海,故曰辽海。"朱鹤龄进而解释道:"盖隋唐时,于扬州置仓,以备海运馈东北边。禄山镇范阳,蕃汉士马,居天下之半,江淮挽输,千里不绝。所云'云帆转辽

---

① 周绍良主编:《唐代墓志汇编》大历〇六七《赠秘书少监赵郡李府君墓志铭并序》,1807~1808 页。

② 王永兴:《敦煌写本唐开元水部式校释》,见北京大学中国中古史研究中心编:《敦煌吐鲁番文献研究论集》第 3 辑,57 页,北京,北京大学出版社,1986。本段引文即选用王永兴释文。

③ (唐)李吉甫撰:《元和郡县图志》卷一一《河南道七·登州》,313 页。

④ 参见 Denis Twitchett,"The Fragment of the T'ang Ordinances of the Department of Waterways Discovered at Tun-huang,"*Asia Major*(A British Journal of Far Eastern Studies New Series),Vol. 4,part 1,1957,p. 55.

海'者，自辽西转馈北平也。"①后人也多从其解。② 这种解释并不准确。在唐人的文本和语境中，"辽海"往往与幽州对称，特指营州都督府。③杜诗此处用了互文手法，需要上下文合起来理解，即东吴粳稻经辽海转运抵达平卢。据殷亮所撰《颜鲁公行状》载，在平原起兵后，清河客李华曾向颜真卿建言："国家旧制，江淮郡租布贮于清河，以备北军费用，为日久矣，相传为天下北库。"④平卢对于辽海转运的依赖是显而易见的，而这一传统可能在开元十八年（730）以前已经形成。⑤ 平卢衣粮并非由淄青直接供给，但它却严重仰赖辽海转运，从而密切了其与淄青间的关系。

综上所述，我们认为安禄山在玄宗朝后期的权力经历了从平卢到幽州这样一个迁移过程。在叛乱爆发前夕，他事实上已经丧失了对平卢的有效控制。这一结果与其说是东北独有的特例，倒不如说是玄宗朝以来藩镇发展的必然结果和日趋普遍的现象。

最后，我们有必要对安禄山的马政权力予以辨析。欧阳修认为："安禄山以内外闲厩都使兼知娄烦监，阴选胜甲马归范阳，故其兵力倾天下

---

① （唐）杜甫著，（清）仇兆鳌注：《杜诗详注》卷四《后出塞五首·其四》，290页，北京，中华书局，1979。

② 如有学者认为："在唐代，渤海沿海港口十分繁忙，东吴一带的稻米从海上运来，又扬帆转运至辽东。"（安京：《海疆开发史话》，67页，北京，社会科学文献出版社，2012。）

③ 例如，开元三年（715）高丽莫离支高文简、跌跌都督跌跌思太等自突厥归唐，唐廷降旨称其"或辽海贵族，或阴山宠裔"，即以辽海代指高丽。[（唐）玄宗：《赐高丽莫离支及吐谷浑等大首领爵赏制》，见（清）董诰等编：《全唐文》卷二一，247页。]《全唐文》卷四八《宥李忠臣诏》载："远自辽海，首拔全军，拥义勇之师，徇邦家之急。"（527页）《全唐文》卷二六五《左羽林大将军臧公神道碑》载："救河曲兮走朔方，解辽海兮振渔阳。"（2694页）由此知辽海常代指营州而与幽州并称。《全唐文》卷二二三《为建安王让羽林卫大将军兼检校司宾卿表》又记："灭犬羊于辽海，卷旌麾于燕蓟。"（2248页）这里的建安王即武攸宜，据《旧唐书》卷一九九下《北狄·契丹传》记载，孙万荣叛乱时"清边道大总管、建安郡王武攸宜遣裨将讨之"（5351页）。唐时东北疆幽、营对称，这里以"辽海"对"燕蓟"，很明显是指营州。

④ （唐）殷亮：《颜鲁公行状》，见（清）董诰等编：《全唐文》卷五一四，5226页。

⑤ 参见[日]大津透：《日唐律令制の财政构造》，90页，东京，岩波书店，2006。

而卒反。"①加上粟特人与唐代马政之间本身存在的密切联系②，使得学界普遍认为安禄山因担任陇右群牧使、楼烦监使而获得了马政大权。事实上这个观点尚有较大的商榷余地，理由要可如下。其一，按照唐马政发展的趋势，安禄山于天宝末年担任的陇右群牧都使，在当时已经不是全国马政的实际掌控者。③ 安禄山的马政职衔，《安禄山事迹》记载较为详细，其于天宝十三载（754）正月"加闲厩、苑内营田、五方、陇右群牧都使、度支营田等使"④，为了便于探讨，先就这一职衔略做解释。所谓闲厩使，即负责宫廷仗内仗外厩马事宜；苑内营田使负责苑内营田事务；"五方使"当为五坊使，是就仗内马政而言的⑤；陇右群牧都使是玄宗朝后期全国牧监的最高长官；度支营田使指陇右群牧度支营田使，负责陇右牧财政屯田事宜。从他当月随后又加封苑总监来看⑥，他要求同时兼

---

①　（北宋）欧阳修、（北宋）宋祁：《新唐书》卷五〇《兵志》，1339 页。

②　以山下将司为代表的一批学者对粟特人与唐代马政进行了卓越的研究。参见［日］山下将司：《唐の監牧制と中国在住ソグド人の牧馬》，载《東洋史研究》，第66 卷，第 4 號，2008；［日］山下將司：《隋・唐初の河西ソグド人軍団》，载《東方學》，第 110 辑，2005；［日］中田裕子：《六胡州におけるソグド系突厥》，载《東洋史苑》，第 72 號，2009；［日］中田裕子：《唐代西州における群牧と馬の賣買》，载《敦煌寫本研究年報》，第 4 號，2010。

③　参见王炳文：《唐代牧监使职形成考》，载《中国史研究》，2015（2），67 页。

④　（唐）姚汝能撰：《安禄山事迹》卷中，90 页，北京，中华书局，2006。按：曾贻芬点校有误，此处标点实际依据戴何都校本，参见 Robert des Rotours, *Histoire de Ngan Lou-chan*（*Ngan Lou-chan Che Tsi*），p. 133。又，曾校本作"支度"，虽更符合唐人官称，但检戴何都本、《学海类编》本及《藕香零拾》本，均作"度支"。参见（唐）姚汝能：《安禄山事迹》卷中，见（清）曹溶辑：《学海类编》第 2 册，728 页；《安禄山事迹》卷中，见（清）缪荃孙编：《藕香零拾丛书》第 4 册，687 页，扬州，江苏广陵古籍刻印社，1982。

⑤　《旧唐书》卷一一四《来瑱传》载："（父曜）后为右领军大将军、仗内五坊等使。"（3364 页）

⑥　《资治通鉴》卷二一七"天宝十三载正月"条记："禄山又求兼总监。"胡三省注曰："此群牧总监也。唐有四十八监以牧马。或曰：此总监即苑总监。"（6923～6924 页）亦参见 Robert des Rotours, *Histoire de Ngan Lou-chan*（*Ngan Lou-chan Che Tsi*），p. 134. 按：胡三省的理解其实是错误的，如上所述，玄宗朝的群牧最高长官称群牧都使，与此无涉。该月安禄山已任苑内营田使，此时进而求得苑总监，与理相符。

领仗内仗外马政和陇右群牧事宜。这一职衔看似权力颇大，实际上只是特殊时期对功臣或重要将领的荣宠待遇，并不会将马政权力完全交给一人。安禄山这种兼统厩牧与监牧的职衔，在唐前期历史上还曾出现过几次，就目前所见到的史料来看，有斛斯政则、嗣虢王李邕、平王李隆基诸人。例如，禁军宿将斛斯政则曾于显庆二年（657）以右监门卫将军"检校腾骧厩，兼知陇右左十四监等牧马事"①，实际是加强禁军力量的一种配合举措。② 又如，景龙四年（710）嗣虢王邕曾以"金紫光禄大夫行秘书监、检校太尉、殿中监知陇右三使仗内诸闲厩"③，亦非真正掌控陇右三使。④ 再如，景龙四年（710）六月平王隆基曾任陇右诸牧监使⑤，但史书记载其正式职衔为"殿中监、同中书门下三品，兼押左右万骑"⑥，着眼点仍在于禁军权力。安禄山在天宝十三载（754）获得的马政职衔，其实也类似于上述诸人，是唐廷对于荣宠之臣的特殊礼遇，不能据此认为其实际控制全国马政。

据《唐会要》载："（天宝）十三载六月一日，陇右群牧都使奏：'臣差判官、殿中侍御史张通儒，群牧副使、平原（按：当为平凉）太守郑遵意等，就群牧交点……'"⑦天宝十三载（754）时任陇右群牧使的正是安禄山，作为群牧判官的张通儒位列副使郑遵意之前，成为实际负责马政者。从目

---

① 周绍良、赵超主编：《唐代墓志汇编续集》咸亨〇〇五《大唐故右监门卫大将军上柱国赠凉州都督清河恭公斛斯府君之墓志铭并序》，187 页。

② 左监之马主要为军用和御用，《唐六典》规定"若诸监之细马生驹，以其数申所由司次入寺"[（唐）李林甫撰：《唐六典》卷一七《太仆寺·诸牧监》，487 页]。杜诗所谓"伊昔太仆张景顺，监牧攻驹阅清峻。遂令大奴守天育，别养骥子怜神俊"[（唐）杜甫著，谢思炜校注：《杜甫集校注》卷一《天育骠骑歌》，49 页]，正是讲这一遴选御马的过程。

③ （唐）苏颋：《册汴王邕文》，见（清）董诰等编：《全唐文》卷二五四，2574 页。

④ 关于唐代马政中的"仗内"与"仗外"，李锦绣曾有辨析。参见李锦绣：《唐前期马政》，见《唐代制度史略论稿》，316 页，北京，中国政法大学出版社，1998。

⑤ 参见王炳文：《唐代监牧使职形成考》，载《中国史研究》，2015（2），60 页。

⑥ （后晋）刘昫等撰：《旧唐书》卷八《玄宗纪上》，167 页。

⑦ （北宋）王溥撰：《唐会要》卷七二《马》，1543 页，上海，上海古籍出版社，2006。

前所见史料推测，安禄山在河东的权力仅限于对楼烦监马政的掌控。张通儒是安禄山的重要心腹，在控制河东及马政方面扮演了重要角色。安禄山对河东政治及群牧的插手，事实上正是通过判官的方式来实现的。《旧唐书·安禄山传》载其“既为闲厩、群牧等使，上筋脚马，皆阴选择之，夺得楼烦监牧及夺张文俨马牧”①。值得注意的是，禄山攘夺楼烦监牧及张文俨马牧之事并不见于《安禄山事迹》，后者仅保留了他任闲厩使、陇右群牧都使等职的记载。从管理机制来说，天宝末年的陇右群牧都使已经不直接管辖陇右牧，实际事务由副使一应负责，所以安禄山与吉温只是政治同盟，闲厩、陇右牧诸事，其实都由居于副职的吉温负责。吉温归根结底仍是朝中一员，他在天宝末年党争中最终失败，说明这一时期马政也由唐廷掌控。安禄山借助陇右群牧都使一职实际获得的，仅是河东境内楼烦监的马政。

至于张文俨，他的名字除此之外仅曾出现过一次。据《新唐书》记载：“（开元十八年六月）拜忠王浚河北道行军元帅，以御史大夫李朝隐、京兆尹裴伷先副之，帅程伯献、张文俨、宋之悌、李东蒙、赵万功、郭英杰等八总管兵击契丹。”②上述诸人中，程伯献时任左金吾大将军③，宋之悌当年年底接任太原尹兼河东节度使④。按：《旧唐书·玄宗纪上》不记

① （后晋）刘昫等撰：《旧唐书》卷二〇〇上《安禄山传》，5369页。

② （北宋）欧阳修、（北宋）宋祁撰：《新唐书》卷二一九《北狄·契丹传》，6171页。

③ 参见周绍良主编：《唐代墓志汇编》开元四八二《唐故镇军大将军行右卫大将军赠户部尚书广平公墓志铭并序》，1488页。志主程伯献为程知节之孙，卒于开元二十六年(738)十二月。志中提到了玄宗“亲谒五陵”，事在开元十七年(729)十一月，其时程伯献任左金吾大将军。

④ 《旧唐书》卷一九〇中《文苑中·宋之问附弟之悌传》载：“之悌，开元中自右羽林将军出为益州长史、剑南节度兼采访使。寻迁太原尹。”(5026页)《新唐书》卷二〇二《文艺中·宋之问附弟之悌传》载：“开元中，历剑南节度使、太原尹。尝坐事流朱鸢，会蛮陷驩州，授总管击之。”(5751页)李白《江夏别宋之悌》有“楚水清若空，遥将碧海通”之语，即为送之悌赴任安南总管。青莲此诗作于开元二十年(732)，知其任太原尹在此前。参见郁贤皓：《李白诗〈江夏别宋之悌〉系年辨误》，载《南京师大学报(社会科学版)》，1978(3)，65～67页。之悌当于开元十八年(730)六月以总管身份调任河东，并于当年年底节制河东、任太原尹。

各总管姓名，且记为"十八总管"，与《新唐书》所谓"八总管"不同，未知孰是。不过《新唐书》中打头的程伯献是正三品的金吾大将军，第三位的宋之悌时任剑南节度使，从级别上看，这几位排在各路总管前面，是没有问题的。据《唐会要》记载："河东节度使，开元十一年以前，称天兵军节度。其年三月四日，改为太原已北诸军节度。至十八年十二月，宋之悌除河东节度，已后遂为定额。"①知太原以北诸军在开元前期统归天兵军节度使管辖，直至开元十八年(730)年底宋之悌任河东节度使后，才首次纳入太原方面管辖。宋之悌此前为剑南节度使、益州长史，而张文俨位居第二，在其之前。唐代私营畜牧业颇为发达，高级官员、王公贵族乃至内附酋长都可能拥有大量私人马牧②，而官员勋贵之间的马牧攘夺，实质上是关于养马的私田的财产纠纷③。所谓安禄山夺其马牧，很可能只是一桩官员之间的个人土地财产纠纷案件，在编纂《旧唐书》时与其掌控楼烦监事混淆编入。以往研究者认为安禄山"进一步篡夺中央系统马政大权"，对其发动叛乱起到了直接作用。④ 结合史实来看，这个观点可能还是有待商榷的。

---

① （北宋）王溥撰：《唐会要》卷七八《诸使中·节度使》，1687 页。《新唐书》卷六五《方镇表二》载："（开元十八年）更太原府以北诸军州节度为河东节度。自后节度使领大同军使，副使以代州刺史领之，复领仪、石二州。"(1798 页)

② 乜小红援引孙樵《兴元新路记》中"自黄蜂岭泊河池关，中间百余里，皆故汾阳王私田，尝用息马，多至万蹄，今夫飞龙租入地"[（唐）孙樵：《兴元新路记》，见（清）董浩等编：《全唐文》卷七九四，8327 页]的记载，指出唐代权贵私营养马业的发达，以及常见的攘夺马牧现象，颇是。参见乜小红：《唐五代畜牧经济研究》，179 页，北京，中华书局，2006。

③ 唐代官员间强买田地、宅地之事多有发生，著名的纠纷如高宗朝宰相褚遂良贱买中书译语人史河耽田宅、玄宗朝户部侍郎杨慎矜夺御史中丞王鉷职田，皆是此类。相关记载见于《旧唐书》卷八八《韦思谦传》(2861 页)、卷一〇五《杨慎矜传》(3226 页)。罗丰结合墓志对此有所阐发，参见罗丰编著：《固原南郊隋唐墓地》，208～209 页，北京，文物出版社，1996。

④ 参见马俊民、王世平：《唐代马政》，121～122 页，西安，西北大学出版社，1996；H. G. Creel，"The Role of the Horse in Chinese History,"*The American Historical Review*，Vol. 70，No. 3，1952，p. 666。

第四章　安禄山的族属与身世

　　作为改写唐朝历史的安史之乱发动者，安禄山的族属与早年身世一直扑朔迷离。由于关涉唐中期的政治变动与民族迁徙，这一问题长期备受学界关注，却至今未有定论。事实上，尽管相关史料特别是新出史料较为缺乏，但这并不意味着此问题已无剩义。相反，对于粟特学、语言学的过度强调无形中使我们忽视了其他种种有价值的历史信息。鉴于我们已在此前对相关研究进行了较为系统的回顾，故不妨直入主题展开探讨。

一、"韩公屠帐"说考

　　关于安禄山早年的身世记载，集中见于姚汝能所撰《安禄山事迹》（以下在本章中简称《事迹》）的开篇部分：

> 　　安禄山，营州杂种胡也，小名轧荦山。母阿史德氏，为突厥巫，无子，祷轧荦山，神应而生焉。是夜赤光傍照，群兽四鸣，望气者见妖星芒炽落其穹庐。（时张韩公使人搜其庐，不获，长幼并杀之。禄山为人藏匿，得免。）怪兆奇异不可悉数，其母以为神，遂命名轧荦山焉。（突厥呼斗战神为轧荦山。）少孤，随母在突厥中。母后嫁胡将军安波注兄延偃。（史思明令伪史官官觑一撰《禄山墓志》云，祖讳逸偃，与此不同。）
> 　　开元初，延偃族落破，胡将军安道买男孝节并波注男思顺文贞俱逃出突厥中。道买次男贞节为岚州别驾收之。禄山年十余岁，贞

节与其兄孝节相携而至，遂与禄山及思顺并为兄弟，乃冒姓安氏，（案：郭汾阳《请雪安思顺表》云：本姓康，亦不具本末。）名禄山焉。①

这则史料详细记述了安禄山的出生、幼年经历及易姓更名的缘由，并且以备注、按语的形式（括号内文字）保留了若干异文。这中间我们首先注意到的问题，便是安禄山的出生地。对于这个问题，姚汝能的表述颇为晦涩，先以"营州杂种胡"定性，再述其母为突厥巫，祷神生子，又以按语加入了韩国公张仁愿屠帐的逸事。最后说他自幼丧父，随母居于突厥领地。该段引文也代表了传世文献对于安禄山出生地的态度。② 引文末尾按语所保留的史料，源出广德二年(764)邵说为郭子仪所写的《代郭令公请雪安思顺表》(以下在本章中简称《雪安表》)，原文为"本实姓康，远自北番，来投中夏，思顺亡父波主，哀其孤贱，收在门阑"③，与《事迹》存在明显的差别，也成为后世关于安禄山早年身世的争论的起点。

作为营州胡的一员，安禄山的出生自然应从其所属的群体结合历史背景寻找共性。《事迹》所保留的"时张韩公使人搜其庐，不获，长幼并杀之"这则佚文，蒲立本将其视为一种英雄"天启降诞"(divine-birth)的传说，钟焓进而以北方草原民族普遍存在的"孤儿脱难"故事模型予以概括④，沈睿文也认为"安禄山的出生神话，一方面掩盖了安禄山不明的生

① （唐)姚汝能撰：《安禄山事迹》卷上，73页，北京，中华书局，2006。其中"祷轧荦山，神应而生焉"处断句，采纳了戴何都、荣新江的观点。参见 Robert des Rotours, *Histoire de Ngan Lou-chan（Ngan Lou-chan Che Tsi)*, p.2；荣新江：《安禄山叛乱的种族与宗教背景》，见中国社会科学院历史所隋唐宋辽金元史研究室编：《隋唐辽宋金元史论丛》第1辑，86～103页。

② 如《旧唐书》卷二〇〇上《安禄山传》(5367页)、《新唐书》卷二二五上《安禄山传》(6411页)、《资治通鉴》卷二一四"开元二十四年三月"条(6816页)等，所记与此类似。

③ （唐)邵说：《代郭令公请雪安思顺表》，见(清)董诰等编：《全唐文》卷四五二，4623页。

④ 参见 Edwin G. Pulleyblank, *The Background of the Rebellion of An Lushan*, pp.9-19；钟焓：《失败的僭侈者与成功的开国之君——以三位北族人物传奇性事迹为中心》，载《历史研究》，2012(4)，70～74页。

父"，"另一方面更是给安氏赋予生而有之的神性的威权"①。诚然，神话传说有其固有套路，但同样套路下的具体故事则各自有其根源，尤其在时代、地域等背景性因素上意义重大。

安禄山与张仁愿之间有两则逸闻，除了《事迹》保留的这条外，《太平广记》并曾记其为韩公濯足之事："禄山初为韩公张仁愿帐下走使之吏，仁愿常令禄山洗脚。仁愿脚下有黑子，禄山因洗而窃窥之。仁愿顾笑曰：'黑子吾贵相也，汝独窃视之，岂汝亦有之乎？'禄山曰：'某贱人也，不幸两足皆有之。比将军者色黑而加大，竟不知其何祥也。'仁愿观而异之，益亲厚之。约为义儿，而加宠荐焉。"②按：张仁愿卒于开元二年（714），卒前数年已解兵柄，安禄山断无为其濯足的可能，但此事却反映出他与另一位张姓边将张守珪的义父子关系。因此对于《事迹》所载张韩公屠阿史德庐帐一事，未得以传说之故视为不经。

将韩公屠帐传说与营州胡固有的特点结合，我们至少可以得出如下两条结论。其一，安禄山的出生故事具有典型的突厥因素。对张仁愿的敬畏广泛存在于武周至玄宗时期朔方、河东、河北一线的北方疆场，及至安史之乱爆发后唐军露布中仍有"胜州已北百姓数千人，忽见兵马极众，唤百姓索食。其中有人云：'我是张韩公及王忠嗣，领此兵马为国讨贼。'"③的异闻记载，而张仁愿的"好杀"之名在突厥也广为流传④，唐人甚至将其与忍人史牟相比，称为"人之状而禽兽心"⑤。因此韩公屠帐是一个具有明显突厥特点的传说。其二，安禄山出生于唐厥交界区域，不

---

① 沈睿文：《安禄山服散考》，21 页，上海，上海古籍出版社，2015。

② （北宋）李昉等编：《太平广记》卷二二二《安禄山》，1703 页，北京，中华书局，1961。

③ 《河阳陕东破贼贺表》，见（清）董诰等编：《全唐文》卷九六二，9994 页。

④ 参见（唐）张鷟撰：《朝野佥载》卷二，34 页，北京，中华书局，1979。

⑤ 见《太平广记》引《唐国史补》[（北宋）李昉等编：《太平广记》卷四四六《猓然》，3650 页]。按：今本《唐国史补》此处无张仁愿。参见（唐）李肇撰：《唐国史补》卷下《猓然有人心》，64 页，上海，上海古籍出版社，1979。

可能如蒲立本所说生于漠北。根据《事迹》"年五十五"①的说法，知其生于长安三年（703）。② 考安禄山出生之时，张仁愿已调任并州大都督府长史 40 天，新到任者为李多祚。③ 无论是"好杀"的张仁愿，还是"骁勇善射，意气感激"、"代为靺鞨酋长"④的李多祚，均有被附会的可能。彼时营州寄理渔阳，西去幽州仅二百里（1 里为 500 米），完全在幽州都督的控制范围内；而并州大都督府所辖区域又为唐厥交战前线。我们并不能完全确定安禄山就生于渔阳一带，但他至少不会像蒲立本推测的那样生于悬远的漠北，而应出生于代北至幽营的唐厥交界区域。

尚有一点需要补充辨析。在刻于天宝七载（748）的《大唐博陵郡北岳恒山封安天王铭并序》中，安禄山被称为"常乐安公"，学界曾据此认为禄山本出自河西胡族⑤，结合上文的分析来看，这恐怕只是同当时众多攀附门第的上层一样给自己找一个光鲜的籍贯，因为紧随安禄山之后出现的博陵太守贾循在碑中被称为"武威贾公"，而《新唐书·贾循传》明确记

---

①　（唐）姚汝能撰：《安禄山事迹》卷下，108 页，北京，中华书局，2006。

②　安禄山生年最早由四库馆臣在《四库全书总目提要》中指出，并为此后学界所沿袭，参见 Robert des Rotours, *Histoire de Ngan Lou-chan*（*Ngan Lou-chan Che Tsi*）, pp. 91，295。按：8 世纪的突厥采用唐朝颁行的历法，在计岁方式上亦与汉地虚龄法相同，因此这一推论相对可靠。参见［法］路易·巴赞：《突厥历法研究》，耿昇译，173 页，北京，中华书局，1998；张荣强：《从"岁尽增年"到"岁初增年"——中国中古官方计龄方式的演变》，载《历史研究》，2015（2），51～67 页。

③　张仁愿于万岁通天二年（697）至长安二年（702）任幽州刺史，长安二年（702）十二月甲午，朝廷对东北边境做出重要调整，张仁愿迁并州都督以备突厥，"以魏元忠为安东道安抚大使，羽林卫大将军李多祚检校幽州都督，右羽林卫将军薛讷、左武卫将军骆务整为之副"。李多祚受任时间当为西历 702 年 12 月 24 日，整 40 天后安禄山出生。按照正常的履任程序，此时李多祚应该刚到任幽州。参见郁贤皓：《唐刺史考全编》卷一一六《河北道·幽州》，1595 页，合肥，安徽大学出版社，2000；（后晋）刘昫等撰：《旧唐书》卷九三《张仁愿传》，2981 页；（北宋）司马光编著：《资治通鉴》卷二〇七，"长安二年十二月"条，6561 页。

④　（后晋）刘昫等撰：《旧唐书》卷一〇九《李多祚传》，3296 页。

⑤　参见唐长孺：《跋唐天宝七载〈封北岳恒山安天王铭〉》，见《山居存稿》，294～296 页，北京，中华书局，2011；荣新江：《北朝隋唐粟特人之迁徙及其聚落》，见袁行霈主编：《国学研究》第 6 卷，40～42 页。

载其为"京兆华原人，其先家常山"①，与武威并无直接关涉。正如上文所及的李楷洛虽已数代居于营州却仍要标榜"其本出于陇西"②，这种郡望的攀附不足以成为判断安禄山出生地的依据。如果他像李光弼那样忠于唐廷，或者即便叛乱也像李宝臣那样归降，那么他后来很可能也会有一个"柳城安氏"之类的郡望。

二、六胡州之战与安禄山生父

《事迹》称安禄山"少孤，随母在突厥中。母后嫁胡将军安波注兄延偃"，直至"开元初，延偃族落破"，禄山方得随众南逃岚州。姚汝能显然也看到了邵说《雪安表》"本实姓康"的说法，但以其"不具本末"而未予采纳。在以桑原骘藏与陈寅恪为代表的早期研究中，曾有过突厥汗国复兴导致中亚胡人东迁的猜想，并根据康姓认为安禄山之父为中亚康姓粟特人③，但这种假说在地理与逻辑上难以自圆④。我们知道，营州杂胡是在武周后期才逐步形成的一个新兴群体，安禄山出生于唐厥交界的"代北—幽营"一线，无论是营州旧址柳城、寄治地渔阳，抑或代北、河东一带，当时都没有大量中亚粟特人迁入的迹象。阿史德氏与某个中亚康姓粟特人相遇并孕育产子，从当时的历史背景来看其可能性微乎其微。

事实上，无论是安延偃还是安道买家族都世代担任唐朝的中高级武

---

① （北宋）欧阳修、（北宋）宋祁撰：《新唐书》卷一九二《忠义中·贾循传》，5533 页。

② （唐）杨炎：《唐赠范阳大都督忠烈公李公神道碑铭并序》，见（清）董诰等编：《全唐文》卷四二二，4310 页。

③ 参见［日］桑原骘藏：《隋唐时代に"支那"に来住した西域人に就いて》，见内藤博士还历祝贺会编：《"支那学"论丛：内藤博士还历祝贺》，565～661 页；陈寅恪：《唐代政治史述论稿》，212～235 页。

④ 黄永年反问："难道昭武九姓一经东突厥统辖，就必然要大量东迁？"他认为"这不仅在文献上毫无依据，在逻辑推理上也是讲不通的"。（黄永年：《"羯胡""柘羯""杂种胡"考辨》，见《文史探微——黄永年自选集》，322 页。）

职，如姚汝能所说是地道的"胡将军"，与以商贸著称的中亚粟特人明显不同。因此在 20 世纪 40 年代，小野川秀美最早提出了安氏家族来自河曲六胡州的观点①，这一看法在随后获得了蒲立本的支持，并且他提出了粟特人突厥化的概念②。那么安禄山的生父是否有可能是来自六胡州的粟特人，甚至如蒲立本所推测就是安延偃本人呢？这就涉及六州胡人在当时的动向问题。

贞观四年(630)突厥汗国在唐朝的打击下崩溃，其部众被迁入今陕北、鄂尔多斯高原及其周边的广阔地带，唐朝建立顺、祐、长、化四州以统辖。这些部众中间自然也包括了大量突厥汗国内部的胡部。此后的半个世纪，漠北的突厥故地处于权力真空状态。调露元年(679)阿史德温傅叛乱，河曲的突厥诸部群起响应，唐廷以左监门大将军安元寿检校夏州群牧使，上报损失马匹 18 万余匹，足见内附蕃部当多有叛逃劫掠。③正是在这种情况下，唐朝于调露元年(679)在盐、夏两州境内设置鲁、丽、塞、含、依、契六个州，专门管辖河曲内附的粟特人，是为六胡州。④ 这正反映出内附粟特人与唐朝政府非同寻常的关系，六胡州的设置从一开始就具有牵制突厥叛部的军事意义。⑤ 万岁通天年间(696—

---

① 参见[日]小野川秀美：《河曲六州胡の沿革》，载《東亞人文學報》，第 1 卷，第 4 號，1942，193～226 頁。

② 参见 Edwin G. Pulleyblank, "A Sogdian Colony in Inner Mongolia," *T'oung Pao*, Second Series, Vol. 41, Livr. 4/5, 1952, pp. 317-356；[日]中田裕子：《六胡州におけるソゲド系突厥》，载《東洋史苑》，第 72 號，2009，33～66 頁。

③ 参见[日]小野川秀美：《河曲六州胡の沿革》，载《東亞人文學報》，第 1 卷，第 4 號，1942，193～226 頁；唐长孺：《唐书兵志笺正(外二种)》卷四，126～127 页，北京，中华书局，2011。

④ 关于六胡州的城址考察，参见[韩]朴汉济：《唐代"六胡州"州城的建置及其运用——"降户"的安置和役使的一个类型》，李椿浩译，载《中国历史地理论丛》，2010(2)，27～45 页；穆渭生：《唐代设置六胡州的历史地理考察》，载《唐都学刊》，2007(3)，23～28 页；王乃昂、何彤慧、黄银洲等：《六胡州古城址的发现及其环境意义》，载《中国历史地理论丛》，2006(3)，36～46 页。

⑤ 参见 Edwin G. Pulleyblank, "A Sogdian Colony in Inner Mongolia," *T'oung Pao*, Second Series, Vol. 41, Livr. 4/5, 1952, p. 326.

697），默啜借助唐平定契丹叛乱之机，索要河曲十余万降户，蒲立本认为这是第一突厥汗国覆亡后粟特人首次返回漠北，这一观点值得商榷。默啜索要的是丰、胜、灵、夏、朔、代六州的突厥、铁勒诸部，并非六胡州的粟特人。小野川秀美对这一点区分得很清楚，认为默啜索要的河曲六州降户"很可能迁徙到了黑沙的南庭"，并注意到"此后'黑沙南庭'及河曲地区的突厥诸部便不见记载，仅可以确认其在六胡州地区存在过"。① 这正是由于六州胡人并未随该批降户北返。同年唐朝"大发河东道及六胡州、绥延丹隰等州稽胡精兵，悉赴营州"②，六州胡人的亲唐立场显而易见。荣新江、森部丰推测这批六州胡人最早迁入了营州③，这一观点同样值得商榷。营州此后不久便被契丹攻陷，直至开元九年（721）方才完全恢复旧置，这批作为援军开赴幽营前线的稽胡精兵不太可能滞留于这样一处废弃的边隅悬绝之地。也就是说，在 7 世纪末期，六州胡人非但没有迁往营州，甚至也不曾返回突厥故地。

那么，怎样才能确定六胡州粟特人最早北返草原的时间呢？对于这一历史过程，马尔夏克（Boris Marshak）曾有一个概括性的描述："7 世纪末，东突厥汗国二次崛起，可汗要求武则天归还当年离去的粟特旧部，那里还夹杂着不少突厥人。但是粟特人不乐意返回草原，因为在唐朝治下，他们已经在长城脚下安居乐业五十年了。他们同武则天一起与突厥人打起来，结果在 702 年惨败，大部分粟特人被掳掠回了草原，沦为奴隶。"④他将 702 年年初的六胡州之战作为粟特人返回漠北的开端，可谓

---

① ［日］小野川秀美：《河曲六州胡の沿革》，载《東亞人文學報》，第 1 卷，第 4 號，1942，206 頁。

② （唐）陈子昂：《上军国机要事》，见（清）董诰等编：《全唐文》卷二一一，2135 页。

③ 参见荣新江：《安禄山叛乱的种族与宗教背景》，见中国社会科学院历史所隋唐宋辽金元史研究室编：《隋唐辽宋金元史论丛》第 1 辑，86～103 页；［日］森部豐：《ソグド人の東方活動と東ユーラシア世界の歷史的展開》，78～80 頁。

④ ［俄］马尔夏克：《突厥人、粟特人与娜娜女神》，毛铭译，96 页，桂林，漓江出版社，2016。

深具见地。马尔夏克并未给出相关论据，或许是由突厥碑铭的相关记载推测得出。不过对于这样一个重大的问题，我们恐怕还需以更为充分的论证予以辨析，切入点则为长安二年(702)正月的六胡州之战。

在默啜索取河曲突厥降户后，六胡州便暴露在了突厥铁蹄之下。[1]长安二年(702)正月，"突厥寇盐、夏等州，杀掠人吏"[2]。由于紧随其后的石岭保卫战转移了时论焦点，当时唐朝官方对正月此役记载较少。事实上无论对当时的唐朝还是突厥来说，这场战争都是弥足关键的。《阙特勤碑》和《毗伽可汗碑》均将此战视为突厥征服六州粟特的标志。《毗伽可汗碑》东24～25 行记载："当我十八岁时，我出征六州胡(altï čub sogh-daq)，我在那里打败了(粟特)人。唐朝的王都督率五万军队与我们相遇，我们战于 Ïduk baš，我在那里消灭了那些军队。"[3]在唐朝方面，时任胜州都督的王㒫的墓志则保留了详尽的记录：

> 大足元年，制授右武威中将军。其年八月，奉敕检校胜州都督。属犬羊残孽，鸱枭逆谋，挠乱我边疆，凭凌我城郭，蜂屯万计，乌合千群。公……独进前军，横行深入，飞钩乱下，白刃交挥，免胄冲冠，斩首折馘。彼众我寡·罢卒新羁；兵尽矢穷，空拳奋勇。以

① 巴赞对毗伽兄弟二人的生年推算整体提前了一年(683、684)，认为此战发生在 700—701 年间，有误。参见［法］路易·巴赞：《突厥历法研究》，242～243 页。

② (后晋)刘昫等撰：《旧唐书》卷六《则天皇后纪》，130 页。

③ 译文以特肯(Talât Tekin)的翻译为主，并参考了耿世民的成果。参见 Talât Tekin, *A Grammar of Orkhon Turkic*, Bloomington, Indiana University Publication, 1968, p. 275；耿世民：《古代突厥文碑铭研究》，158～159 页。欧美学界曾将 altï čub soghdaq 比定为索格狄亚那的六(九)姓粟特，克利亚什托尔内(S. G. Klyashtorny)证明其"是指粟特人在朔方南部—陕西北部的侨居地区"，这一观点得到张广达等学者的普遍认可。关于毗伽可汗与阙特勤的生年，本书采用克利亚什托尔内的观点，即 683 年年底及 685 年。参见［苏］克利亚什托尔内：《古代突厥鲁尼文碑铭——中亚细亚史原始文献》，李佩娟译，96、100 页，哈尔滨，黑龙江教育出版社，1991；张广达：《唐代六胡州等地的昭武九姓》，载《北京大学学报(哲学社会科学版)》，1986 (2)，74～75 页。

长安二年正月六日苦战薨于横阵，春秋五十有一。①

突厥与王俋交战的 İduk baš 地理未详，可约略考求。İduk 意为献给天神、神圣，baš 指物体的头部、顶端，在早期突厥语中往往引申为事物源头、山峰之巅、军队之首等，多见于地理名称。② 此 İduk baš 可译为"圣峰"。按照吉罗（René Giraud）的观点，当 İduk yer sub 作为圣地解释时，特指于都斤山和塔米格河；另外，也"并不排除还有其它同样也受崇拜的地方与河流"。在后一种情况下，iduk 一般是就"水神土神等较为次要的神"而言的，由起初一些作为圣地的地点或河流后来神化而来。③ 由于随后的三月突厥又进攻忻州的石岭，两次战争间隔仅月余，突厥军队挟大批粟特降众北返于都斤山或塔米格河（在阿尔泰山西侧）于情理不符，故此 İduk baš 当另有所指。结合战争进程与历史背景来看，其地应为阴山南麓、黄河北岸的拂云堆。此处有突厥神祠，当时"朔方军北与突厥以河为界"，"突厥将入寇，必先诣祠祭酹求福，因牧马料兵而后渡河"。④据王小甫研究，8 世纪初的突厥已经信奉袄教，一个重要标志就是具有

①　周绍良主编：《唐代墓志汇编》长安〇三一《大周故检校胜州都督左卫大将军全节县开国公上柱国王君墓志铭并序》，1013 页。按：马迦特等西方学者误将"王都督"当作相王李旦，岑仲勉指出其为王俋，颇是。参见[苏]克利亚什托尔内：《古代突厥鲁尼文碑铭——中亚细亚史原始文献》，97 页；岑仲勉：《突厥集史》，898、921页，北京，中华书局，2004。
②　参见 Gerard Clauson, *An Etymological Dictionary of Pre-Thirteenth-Century Turkish*, Oxford, Oxford University Press, 1972, p. 375.
③　[法]勒内·吉罗：《东突厥汗国碑铭考释》，耿昇译，139、274 页，乌鲁木齐，新疆社会科学院历史研究所，1984。亦参见芮传明：《古突厥碑铭研究》，264页，上海，上海古籍出版社，1998。
④　(唐)李吉甫撰：《元和郡县图志》卷四《关内道·三受降城》，116 页。拂云堆是唐人诗歌中反复出现的疆场意象，有"单于北望拂云堆，杀马登坛祭几回"、"拂云堆畔战初酣"等诗句。上述两方墓志撰写时该地尚由突厥控制，故仅以"朔漠"、"塞垣"等代指。值得注意的是，《大唐故锦州刺史赵府君墓志文并序》有"充中受降副使，塞垣地险"的记载(周绍良主编：《唐代墓志汇编》开元一八九，1288 页)，可知有实指拂云堆之例。

袄教祈福功能的神祠的出现。① 正如克利亚什托尔内所指出，突厥"战胜粟特人以及和王都督的交战，是一次远征中紧连着的两个事件"②，从儒尼文碑铭的叙述顺序来看，突厥军队是在攻掠盐、夏后北返途中遭遇王㑙所率唐军的。③

在对此战过程进行分析之后我们发现，突厥进攻六胡州并非简单地抢掠财物，而是旨在与唐朝争夺粟特民众。《旧唐书·则天皇后纪》中"杀掠人吏"④的措辞已经隐晦地提及了对粟特人口的抢掠，而《王㑙墓志》中"蜂屯万计，乌合千群"的描述，则无疑证明被胁迫北返的粟特人不在少数。⑤ 此役之后，时任依州刺史、已七十六岁高龄的老将张仁楚明升实黜、被迁岷州⑥，足见唐廷的震怒。突厥返程中遭遇唐军阻击的地点推测在拂云堆，表明这批被掠走的粟特人已成功渡过了黄河，进入突厥领地。据时任平狄军大使的阎虔福的墓志记载："丁司马府君忧……寻有制，起为左金吾将军、平狄军大使。军次塞垣，与虏相遇，一日之内，九战皆捷。既至自代北，属寇扰河西，呈我师克全，而诸将丧律，宪司责以救援不接，竟坐免官。"⑦阎虔福之父殁于圣历二年（699）八月，圣历三年

<hr>

① 参见王小甫：《拜火教与突厥兴衰——以古代突厥斗战神研究为中心》，载《历史研究》，2007(1)，36页。

② ［苏］克利亚什托尔内：《古代突厥鲁尼文碑铭——中亚细亚史原始文献》，97页。

③ 参见 Talât Tekin，*A Grammar of Orkhon Turkic*，p.268；耿世民：《古代突厥文碑铭研究》，129页。突厥碑铭中意为"到来"的 kälti 一词也可证明这场战争是唐军的一次阻击。薛宗正认为突厥先受到唐军阻击再继续南下。《阙特勤碑》和《毗伽可汗碑》均将六胡州之战系于长安二年（702），《旧唐书》卷六《则天皇后纪》亦载"二年春正月，突厥寇盐、夏等州"（130页）。

④ (后晋)刘昫等撰：《旧唐书》卷六《则天皇后纪》，130页。

⑤ 据《毗伽可汗碑》东25行，此役发生几个月前的大足元年（701）八月，时任达头设的毗伽即曾率军深入夏州进击党项，掠走"妇女、财宝、马匹"。拂云堆阻击失败后六胡州的人畜同样可能受到劫掠。

⑥ 参见周绍良主编：《唐代墓志汇编》长安〇四四《大周故岷州刺史张府君墓志铭并序》，1022页。

⑦ 周绍良主编：《唐代墓志汇编》景龙〇〇二《唐故云麾将军右金吾卫将军上柱国渔阳县开国子阎公墓志铭并序》，1078页。

(700)正月下葬①，他在丁忧后起复，可以判断志中所载"寇扰河西"正是六胡州之战。所谓"诸将丧律"，可能是指拂云堆阻击战中其他诸部唐军被击溃四散，也可能暗指周边唐军作壁上观、不予援助。无论如何，都说明唐军未能扼止住这批北返的胡人，他们成为第一突厥汗国覆亡七十余年后首批大规模返回突厥故地的粟特人。由于人口减少，长安四年（704）唐廷将六胡州并为匡、长二州，随后又改为兰池都督府，下辖六县。② 这印证了马尔夏克的观点，即六州胡人最早北返是在长安二年（702）正月。

需要指出的是，我们只能确定这批粟特人渡过黄河进入了突厥领地，至于他们中有多少人深入漠北汗庭地带，则不得而知。结合当时具体的历史形势来看，我们更倾向于认可小野川秀美的观点，即他们可能也如此前的突厥降户一样，迁徙到了漠南黑沙汗庭（今呼和浩特）一带。蒲立本根据《事迹》天宝七载（748）加赠安延偃的官职诏书中"克生令胤，实负长才"③的说法，推测安延偃是禄山生父而非继父，其人"是北突厥的一名粟特军官"。他在716年突厥汗庭政变中受到牵连，于政变或其后不久故去。"入居中国后，安氏家族应即成为中国军队中的战士"，并身居要职。④ 由于缺乏直接证据，蒲立本最终对安延偃的来源地持两可态度，保留了突厥汗国和六胡州两种可能。⑤ 如前所论，两个安氏家族世代任

---

① 参见周绍良主编：《唐代墓志汇编》圣历〇四三《大周故唐州司马上柱国阎府君墓志并序》，959 页。

② 参见 Edwin G. Pulleyblank, "A Sogdian Colony in Inner Mongolia,"*T'oung Pao*, Second Series, Vol. 41, Livr. 4/5, 1952, p. 330；薛宗正：《突厥史》，485 页，北京，中国社会科学出版社，1992。

③ （唐）姚汝能撰：《安禄山事迹》卷上，79 页，北京，中华书局，2006。

④ Edwin G. Pulleyblank, *The Background of the Rebellion of An Lu-shan*, pp. 9-20. 蒲立本的观点基本为列维和戴何都所接受，戴何都进而对两家辈分做了划分，并列出更为详细的示意图。参见 Robert des Rotours, *Histoire de Ngan Lou-chan*(*Ngan Lou-chan Che Tsi*), p. 9.

⑤ 部分学者对此有所引申，认为安延偃所在的部落是突厥汗国中具有独立性质的胡部。参见荣新江：《安禄山叛乱的种族与宗教背景》，见中国社会科学院历史所隋唐宋辽金元史研究室编：《隋唐辽宋金元史论丛》第 1 辑，90 页。

职于唐朝军镇，安延偃孤身一人在突厥军队任职并与身汗庭斗争的可能性很小。蒲立本关于安延偃为安禄山生父且其生于漠北的观点，与粟特人的实际迁移情形存在较大的差别。唐军在拂云堆阻击突厥的时间为长安二年（702）正月，安禄山出生的时间为长安三年（703）正月，两者相差仅有一年。这批粟特俘虏在渡过黄河后，很可能还参与了一个月后的石岭之战。无论是安延偃抑或是其他某个六州胡人，在如此仓促的时间内辗转漠南并与女巫阿史德氏相遇，致其受孕，这样的概率不能说没有，但实在微乎其微。可以说在目前所掌握的史料中，我们尚没有确凿的证据表明安禄山的生父为粟特人。

论者或据邵说《雪安表》"本实姓康"予以反驳。按：《雪安表》作于广德二年（764），时间上固然早于姚汝能《事迹》近百年[1]，但在史料的价值上并不胜出。《事迹》取材于玄、肃两朝《实录》[2]，并杂入当时流传的其他佚闻野史，基本涵盖了各类传世史料，包括《雪安表》本姓康、南投唐朝、被安波注收养等信息，并多有辨析。[3] 故《雪安表》不仅史料价值未超过《事迹》，且其明显的政治动机使之更像是一种修辞。[4] 就目前所见各种相关史料来看，《雪安表》"本实姓康"只是一条孤证，未得以此作为安禄山父系血统的证据。

---

[1] 关于姚汝能的生平考证，参见陈尚君：《〈安禄山事迹〉的成书年代》，载《中华文史论丛》，2008（2），48 页。

[2] 关于安禄山早年身世的史料来源，参见 Edwin G. Pulleyblank，*The Background of the Rebellion of An Lu-shan*，pp. 169-171。

[3] 例如，对于邵说"本实姓康"的说法，姚汝能以存疑态度置于注中，直言其"不具本末"；而被安波注收养的说法更显不周，《安禄山事迹》明确交代了禄山与两个安氏家族的因缘际会。

[4] 参见穆渭生、乔潮：《盛唐大将安思顺生平事迹钩沉》，载《唐都学刊》，2011（6），11 页。

三、安延偃：被迫的身份标识和后天的情感追寄

阿史德氏携子投奔安延偃数年后，"开元初，延偃族落破"，安禄山随众南奔唐朝。关于安延偃，我们所知甚少，在天宝年间唐廷的赠官诏书中，对其曾有"素怀节义"、"志已慕于韬钤"、"名早雄于沙漠"①的赞许。蒲立本结合禄山母姓，认为安延偃在默啜政权中身居高位，而开元初年其族落破散是由于受到突厥汗庭政治变动的牵连。② 事实上，安延偃死后获赠使持节魏郡诸军事、魏郡太守，天宝七载（748）六月复获赠范阳大都督，但未见有致仕官，知其未在唐军中任职。他前后的赠官应该均来自安禄山，因为"性合韬钤"、"声威振于绝漠"③等类似话语也出现在颁给安禄山的诏书中。开元初年默啜去世前后，突厥汗室内斗激烈，对诸蕃部族的统摄力下降，九姓铁勒普遍出现了南奔唐朝的现象④，很难说安延偃部族是直接受到了汗室政争的牵连。因此安延偃的部族在当时应该有一定地位和势力，但若说身处突厥汗国要津则不免牵强。

从现有史料来看，安延偃与安波注并非亲兄弟，这两个家庭的关系也不像人们所想象的那样亲密。天宝十四载（755）玄宗曾"赐朔方节度副使、灵武郡太守、摄御史大夫安思顺祖左玉钤卫郎将（原注：史失其名）为武部尚书，考右羽林军大将军波主为太子太师"⑤，当年十一月安禄山起兵 12 天后的丙子日，玄宗返回长安，一面"斩太仆卿安庆宗，赐荣义郡主自尽"以惩禄山，一面"以朔方节度使安思顺为户部尚书，思顺弟元

---

① （唐）姚汝能撰：《安禄山事迹》卷上，79 页，北京，中华书局，2006。

② 参见 Edwin G. Pulleyblank, *The Background of the Rebellion of An Lu-shan*, pp. 18-20.

③ （唐）玄宗：《封安禄山东平郡王制》，见（清）董诰等编：《全唐文》卷二五，289 页。

④ 薛宗正认为开元三年（715）突厥辖下诸部出现了普遍的暴动趋势，"漠北九姓纷张叛帜，漠南部落纷纷降唐"（薛宗正：《突厥史》，513 页）。

⑤ （北宋）王钦若等编：《册府元龟》卷一三一《帝王部·延赏二》，1572 页。

贞为太仆卿"①，去其兵柄召入京师，给虚职以笼络限制。② 此则诏书正是上述措施的延伸，对虽已致仕但久著边功的安波注及其父加以宠秩。③不得不说，唐廷对禄山与思顺两家的处置措施存在明显区别，说明安禄山与安思顺的祖父不太可能是同一人。此外，诏书用"赐"而非"赠"，且两人官职中也未见有此前赠官或加"故"等定语，说明其时安波注及其父尚健在。但此前数日安禄山发兵南下时，却先"至城北，辞其祖考坟墓"④，知其祖、父均已亡故。⑤ 据此来看，安延偃与安波注不是亲兄弟，他们应该是从父兄或更为疏远的宗族关系。

安禄山随母投靠安延偃后，延偃并未以养子视之。这一点长期以来

①　(北宋)司马光编著：《资治通鉴》卷二一七，"天宝十四载十一月"条，6937 页。

②　参见黄永年：《六至九世纪中国政治史》，331 页，上海，上海书店出版社，2004。

③　从诏书中的职衔来看，安波注在天宝元年(742)破吐蕃后未有晋升，可能事后不久便调回中央，以右羽林大将军之职赋闲。

④　(唐)姚汝能撰：《安禄山事迹》卷中，95 页，北京，中华书局，2006。

⑤　蒲立本根据《安禄山事迹》注文认为安延偃还有一个父亲安逸偃，参见 Edwin G. Pulleyblank, "A Sogdian Colony in Inner Mongolia," *T'oung Pao*, Second Series, Vol. 41, Livr. 4/5, 1952, p. 333, note. 1; *The Background of the Rebellion of An Lu-shan*, p. 12。按："祖讳逸偃"是对"母后嫁胡将军安波注兄延偃"这一条的存异，旨在说明在史思明授意下的《安禄山墓志》中，延偃之名及其与禄山的辈分存在差别。史料中的辈分误差很常见，如《旧唐书》卷一一〇《王思礼传》即谓"安思顺父元贞"(3312 页)，误弟为父。钟焓指出，"突厥人中存在的以母系计算世次和汉族以父系计世的习惯上的差异是导致文献彼此不合的真正原因"。谢思炜认为姚汝能没有更进一步引述《安禄山墓志》中的其他不同记载，表明《禄山墓志》对安禄山出身的说明应该没有超出《安禄山事迹》、《旧唐书》所述"。参见卢向前：《唐代胡化婚姻关系试论——兼论突厥世系》，见《敦煌吐鲁番文书论稿》，39 页，南昌，江西人民出版社，1992；钟焓：《安禄山等杂胡的内亚文化背景——兼论粟特人的"内亚化"问题》，载《中国史研究》，2005(1)，74 页；谢思炜：《"杂种"与"杂种胡人"——兼论安禄山的出身问题》，载《历史研究》，2015(1)，176 页。至于"逸偃"，我们认为是"延偃"的另一种汉译形式。类似的情形也出现在 65TAM42：75《唐西州高昌授田簿》(20) 中，其中有"康延"其人，"延"应为"炎延"之名的另一种汉译形式，如"阿禄山"一样，有时会省去"阿"。参见国家文物局古文献研究室、新疆维吾尔自治区博物馆、武汉大学历史系编：《吐鲁番出土文书》第 6 册，263 页，北京，文物出版社，1985。

为研究者所忽视，即便反对蒲立本的安延偃生父说者，也非此即彼地认为是安延偃收养了安禄山。① 事实上，从安禄山的名字变化可以看出，安延偃基本没有将之纳入其粟特家庭。蒲立本指出，"禄山"、"轧荦山"、"阿禄山"均源于粟特语 roxšan-(rwxšn-，rwγšn-)，意为光明或明亮，其中"轧"、"阿"是因中古以 r 开头的波斯语汉译后会加上元音 a。② 值得注意的是，蒲立本并未就《事迹》中明确区分"轧荦山"与"禄山"两名的做法给出令人信服的解释，或者说，他刻意回避了"轧荦山"这一名字所具有的突厥因素。20 世纪 40 年代，石田干之助在敦煌文书天宝十载（751）差科簿中注意到了"罗阿了黑山"、"石阿禄山"两个姓名。此二人同在逃亡名单中，看似同源的名字却有如此迥异的汉译形式，这使石田干之助很自然地联想到安禄山与"轧荦山"的关系。③ 此后池田温同样怀疑此罗、石二人之名均源于粟特名 roxšan。④ "阿了黑山"中古音为 a-lieu-xuək-sʷän，"阿荦山"为 a-lieu-lok-sʷän，"禄山"读为 luk-sʷän。其中"荦"为觉韵 ok，"了"为条韵 ieu，"黑"为德韵 uək，而"禄"则为屋韵 uk 或 îuk。觉、德两韵相近可转，如杜甫《醉时歌》中，酌、落、壑、阁诸字押韵，前两字与觉韵近，后两字与德韵近，表明其可以互转。与此相对，觉、德二韵与屋韵则不可转，如杜诗《哀王孙》中只有乌、呼、屋、胡为韵。据此来看，"轧荦山"、"阿了黑山"二名发音类似，它们在汉译时与粟特

① 沈睿文从突厥非婚生子习俗的角度探讨了安禄山随母改嫁的经历，认为其被安延偃收养，"亦不受歧视"。参见沈睿文：《安禄山服散考》，8～21 页。

② 参见 Edwin G. Pulleyblank, *The Background of the Rebellion of An Lushan*, pp. 15，111；"A Sogdian Colony in Inner Mongolia," *T'oung Pao*, Second Series, Vol. 41, Livr. 4/5, 1952, p. 333.

③ 参见[日]石田幹之助：《天寶十載の差科簿に見ゆる敦煌地方の西域系住民に就いて》，见《東亚文化史叢考》，824 頁，東京，東洋文庫，1973。关于该差科簿相关部分的录文及研究，参见王永兴：《敦煌唐代差科簿考释》，载《历史研究》，1957（12），93 页。

④ 参见[日]池田温：《8 世紀中葉における敦煌のソグド人聚落》，载《ユーラミア文化研究》，第 1 號，1965，20 頁，又见《唐史論攷——氏族制と均田制》，233 頁，東京，汲古書院，2014。

人常见的"禄山"一名做了刻意的区分。① 从音韵特点来看，"荦"、"黑"与后面的"山"(ʷän)同属前元音，而"禄"是一个后元音的汉字，这提示我们"轧荦山"与"阿了黑山"的译法似乎有元音和谐方面的考虑，而对元音和谐率的严格遵循是突厥语的一个显著特点。② 这种推测也可以从阿了黑山的罗姓得到侧证。尽管池田温将其一并归入粟特人，但罗姓来源颇为复杂，姚薇元认为"西域罗氏，本西突厥可汗斛瑟罗之后，以名为氏"③，则"罗阿了黑山"不排除是突厥人的可能④。近年来，更有学者指出突厥"斗战神"与"轧荦山"的关系。⑤ 综上所论，我们似可初步做出如下判断，即"轧荦山"与"禄山"同出粟特语 roxšan，但前者是一个突厥名

---

①　关于"禄山"一名，参见蔡鸿生：《唐代九姓胡与突厥文化》，39～40 页，北京，中华书局，1998。史载安禄山起兵后曾以钜鹿与其名类而移营不宿，"鹿"在《广韵》中为来母屋韵，与"禄"音同，知"禄山"在当时是一个确定的粟特名汉译形式，它的发音是相对确定的。参见(唐)姚汝能撰：《安禄山事迹》卷中，25 页，北京，中华书局，2006。

②　参见耿世民：《古代突厥文碑铭研究》，67～70 页；Prods Oktor Skjærvø, *An Introduction to Manichean Sogdian*, Berlin, Preußischer Kulturbesitz Orientabteilung, 2008, pp.11-16。

③　姚薇元：《北朝胡姓考》，395 页，北京，中华书局，1962。

④　另一种可能，据桑原骘藏研究，来源于印度"俱摩罗"(Kumâra)。参见[日]桑原骘藏：《隋唐时代に"支那"に来住した西域人に就いて》，见内藤博士还历祝贺会编：《"支那学"论丛：内藤博士还历祝贺》，605 页。

⑤　钟焓在认可亨宁的粟特名还原的前提下，认为"'轧荦山'实质上是一个已经'突厥化'了的粟特词语"，其"与直接译自粟特语的'禄山'是有明显区别的"。王小甫则将"轧荦山"拟作拜火教神 Verethragna 的汉语对音。钟焓特别就蒲立本提出的 r 音前加元音 a 的说法予以商榷，指出"古突厥语中也缺乏以 r 作为开首字母的语音现象，当那些以 r 开首的外来词(常常是印欧语词汇)进入突厥语中，通常要在 r 前加上适当的元音"。荣新江也认为"若从姚汝能说'突厥呼斗战神为轧荦山'来看，则'轧荦山'一词当求诸突厥语"，不过他同时承认这一问题迄今为止"尚没有一个圆满的解说"。参见钟焓：《安禄山等杂胡的内亚文化背景——兼论粟特人的"内亚化"问题》，载《中国史研究》，2005(1)，68～69 页；王小甫：《拜火教与突厥兴衰——以古代突厥斗战神研究为中心》，载《历史研究》，2007(1)，26 页；荣新江：《安禄山叛乱的种族与宗教背景》，见中国社会科学院历史所隋唐宋辽金元史研究室编：《隋唐辽宋金元史论丛》第 1 辑，89 页注 1。

的汉译形式，而且译法似乎并不固定。显然，安延偃并没有将年幼的轧荦山视为己出，后者仍旧保留着出生时的突厥名字，即便连姓安的权利也未享有。① 沈睿文认为阿史德氏从事的"巫"应为突厥之女伎乐工②，地位不高。她当初携子投奔安延偃，恐怕未必是以妻室身份嫁入，而更可能是一种投靠和寻求庇护。

安禄山与安延偃的亲缘关系，是在其南投岚州后经安贞节主使而得以建立起来的，是一种被迫的身份标识。在安禄山融入安氏家族的过程中，安贞节的收留至关重要，这一事件的意义甚至要大于禄山幼年随母投奔安延偃。③ 开元初年安禄山南投岚州时，所依赖的其实是安道买家族的庇护。在安贞节的授意下，禄山得与思顺、元贞两人结为兄弟，易姓改名，从而间接确认了他作为安延偃养子的身份。还有一点需要注意，即此次安贞节主使诸人叙为兄弟，恐怕不单是出于共同逃难的恻隐之心。大足元年(701)五月唐廷曾规定"西北缘边州县，不得畜突厥奴隶"④，安

---

① 安禄山曾对玄宗称"蕃人先母后父"[(唐)姚汝能撰：《安禄山事迹》卷上，76页，北京，中华书局，2006]，不过正如蔡鸿生所指出，这种习俗只能"说明九姓胡家庭在唐代还保留着母权制的遗迹。但从本质上看，它却是以男系为主宰的父权制家庭"(蔡鸿生：《唐代九姓胡与突厥文化》，19页)。禄山后来最终易姓改名，适足为证。

② 参见沈睿文：《安禄山服散考》，21~25页。

③ 这个问题的重要性最早由福安敦指出，他认为安延偃和安波注都是突厥人，"其本来的突厥名字无从知晓"。同为突厥人的轧荦山幼年随母改嫁安延偃，后者在开元初年族破人亡，轧荦山在继叔父安波注带领下，随粟特贵族安孝节投奔岚州，并将户籍纳入安道买家族之下，全家冒姓为安，改用"波注"等粟特名。轧荦山遂被安波注再次收养，易姓改名。福安敦明确宣称："只存在一个安氏家族，即安道买家族，而其他人仅是在713年后的某个时候进入这一家族，并且正由于这一事实及安道买家族的影响而变得身份显赫。"(Antonino Forte, *The Hostage An Shigao and His Offspring*, p.105.)福安敦的结论容或有待商榷，但他对于安贞节收留禄山意义的觉察是很敏锐的。

④ (北宋)王溥：《唐会要》卷八六《奴婢》，1860页。关于唐代突厥、粟特等奴婢的买卖，参见董永强：《唐代西州家庭中的胡奴婢》，载《陕西师范大学学报(哲学社会科学版)》，2010(4)，154~159页。

禄山当时既无姓氏，出身又不明，随意收留风险很大，这或许才是安禄山开元初易姓改名的直接原因。

因此，安禄山得以被纳入安氏家族，实际经历了三个过程：首先是在幼年时随母投奔安延偃，此时他仅求延偃收留，未得以安家子嗣视之；此后在开元初年随众南逃，获得了安贞节的庇护，并在其主使下与安思顺叙为兄弟；最后，这种关系应该得到了思顺之父安波注的默许，从而使得安禄山被纳入安氏家族。这种特殊的早年经历，使得安禄山终生所认可的"父亲"只有安延偃，并表现出一种强烈的情感追寄。这也解释了天宝十一载(752)秋那段为众多学者所引用的著名公案的一些因由。安禄山面对哥舒翰"野狐向窟嗥，不祥，以其忘本也"①的隐语，当即大怒。这句话除了直讽安禄山是出身不明的"野胡"外，更暗含了胡、汉两种语境中颇为类似的隐喻。唐人有"城狐山鬼，必夜号窟居以祸福人，亦神而畏之"②之说，谓其为害非浅；而突厥谚语"冲着自己洞穴嗥叫的狐狸必患癫疮"③，更有警示安禄山背叛亲族或受天谴的深意。④ 据此可见安禄山对自己与安延偃之间关系的重视，对其粟特家庭身份的看重。

---

① （后晋）刘昫等撰：《旧唐书》卷一〇四《哥舒翰传》，3213 页。
② （后晋）刘昫等撰：《旧唐书》卷一三五《王叔文传》，3735 页。
③ 麻赫默德·喀什噶里：《突厥语大词典》第 1 卷，何锐、丁一、校仲彝等译，61 页，北京，民族出版社，2002。
④ 参见刘永连：《"狐"与"胡"关系再探》，载《陕西师范大学学报（哲学社会科学版）》，2010(4)，149～153 页。荣新江将之视为民族身份上的"自认"(Ethnic Self)，参见荣新江：《安禄山叛乱的种族与宗教背景》，见中国社会科学院历史所隋唐宋辽金元史研究室编：《隋唐辽宋金元史论丛》第 1 辑，89～90 页。按：尽管安禄山极为看重其胡人身份，但与"胡"同音的"狐"在粟特人的传说中却是一个不太光彩的形象，粟特语文献中就有源自《伊索寓言》的‘狐狸与猴子’的故事，说狐狸诱骗猴子伸手往捕兽夹里取东西。而哥舒翰的"野狐"之论也足见其刻薄。参见 W. B. Henning, "Sogdian Tales,"*Bulletin of the School of Oriental and African Studies*, Vol. 11, No. 3, 1945，pp. 474-475.

四、胡人家族势力与安禄山的崛起

安禄山对其胡人身份的重视，除了个人身世的因素外，更与胡人家族的势力密不可分。胡人对安禄山早年政治生涯的影响体现在两个层面，即安氏家族势力的助力，以及玄宗朝后期蕃将群体崛起的政治趋势。对于这一历史现象，以往将其解释为李林甫为固相位，"志欲杜出将入相之源"，以"蕃人善战有勇，寒族即无党援"为借口，自此边将"不识文字，无入相由，然而禄山竟为乱阶，由专得大将之任故也"。① 尽管这一解释过于强调李林甫的个人因素，却表明玄宗朝后期蕃将的崛起是普遍趋势。

安道买与安波注家族在唐朝北方边镇扮演着重要角色，而他们的崛起都可以追溯至武周中后期。万岁通天年间，宋祯任平狄军大使兼朔州刺史，安道买与张仁楚同任副使。② 当年正月"突厥默啜寇胜州，平狄军副使安道买败之"③，其后五月在唐军征讨契丹的军事行动中，"总管沙吒忠义、王伯礼、安道买等，兵临易水，使接桑河"④。安波注的父亲史失其名，致仕官为左玉钤卫郎将⑤，这是武周时期特有的官职，位列正五品上，其人往往充任边州长史、军镇子总管一类的副职。⑥ 与安道买

---

① （后晋）刘昫等撰：《旧唐书》卷一〇六《李林甫传》，3240 页。

② 《唐代墓志汇编续集》神龙〇一六《大唐故正议大夫使持节延州诸军事延州刺史上柱国宋府君墓志铭并序》载："授大中大夫、平狄军大使、兼朔州刺史。……圣历二年，授庆州刺史。"（417～418 页）《唐代墓志汇编》长安〇四四《大周故岷州刺史张府君墓志铭并序》载："延载元年，授平狄军副使。圣历元年，改授朝议大夫依州刺史。"（1022 页）

③ （北宋）欧阳修、（北宋）宋祁撰：《新唐书》卷四《则天皇后纪》，97 页。

④ （唐）张说：《为河内郡王武懿宗平冀州贼契丹等露布》，见（清）董诰等编：《全唐文》卷二二五，2267 页。

⑤ 参见（北宋）王钦若等编：《册府元龟》卷一三一《帝王部·延赏二》，1572 页。

⑥ 《唐代墓志汇编》永昌〇〇八《唐故伪高昌左卫大将军张君夫人永安太郡君魏氏墓志铭并序》载："次子怀寂，朝请大夫、行叠州长史、假右玉钤卫翊府右郎将。"（786 页）长寿〇三〇《大唐故中散大夫行茂州都督府司马上柱国张府君墓志铭并序》载："特授右玉钤卫假郎将，充武威军子总管。"（854 页）

类似，安波注之父安某应在武周时期的边军中任中级武职。

　　直至安史之乱爆发前，两个安氏家族似乎都相对坚定地站在唐朝立场上，并世代充任军职。安道买次子安贞节于开元初年担任岚州别驾，岚州城北一百里有岢岚军，在武周时期隶属平狄军（大武军），景云年间张仁愿移镇朔方后，该栅只保留一千人，以守捉的形式隶属于大武军。①岚州别驾很可能同时兼任岢岚军使或副使之职，这恐怕与其父安道买在平狄军内的影响不无关系。安道买家族在此后的史料中不见记载，然尚可觅得若干间接信息。《大唐故公士安君墓志铭并序》的志主安令节与道买两子之名意义相从且末字相同，令节幼子安武臣后来追随安禄山叛乱，禄山死后他站在安庆绪一方，并曾于至德二载（757）七月率军攻陷陕郡。②由于安令节之父名生，官上柱国，与安道买非同一人，那么如果令节与贞节兄弟间存在某种亲属关系的话，则可能是从父兄或更远的同宗兄弟关系。③不过安道买家族似乎在天宝朝已经没落，因为当叛乱爆发后，"思顺及弟太仆卿元贞皆坐死，家属徙岭外"④，而安武臣同样随禄山反叛，却并未见唐廷提及对安令节或安贞节一家的处置。

　　与安贞节相似，安波注大约在开元初年也已担任一军之使。开元二年（714）七月的武阶驿之战中，唐朝曾令薛讷"率杜宾客、郭知运、王晙、

---

　　①　《旧唐书》卷三八《地理志一》载："岢岚军，在岚州北百里，管兵一千人。"（1387 页）

　　②　《新唐书》卷六《肃宗纪》载："安庆绪将安武臣陷陕郡。"（158 页）

　　③　志称其"先武威姑臧人"，"今为豳州宜禄人"，福安敦怀疑此安令节与孝节、贞节系兄弟，同为道买之子，但由于安令节生于 645 年，如果他是安道买的长子，则安道买当生于 7 世纪 20 年代，任平狄军副使时已年逾七旬。这一老迈的年龄使福安敦对自己的推测存有疑惑。事实上，与安道买同为平狄军副使的张仁楚即生于 627年，其时已七十一岁。因此从年龄上来说，是说得通的。参见《大唐故公士安君（令节）墓志铭并序》，见吴钢主编：《全唐文补遗》第 3 辑，36 页，西安，三秦出版社，1996；Antonino Forte, *The Hostage An Shigao and His Offspring*, pp. 100-102。

　　④　（北宋）司马光编著：《资治通鉴》卷二一七，"至德元载三月"条，6957 页。

安思顺以御之"①，然安思顺此时年方总角②，颇疑为安波注之讹。③ 及
至天宝初年，安波注已官至左羽林大将军、河西节度都知兵马使，曾指
挥了唐军在鱼海对吐蕃的作战④，后以右羽林大将军之职致仕，并在安
史之乱爆发后获赐太子太师。⑤ 天宝元年(742)鱼海之战时，安波注两子

---

① （后晋）刘昫等撰：《旧唐书》卷八《玄宗纪上》，173 页。《旧唐书》卷一〇三
《王忠嗣传》(3197 页)所记略同。

② 撰于晚唐的《张保皋郑年传》谓安思顺为"禄山从弟"[（唐）杜牧：《樊川文集》
卷六，102 页]，《李光弼碑》载安思顺任河西节度使时"慕公信义，请为婚姻"[（唐）颜
真卿：《唐故开府仪同三司太尉兼侍中河南副元帅都督河南淮南淮西荆南山南东道五
节度行营事东都留守上柱国赠太保临淮武穆王李公神道碑铭》，见（清）董诰等编：
《全唐文》卷三四二，3469 页]，可知其与李光弼年纪相仿而略长。安禄山、李光弼分
别生于 703 年、708 年，知安思顺生年在此之间。《旧唐书》卷一一〇《李光弼传》作
"欲妻之"(3303 页)，显系讹误。或以为安思顺生于 695 年前后，恐误。参见穆渭生、
乔潮：《盛唐大将安思顺生平事迹钩沉》，载《唐都学刊》，2011(6)，11 页。

③ 这则史料被众多学者注意，但未予详考。例如，藤善真澄即认为安思顺与
王海宾共同作战，沿袭了这种错误。参见[日]藤善真澄：《安禄山——皇帝宝座的觊
觎者》，张恒怡译，75～76 页，上海，中西书局，2017。从史源上来看，它们应该共
同出自下揭《册府元龟·帝王部·明赏二》所记载的诏书，因此出现了同样的人名讹
误。参见（北宋）王钦若等编：《册府元龟》卷一二八《帝王部·明赏二》，1533 页。如
果认为此人为安道买，则时隔近二十年不可能仍为此中级军职；安贞节当时任岚州
别驾，不可能参与此次陇右防御行动；又河陇当时将领中有贾思(师)顺，但其开元
十五年(727)方为常乐县令，而此安姓将领开元九年(721)之前已为右监门卫将军，
显非其人。参见（后晋）刘昫等撰：《旧唐书》卷一〇三《王君㚟附贾师顺传》，3193 页。

④ 参见（唐）樊衡：《河西破蕃贼露布》，见（北宋）李昉等编：《文苑英华》卷六
四八《露布二》，3333～3334 页，北京，中华书局，1966。唐军此征，戴何都、毛汉
光考证为天宝元年(742)王倕任内战事，戴伟华则系于开元二十五年(737)崔希逸任
内。从战争月份、作战对象、行军路线及皇帝尊号综合判断，此战应在天宝元年
(742)。参见 Robert des Rotours, *Histoire de Ngan Lou-chan (Ngan Lou-chan Che
Tsi)*, p. 7, n. 2；毛汉光：《隋唐军府之演变比较与研究》，载《中正大学学报（人文
分卷)》，1995(1)，152 页；戴伟华：《〈使至塞上〉与崔希逸破吐蕃事无关》，载《历史
研究》，2014(2)，162～167 页。作为节镇军事的实际掌控者，唐中期的节度都知兵
马使一般都会兼任节度副使一职。此次作战部署几乎涉及河西节度辖下除瓜沙以
外的全部军事力量，却独不见提及节度副使。安波注所任的左羽林大将军一职为正
三品，在当时具有鲜明的阶官意义，这一级别的边镇将领，至少已为节度副使。

⑤ 参见（北宋）王钦若等编：《册府元龟》卷一三一《帝王部·延赏二》，1572 页。

思顺与元贞当分任节度先锋使及副使。① 天宝五载（746）王忠嗣下狱后，安思顺自朔方调任河西节度使②，此后节制边镇直至安史之乱爆发。史家多言安禄山拔擢之速，其实安思顺的升迁更为迅速。

尽管安禄山与安道买及安波注家族间的渊源曲折复杂，不过这两个安氏家族对于安禄山政治生涯所产生的实际影响却是有限的，更多表现为名望和声势上的庇佑。安波注在玄宗朝卓著的战绩、其在河西军政及胡人中的权势威望，成为安禄山得以倚赖的重要政治资本。天宝十载（751）朝廷欲以高仙芝代安思顺为河西节度使，"思顺讽群胡割耳剺面请留己"③，可见其家族在河西胡人中影响甚巨，《雪安表》"收在门阑"及向达"至中国后，受安波主之卵翼"④的说法诚为不虚。这种庇佑并不是直接的提拔，我们目前尚未有安禄山在河陇从军的任何证据。但他在天宝年间与安思顺的不次拔擢，可以看出安波注家族在政治上对他产生的巨大助力。

这种间接影响的另一个体现，在于安道买家族在河东的马政势力为安禄山日后担任楼烦监、获取河东马政实权打下了基础。尽管唐代建立了蔚为壮观的国马牧养体系，但有唐一代始终存在的监牧却只有楼烦监。

---

① 从安思顺率"（先锋）副使娑罗度抱一、二丈城副使李可朱"殿后推测，他当时可能已为河西节度先锋使。《全唐文》卷四三九《岭南节度判官宗公神道碑》记载了志主宗羲仲早年"从安思顺破鱼海、败五城"（4482 页）之事，可见此役中安思顺已能独当一面，成为当时佳话。按：思顺另一子，原文作"安贞"，蒲立本认为应为"安元贞"，颇是。戴伟华认为是安贞节，不妥。郎将位列正五品上，这里具有阶官的性质。一般来说，同等级别的阶官，武将所任的实职较文官偏低。因此，河西节度先锋副使的级别是低于岚州别驾的。安贞节在开元初年已任从五品上的岚州别驾，不可能在近三十年之后的天宝元年（742）任级别相当乃至更低的河西节度先锋副使。参见 Edwin G. Pulleyblank, *The Background of the Rebellion of An Lu-shan*, p. 13；戴伟华：《〈使至塞上〉与崔希逸破吐蕃事无关》，载《历史研究》，2014（2），164 页。

② 《资治通鉴》卷二一五"天宝六载十一月"条载："以朔方节度使安思顺判武威郡事，充河西节度使。"（6879 页）按：此前朔方节度使为王忠嗣，思顺当以副使之职擢升河西节度使。

③ （北宋）司马光编著：《资治通鉴》卷二一六，"天宝十载正月"条，6904 页。

④ 向达：《唐代长安与西域文明》，14 页。

据《旧唐书·地理志》记载："宪州下，旧楼烦监牧也。先隶陇右节度使，至德后，属内飞龙使。旧楼烦监牧，岚州刺史兼领。贞元十五年，杨钵为监牧使，遂专领监司，不系州司。龙纪元年，特置宪州于楼烦监，仍置楼烦县。郡城，开元四年王毛仲筑。州新置，未记户口帐籍。"①楼烦监"先隶陇右节度使"的说法不确，在唐前期的绝大部分时间里，楼烦监牧都隶属于岚州。据中日学者拼接复原的《仪凤三年度支奏抄》，我们知道直至高宗朝末年，陇右群牧使一职尚未出现，陇右牧统领全国马政的局面也未形成。当时全国牧监分为陇右诸监、秦州诸监、原州诸监、盐州诸监、岚州诸监五个相对独立的系统②，"诸牧监杀兽狼赏"、"诸牧监所有尉长户奴婢等春冬衣"等马政开支基本遵循所属州及随近军州当州支给的原则，其中"岚州诸监于州给"③。显然，就仪凤三年（678）户部的财政预算分配来看，各地牧监仍受到其所在州或都督府的明确管辖。④ 武周革命以后，约697年前后，此前分属陇右、秦州、原州的数十个牧监被重新划分为西、南、北、东四使⑤，监牧使由中央直接指派，从所在之州的行政管辖中脱离出来，加强了独立性和直属性。而地处盐、夏一带的河曲诸监则在永隆年间（681）由功勋老臣、粟特人安元寿作为夏州群牧使短暂兼领，但这主要针对当时突厥的叛乱而设⑥，"旨在清点、管理以六胡州为中心的关内道诸牧监，亦即原、盐、夏及六胡州诸牧监"⑦，并未成为定制。直至开元十三年（725）玄宗东封泰山时，张说撰写《大唐开元十三年陇右监牧颂德碑》以记盛事，由于盐州刺史兼盐州群牧使张景

---

① （后晋）刘昫等：《旧唐书》卷三九《地理志二》，1486 页。
② 参见王炳文：《唐代牧监使职形成考》，载《中国史研究》，2015（2），58 页。
③ ［日］大津透：《日唐律令制の财政构造》，50～58 页。
④ 参见［日］大津透：《日唐律令制の财政构造》，80～84 页。
⑤ 参见王炳文：《唐代牧监使职形成考》，载《中国史研究》，2015（2），60～61 页。
⑥ 参见唐长孺：《唐书兵志笺正（外二种）》卷四，116 页。
⑦ 王炳文：《盛世马政——〈大唐开元十三年陇右监牧颂德碑〉的政治史解读》，见中国中古史集刊编委会编：《中国中古史集刊》第 4 辑，177 页。

遵为时任陇右群牧副使的张景顺的兄弟，出于人事的原因，张说将盐州使也纳入，称为"五使齐集"①，事实上盐州使并未划入陇右群牧使辖下，这从《元和郡县图志》中"监牧"条的记述便可知道②。与盐州使类似，唐前期的所谓岚州使同样不属于陇右群牧使直接管辖，而是由所在的岚州刺史兼领，这正是上引《旧唐书·地理志》所记载的制度。

安贞节所任的岚州别驾一职隐含着关键信息。楼烦诸监包括楼烦、玄池、天池三个牧监，至迟在高宗朝后期就已存在。据《旧唐书·地理志》记载："宪州下，旧楼烦监牧也。先隶陇右节度使，至德后，属内飞龙使。旧楼烦监牧，岚州刺史兼领。"③按：唐朝并无陇右节度使辖楼烦诸监的规定，这里应是对于安禄山在叛乱前以陇右群牧使兼领楼烦监之事的讹误。《仪凤三年度支奏抄》规定"秦、夏、原、盐、岚等州诸监官庸物，每年并于当州给"，同时诸牧监杀兽狼的赏金拨发，也是"岚州诸监于州给"④，这种财政的仰给同时也意味着行政上的管辖。武周以降，诸牧监州的别驾多有兼任牧监使之例。如武周末期独孤思行"试尚乘奉御兼陇右西使，又迁洮、叠、原三州上左，再任奉御，兼知北使"⑤，开元前期东宫群牧副使韦衡"转原州别驾，又换陇州，入为右骁卫中郎将兼检校西使"⑥，开元初年独孤挺以金城郡别驾兼任西使左十九监、陇右群牧都

---

①　(唐)张说：《大唐开元十三年陇右监牧颂德之碑颂并序》，见(清)董诰等编：《全唐文》卷二二六，2283 页。

②　参见(唐)李吉甫撰：《元和郡县图志》卷三《关内道·原州·监牧》，59 页。

③　(后晋)刘昫等撰：《旧唐书》卷三九《地理志二》，1486 页。

④　［日］大津透：《日唐律令制の財政構造》，38、42～43 页。

⑤　周绍良、赵超主编：《唐代墓志汇编续集》开元〇七五《故洋州刺史独孤府君墓志铭并序》，504 页。

⑥　(唐)赵骅：《唐故中大夫使持节原州诸军事检校原州都督群牧都副使赐紫金鱼袋赠太仆卿上柱国修武县开国男京兆韦府君墓志铭并序》，转引自赵振华：《〈韦衡墓志〉与盛唐马政》，见西安碑林博物馆编：《碑林集刊》(八)，220 页，西安，陕西人民美术出版社，2002。

使判官①，皆是此例。据此来看，开元初年岚州使一职可能正是由岚州别驾兼任，后来安禄山以陇右群牧使之职兼领楼烦监，并攘夺张文俨私人马牧地②，恐怕与安道买家族在河东的势力渊源，尤其是对楼烦诸监马政的长期经营不无关系。

岚州辖区以山区为主，地形复杂，北端有岢岚军扼守关隘，监牧位于南部山间，突厥军队很难深入这里。同时楼烦诸监东南毗邻北都太原，距京师路途也不算远，军事、政治上的意义不言而喻。开元四年（716），第二突厥汗国发生内乱，默啜被杀，漠北九姓呈现出集体归唐的趋势，王毛仲于当年筑楼烦城，无疑与这一历史背景密切相关。当时九姓归附的一个重要区域就是河东，如回纥、仆固等内附部落被唐朝安置于大武军北。③ 在楼烦监筑城，表明当地监牧发展已达到一定规模，而作为总领全国马政的群牧使，王毛仲自然希望借胡人内附河东的契机进一步发展岚州诸监。开元四年（716）楼烦城的修筑，是8世纪上半叶北方民族内迁唐朝趋势转变的一个反映。

五、"牧羊羯奴"与"互市牙郎"：马政视角下的青年安禄山

在对其出生及幼年经历做出考辨的基础上，我们有必要进一步对发迹之前的青年安禄山加以探讨。张守珪不杀安禄山的掌故很早便引起司

---

① 参见《唐故通议大夫使持节阆中郡诸军事守阆中郡太守新授壮武将军左武卫中郎将独孤公墓志铭并序》，转引自陈财源、杨芝昉：《咸阳新出土唐独孤大惠与独孤挺墓志考略》，见西安碑林博物馆编：《碑林集刊》（十五），139～140页，西安，三秦出版社，2009。

② 参见（后晋）刘昫等撰：《旧唐书》卷二〇〇上《安禄山传》，5369页。

③ 参见（唐）玄宗：《移蔚州横野军于代郡制》，见（清）董诰等编：《全唐文》卷二一，251页。

马光等人的怀疑，认为不当两次不杀禄山。① 蒲立本则困惑于安禄山的
突然出现，认为于情理不合，并提出了安禄山早年往河西从军，后被张
守珪带到幽州的观点。② 学界前贤显然已经注意到了青年安禄山行状的
诸多疑点，但其解释却含有较多的推想成分，甚至为了迁就粟特说而做
出一些逾越常情的想象。事实上，安禄山的青年时期仍需从制度性的整
体层面入手分析。

除去真伪混杂的野史传说，现存史料共同指向安禄山青年时期的一
个身份——牧羊小儿。《资治通鉴》载颜杲卿抗燕兵败被绑赴洛阳后，曾
面叱禄山"本营州牧羊羯奴"③，《旧唐书·颜杲卿传》所记略同，它们很
可能与颜真卿撰写的《摄常山郡太守卫尉卿兼御史中丞赠太子太保谥忠节
京兆颜公神道碑铭》存在共同的史源。参照来看，可知邵说《雪安表》"牧
羊小丑"④的说法并非污蔑虚指。所谓牧羊小儿，是唐代监牧体系下的基
层放牧者，又可称为牧子、牧丁。⑤《唐六典》规定"牧子谓长上专当
者"⑥，对于所牧牲畜负有直接责任，受所属牧监管辖。除监牧小儿外，
唐时并有五坊小儿、内园小儿等。安禄山的这一身份在营州胡中具有共
性，天宝十一载(752)安禄山讨契丹失败，即"以麾下奚小儿二十余人走

①　参见(北宋)司马光编著：《资治通鉴》卷二一四，"开元二十四年四月"条，
6815～6816 页。

②　参见 Edwin G. Pulleyblank，*The Background of the Rebellion of An Lu-
shan*，p. 20-21.

③　(北宋)司马光编著：《资治通鉴》卷二一七，"至德元载正月"条，6952 页。
《旧唐书·颜杲卿传》、《颜杲卿神道碑》所载略同，可以认为基本如实记录了颜杲卿
的原话。参见(后晋)刘昫等撰：《旧唐书》卷一八七下《忠义下·颜杲卿传》，4897 页；
(唐)颜真卿：《摄常山郡太守卫尉卿兼御史中丞赠太子太保谥忠节京兆颜公神道碑
铭》，见(清)董诰等编：《全唐文》卷三四一，3464 页。

④　(唐)邵说：《代郭令公请雪安思顺表》，见(清)董诰等编：《全唐文》卷四五
二，4623 页。

⑤　参见马俊民、王世平：《唐代马政》，83 页。

⑥　(唐)李林甫等撰：《唐六典》卷一七《太仆寺·诸牧监》，487 页。

上山"①，而史思明之子朝兴也"本牧羊胡雏"②。唐代牧监主要分布在陇右及盐夏诸州，幽州一带并无直属中央的牧监，但有隶属于当州的官方畜牧业。安禄山开元初年在岚州被主管马政的安贞节收纳后，很可能也受到了马政渐染，在代北与幽州一线开始从事养马养羊。从大历年间的《薛坦墓志》来看，当时"乌桓贸马，届于并州；杂虏互市，扰于境上"，薛坦得受蔚州刺史、横野军钱监等使③，说明在唐与回纥的绢马贸易中蔚州横野军是一个重要地点。此地颇近幽州，因此安禄山完全有可能通过羊马交易进入幽州。不过从史书记载来看，混合了契丹、奚、突厥、粟特等族的营州杂胡似乎多是牧羊。

　　只有明确青年安禄山的牧羊小儿身份，才能对"盗羊奸发"之事做出相对可靠的解释。"盗"与"羊"是两条重要线索。《唐律》对盗取牲畜行为的量刑分两类，其中"诸盗官私马牛而杀者"别立罪名，徒二年半，量刑较重；盗马牛之外的其他牲畜则仅以凡盗论，量刑较轻。④ 无论何种都与安禄山面临的"棒杀"处罚相去甚远，且盗羊即便被抓获也谈不上"奸发"，故禄山之"盗羊"恐非凡盗。联系安禄山牧羊小儿的身份，我们不难想到这里的"盗羊"很可能是触犯了唐朝苛刻的《厩库律》。唐代的《厩库律》对于官方牲畜的死失羸病等各种情形均有严格规定，大致而言，因"养饲不如法"等技术原因引发的牲畜减损，或者"课不充"（新生牲畜不报）一类，羊都会参照马的量刑标准例减三等，一般惩罚不会太重。但"验畜产不以实"条给出了引人瞩目的例外。所谓"验畜产"，按《疏议》引《厩牧令》指政府每年对各州、折冲府及驿传所属马、驴的现状进行"检简"，核验者依例由刺史、折冲、果毅充任⑤，查验过程中"若以故价有

①　（后晋）刘昫等撰：《旧唐书》卷二〇〇上《安禄山传》，5369 页。

②　（唐）姚汝能撰：《安禄山事迹》卷下，111 页，北京，中华书局，2006。

③　周绍良、赵超主编：《唐代墓志汇编续集》大历〇三五《唐故金紫光禄大夫持节蔚州诸军事守蔚州刺史横野军钱监等使上柱国河东薛公墓志铭并序》，715 页。

④　（唐）长孙无忌等编：《唐律疏议》卷一九《贼盗·盗官私马牛》，356 页。

⑤　参见天一阁博物馆、中国社会科学院历史研究所天圣令整理课题组校证：《天一阁藏明钞本天圣令校证》，402 页，北京，中华书局，2006。

增减，赃重者，计所增减坐赃论：入己者，以盗论"，而一旦出现"减赃、坐赃及以盗论者"，则无论核验对象为何种牲畜，都将"各依本条"处置，"羊减三等"的常规不再有效。其中罪责最重者为将赃货"将入己者"，其中监临主守的"监主"将"加二等，一匹以上除名"。① 值得注意的是，玄宗朝北方边镇出现的大量经略军均有其所属马、驴等牲畜，但《唐律》未予涉及。如果按照刺史验州畜、折冲果毅验军府畜的旧例推测，则经略军所属牲畜的查验很可能正由军之使或副使实施。

张守珪到任幽州之前，安禄山显然没有达到这样的级别，"盗羊"一事尚需结合其另一身份"互市牙郎"予以进一步探析。牙郎又称牙官、牙人，是市场交易中的中介和见证者。② 史思明"以欠官钱走入奚"，其实与安禄山所为同类。开元十六年（728），在御史中丞李林甫的建议下，唐朝对各地赃物估值进行了严格规定，制定了全国通行的折算标准。天宝六载（747）进一步规定："若负欠官物，应征正赃及赎物无财，以备官役折庸。"③在此基础上，唐廷对牙人在交易中的作用予以明确，如元和年间规定陌钱交易中一旦卖物领钱人告官，则"行头主人、牙人，重加科罪"④。因此，安禄山和史思明所犯之事，实质上应当一致，或为协助上级在案验官畜时上下其手，或为借助牙人身份在官方羊马交易中牟取私利。从安禄山被判死刑、史思明逃至奚部来看，赃物不在少数。

这段并不光彩的往事能够流传下来，恐与安禄山及其后继者的刻意装点不无关系。追根溯源，盗羊一事其实是在刻意模仿前代旧事。从远者说，它根源于秦缪（穆）公不杀盗马者，三年后得脱晋围之事，刘向称

① （唐）长孙无忌等编：《唐律疏议》卷一五《厩库·验畜产不以实》，277～278 页。

② 关于粟特人在唐朝北方边境贸易中的角色考察，参见［日］荒川正晴：《ソグド人の移住聚落と東方交易活動》，见《商人と市場》，81～103 頁，東京，岩波書店，1999；《唐代トゥラフアン高昌城周辺水利開発と非漢人住民》，见［日］森安孝夫編：《近世·近代中国および周辺地域における諸民族の移動と地域開発》（研究成果報告書），49～64 頁，大阪，大阪大学文学部，1997。

③ （北宋）王溥撰：《唐会要》卷四〇《定赃估》，851 页。

④ （北宋）王溥撰：《唐会要》卷八九《泉货》，1933 页。

之为"德出而福反"①。就唐朝近典而论，则颇有仿隋季"摸羊公"孙安祖
盗羊杀县令之嫌。② 这是一种政治修辞。安禄山糅合新旧典故造出如此
往事，本意或在于烘托其传奇形象，却为我们探知其青年经历提供了
可能。

综合以上分析来看，颇疑盗羊之事发生于赵含章案之后幽州普遍核
查赃物的背景之下，而发其赃罪之节帅，正是继任的薛楚玉或张守珪中
的某一位。这段往事我们曾在此前探讨开天之际的幽州格局时详细论及，
兹仅就核赃一事再予扼要梳理。开元二十年（732）六月，"幽州长史赵含
章坐盗用库物，左监门员外将军杨元方受含章馈饷，并于朝堂决杖，流
瀼州，皆赐死于路"③，此后薛楚玉节制幽州一年，至开元二十一年
（733）秋张守珪到任。当年九月，时任平卢军使的高钦德"终于柳城郡公
舍"④，次年已自幽州经略军副使任上贬为左威卫中郎将的翟诜"终于幽
郡之第"⑤，而幽州节度副使康令恽也于同时去世⑥。事实上，赵含章远
非坐赃赐死般简单，而高、翟、康三人也恐非善终。首先，从墓志来看，
高钦德系高丽降户首领，翟诜为丁零人或鲜卑人，而康令恽则可能为粟
特人。在不到半年的时间里，三位掌握当地核心军事力量的蕃将相继谢
世，家室亦受波及。其次，赵含章心腹幕僚杜孚的墓志中有"部曲且死，

①　（西汉）刘向撰，向宗鲁校证：《说苑校证》卷六《复恩》，125页，北京，中华
书局，1987。

②　参见（唐）杜儒童：《隋季革命记》，转引自（北宋）司马光编著：《资治通鉴》
卷一八一，"大业七年十二月"条，5657页；（北宋）欧阳修、（北宋）宋祁撰：《新唐
书》卷八五《窦建德传》，3696页。

③　（后晋）刘昫等撰：《旧唐书》卷八《玄宗纪上》，198页。

④　周绍良主编：《唐代墓志汇编》开元三七六《唐右武卫将军高府君墓志铭并
序》，1416页。

⑤　周绍良主编：《唐代墓志汇编》开元四〇四《□唐故冠军大将军行左屯卫翊府
中郎将幽州经略军节度副使翟公墓志铭》，1435页。

⑥　参见王育龙：《唐长安城东出土的康令恽等墓志跋》，载《唐研究》，第6卷，
2000，396～397页。

占募何从"、"感栾生之义,哀赵氏之孤"①的说法,其中用以隐喻的晋国栾氏、赵氏都是因政治斗争遭遇族灭,而作为"部曲"的杜孚也确实在五个月后故去,可见赵含章绝非简单的因"盗用库物"获罪。最后,也是最为关键的是,在平卢军使高钦德故去之后,玄宗在给张守珪和安禄山的一封敕书中即有"禄山义勇,武月绝人,谋帅得贤,裨将复尔"以及"冬初薄寒,卿及禄山并诸将士已下,并平安好"等语②,这是安禄山自开元初投奔岚州后再次出现在史料中。蒲立本认为安禄山系张守珪从河西带至幽州的心腹旧将③,但这种推测很难立足。考虑到位高权重的赵、高诸人相继获罪故去,安禄山更像是新到任的张守珪有意提拔的当地将领,他的发迹仍然离不开当时幽州局势的整体变动。

我们关注安禄山的族属与身世,并不是为了在某些细碎的个人问题上聚讼不休。胡人对于唐朝的政治军事影响不容置疑,然而这和影响究竟达到何种程度,又是如何实现的,这是值得我们长期关注的问题。剥去安禄山早年经历的神话外衣,我们发现他与同时代的许多东北胡人一样,属于营州胡这一群体。对于《事迹》卷首关于安禄山早年身世的珍贵记载,未便武断地将其完全归入神话模式。

众所周知,粟特人是一个经常迁徙、善于经商的民族,他们在唐朝扮演着将领、围人、商人等多种角色。从以姓氏判断族属,到"粟特人的突厥化"命题的提出,反映出过往一个世纪粟特学的发展。问题在于,并不是所有的突厥人都擅长骑射,也并不是所有的非突厥民族都疏于弓

---

① 周绍良主编:《唐代墓志汇编》开元三六〇《大唐故静塞军司马杜府君墓志铭并序》,1405 页。

② (唐)张九龄:《敕幽州节度(副大)使张守珪(等)书》,见(唐)张九龄撰,熊飞校注:《张九龄集校注》,545~546 页。

③ 参见 Edwin G. Pulleyblank, *The Background of the Rebellion of An Lu-shan*, p. 21.

马。① 陈寅恪当年曾提出著名的文化史观，以文化、习性的改变判断是否胡化，这是深具见地的。玄宗朝后期胡人在边镇中的普遍兴起，离不开自武周以来唐朝大的历史走向，它与寒族的兴起、中央党争、边镇内部变化等重要问题密切相关。同样，安史之乱的爆发从根本上说也是唐朝自身军事体制发展演变的结果。② 正如安禄山所封的柳城郡开国公此前曾为高丽豪酋高钦德、丁零部族首领翟诜所先后获得一样，粟特人只不过是武周至天宝逾半个世纪的唐朝政治斗争和军事变更的最后受益者。并不是营州胡人改写了唐朝历史，而是唐朝历史的发展促成了以安禄山为首的营州杂胡群体的粉墨登场。

---

① 对中古胡人贸易、骑射等特性的辨析，参见 Christopher I. Beckwith, *Empires of the Silk Road: A History of Central Eurasia from the Bronze Age to the Present*, Princeton, Princeton University Press, 2009, pp. 320-362。

② 参见 Jonathan Karam Skaff, "Barbarians at the Gates? The Tang Frontier Military and the An Lushan Rebellion," *War & Society*, Vol. 18, No. 2, 2000, pp. 23-35.

第五章　安史之乱借兵回纥事发微

在唐朝平定安史之乱的过程中，借兵回纥是一个颇为引人注目的事件，自古学者多有论及，但多限于公案式的泛谈，缺乏系统深入的探讨。相对而言，较有创见的研究来自几位西方学者。20 世纪 60 年代末，马克林（Colin Mackerras）对唐与回纥间的关系进行了较为系统的研究，尤其对双方的军事与贸易予以特别关注。① 1976 年，莫塞斯（Larry W. Moses）以唐纥之间的朝贡关系（Tribute relation）为切入点，对安史之乱及其后回纥对唐朝的军事援助进行了集中探讨。② 近年来，加莫洛夫（Ablet Kamalov）依据儒尼文碑铭与汉文史料，对安史之乱期间回纥的军事行动和政治立场进行了细致的考证。③ 可以看到，安史之乱期间发生在唐与回纥之间的若干历史事件，其实涉及唐朝的政治斗争、平叛战略等更为深层的因素，而双方在八年间的历次合作与冲突，也与唐朝北方

① 参见 Colin Mackerras，*The Uighur Empire According to the T'ang Dynastic Histories：A Study in Sino-Uighur Relations*，744-840，Canberra，Australian National University Press，1972；"Sino-Uihgur Diplomatic and Trade Contacts（744 to 840），"*Central Asiatic Journal*，Vol. 13，No. 3，1969，pp. 215-240.

② 参见 Larry W. Moses，"T'ang Tribute Relations with the Inner Asian Barbarian,"in *Essays on T'ang Society：The Interplay of Social*，*Political and Economic Forces*，eds. John Curtis Perry and Bardwell Leith Smith，pp. 61-89.

③ 参见 Ablet Kamalov，"Turks and Uighurs during the Rebellion of An Lu-shan Shih Ch'ao-yi（755-762），"*Central Asiatic Journal*，Vol. 45，No. 2，2001，pp. 245-253. 中译文参见[哈萨克斯坦]加莫洛夫：《安史之乱中的突厥与回鹘》，杨富学、田小飞译，载《甘肃民族研究》，2011(2)，36～40 页。

边境，尤其是河北地区的格局演变密不可分。有鉴于此，我们有必要在重新梳理相关史料的基础上，对安史之乱时唐廷借兵回纥之事做出更为细致和深入的探讨。

一、弃置范阳：北线平叛方略的兴废

借兵回纥与唐朝的政治转变密切相关，蒲立本即注意到回纥的介入与肃宗灵武即位后广征各国兵力的平叛策略有关①，黄永年则进而认为唐朝平定叛乱的整个过程转变，尤其是对河北策略的转变始终与借兵回纥存在关联②。然而究竟这种联系是怎样产生的？以往史家语焉不详，这也使得我们对借兵回纥一事的评判多少有隔靴搔痒之嫌。事实上，观察借兵回纥事件的缘由及演变，有一条重要的政治史线索，即唐朝对于范阳的弃置，以及其背后隐藏的对于北线平叛方略的放弃。本部分先就北线平叛方略的兴起、演变，及其最终被放弃的过程予以论述。

安史之乱爆发之后，唐朝的平叛策略存在一个转变的过程，这种策略的转变集中体现为两条平叛路线之争，我们可将其概括为北线方略和两京方略。所谓北线方略，是指取北方三受降城一线东进，以代北的云中、大同为主要战场，直捣叛军巢穴范阳。代北是安史之乱爆发后最早的战场，由于朔方军主力的预先集结和指挥得当，唐军从一开始便占据

---

① 参见 Edwin G. Pulleyblank，"The An Lu-shan Rebellion and the Origins of Chronic Militarism in Late T'ang China," in *Essays on T'ang Society*：*The Interplay of Social*，*Political and Economic Forces*，eds. John Curtis Perry and Bardwell Leith Smith，pp. 43-44.

② 参见黄永年：《论安史之乱的平定和河北藩镇的重建》，见《唐代史事考释》，212~220 页。

了优势。① 综合叛乱初期燕军的主要军事行动来看，安禄山对于起兵后
的军事其实做了充分的规划和部署，而与范阳同日起事的大同军方面，
实际承担着两大战略任务。其一，南下占据太原。正由于安禄山在叛乱
前夕并未对河东形成有效控制，因此只有攻陷太原，方可与河北燕军形
成呼应。其二，西向进袭天德军。该区域驻有朔方精锐部队，一旦突破
三受降城防线，则可越过黄河一路南下，对长安形成直接威胁。但由于
太原方面在杨光翙被劫之后紧闭东陉关以拒守，因此大同至东受降城一
线的代北成为唐燕双方在北线的实际战场。

与之相较，两京方略主张调集朔方、河东的优势兵力先取两京，再
北上进攻范阳。天宝十四载(755)年底，洛阳、陕郡相继失陷。此后的半
年时间里，哥舒翰坚守潼关，唐军的主要兵力集中在与燕军对常山的争
夺上。但对于玄宗而言，进取陕洛、收复东京才是平叛的头等大事，前

---

① 代北是安禄山起兵后最早的战场。关于安禄山起兵的时间，《旧唐书》和《资
治通鉴》保留了两种不同的记录，前者记为十一月丙寅，后者则为甲子，两者相差 2
天。按：该月戊午朔，甲子为七日，丙寅为九日。《旧唐书》卷九《玄宗纪下》载："壬
申，闻于行在所。癸酉，以郭子仪为灵武太守、朔方节度使。……甲戌，以（封）常
清为范阳、平卢节度使、兼御史大夫。"(230 页)《资治通鉴》卷二一七"天宝十四载十
一月"条则记载道："庚午，上闻禄山定反……辛未，安西节度使封常清入朝……壬
申，以常清为范阳、平卢节度使。……丙子，上还宫。……以朔方右厢兵马使、九
原太守郭子仪为朔方节度使。"(6935～6937 页)上述两种记载，相同的是叛乱第 7 天
消息传至行在，第 8 天封常清入朝，第 9 天封常清受任范阳、平卢节度使。不同的
是，《旧唐书》记载最早的反攻命令是在第 8 天，亦即玄宗收到消息次日即发布给郭
子仪，尚早于封常清受任 1 天；《资治通鉴》则记载最早受命的是封常清，时间在收
到消息后的第 3 天，而郭子仪则迟至第 5 天才受任。《资治通鉴》卷二一七"天宝十四
载十二月"条记："安禄山大同军使高秀岩寇振武军，朔方节度使郭子仪击败之，子
仪乘胜拔静边军。大同兵马使薛忠义寇静边军……（子仪）大破之，坑其骑七千。进
围云中……击马邑，拔之，开东陉关。"《考异》引《汾阳王家传》称"此战在十二月十二
日"。(6944 页)《旧唐书》卷一二〇《郭子仪传》又记："十一月，以子仪为卫尉卿，兼
灵武郡太守，充朔方节度使，诏子仪以本军东讨。"(3449 页)郭子仪当时任天德军使
兼九原太守、朔方节度右兵马使，他应该在叛乱爆发后的十一月中旬即已率天德军
奔赴振武。

有封常清、高仙芝以"弃陕地数百里"①获斩于军中，后有哥舒翰以逗留见疑于朝廷，究其根源，均在于此。灵宝西原之战后，潼关不守，长安随之陷落，两京方略的重要性进一步突显。对于在灵武乱离之际登上皇位的肃宗而言，收复两京不仅意味着李唐社稷的恢复、正统的获得，同时也是其父子关系得以修复，从而稳固皇位的必要前提。

对于乱离之际登上皇位的肃宗来说，他面临着处理与玄宗的关系、扼制皇子仿效灵武之事的双重考验。李泌对建宁王李倓的刻意扶植，使得北线方略在至德元载（756）秋冬之际一度引发关注。② 至德元载（756）年底，李泌曾向肃宗正式提出北线平叛方略："愿敕子仪勿取华阴，使两京之道常通，陛下以所征之兵军于扶风，与子仪、光弼互出击之……来春复命建宁为范阳节度大使，并塞北出，与光弼南北掎角以取范阳，覆其巢穴。"③按照李泌的构想，将来继承大统的广平王应陪伴肃宗身边，处理军国机要；而年轻善战的建宁王则可委以统兵大权，随郭子仪、李光弼等将领北取范阳。但对于甫经马嵬兵变的肃宗而言，一个性格好强、汲汲于军权的皇子是需要高度警惕的。与李泌以建宁王任范阳节度的建议不同，肃宗最终选择了城府深厚、性格绵密的广平王，并设置了天下兵马元帅这样一个既能统摄方面大员，又没有实际军队的职衔给这位皇长子。肃宗的社稷考虑，李泌与张良娣、李辅国之间的矛盾，以及一些后人已无法详知的私密原因，最终导致建宁王于至德元载（756）年末或至

① （北宋）司马光编著：《资治通鉴》卷二一七，"天宝十四载十二月"条，6942页。
② 陈寅恪已经注意到"代宗虽有收复两京之功，而其皇位继承权不固定"的问题，并指出这一问题实可追溯至建宁事件，但未对此予以深究。（陈寅恪：《唐代政治史述论稿》，255～256页。）李文才、王琪认为"李倓之死的真正原因，在于他和广平王李俶之间的权力之争"，赐死建宁王是肃宗"在权衡利弊的情况下"的无奈之举。［李文才、王琪：《试论建宁王李倓之死的真相》，载《扬州大学学报（人文社会科学版）》，2011（4），106页。］张国刚、王炳文对建宁事件与北线平叛方略的废弃的关系进行了探讨。（参见张国刚、王炳文：《肃代之际宫廷内争与藩镇割据局面形成的关系》，载《唐研究》，第20卷，2014，292～297页。）
③ （北宋）司马光编著：《资治通鉴》卷二一九，"至德元载十二月"条，7008～7009页。

德二载（757）年初被赐自尽，而这一事件也意味着北线方略基本宣告破产。

除了上述中央斗争的考量，另一个深刻影响北线方略兴废的因素，则是朔方集团内部权力的分化重组，以及这一集团对于中央的反馈作用。先说权力格局的变动。在临危受命取代安思顺节制朔方后，郭子仪通过分兵、起用李光弼而实现了与王忠嗣旧将之间的合作。郭属天宝末年玄宗新拔擢的地方实权将领，长驻套地；李则属忠王党故将，久处灵武。河北乱起后朔方军的最大获益者为郭子仪，而李光弼则处于被抑制状态。杜牧所撰《张保皋郑年传》中有一段真伪混杂的记载，颇可反映此间郭、李二人的关系演变：

> 安禄山乱，朔方节度使安思顺以禄山从弟赐死，诏郭汾阳代之。后旬日，复诏李临淮持节分朔方半兵东出赵、魏。当思顺时，汾阳、临淮俱为牙门都将，将万人，不相能，虽同盘饮食，常睇相视，不交一言。及汾阳代思顺，临淮欲亡去，计未决，诏至，分汾阳兵东讨，临淮入请曰："一死固甘，乞免妻子。"汾阳趋下，持手上堂偶坐，曰："今国乱主迁，非公不能东伐，岂怀私怨时耶！"悉诏军吏，出诏书读之，如诏约束。及别，执手泣涕，相勉以忠义。①

所谓伪者，即安思顺为朔方节度使时，子仪远处天德军，而光弼已为节度副使，非杜牧所谓"俱为牙门都将"；光弼之起复在天宝十五载（756）正月，其时潼关固守而玄宗在位，不可谓"国乱主迁"。然而此段记载真实地反映出，郭子仪借平叛之机向玄宗提出起复李光弼的要求，实际上是与忠王党达成妥协，共同获得了朔方军权力。

再论朔方集团对于中央政策的反馈。郭李释嫌后，朔方军基本是以务实的态度面对北线战局，这在战事吃紧、兵力奇缺的天宝十五载（756），成为左右整个平叛战局的重要因素。洛阳失陷后的次月〔天宝

---

① （唐）杜牧：《张保皋郑年传》，见《樊川文集》卷六，102页。

十五载（756）正月]，玄宗便曾"命郭子仪罢围云中，还朔方，益发兵进取东京"①，然而史料显示随后的三月"郭子仪至朔方，益选精兵，戊午，进军于代"②，并未按照玄宗的指示南下进攻陕洛。甚至当年六月初，唐廷在紧急商议是否出兵潼关时，郭子仪、李光弼仍上言坚持"引兵北取范阳，覆其巢穴"③的平叛方略。当月十一日，杨国忠已经"使韩、虢入宫，劝上入蜀"④，而玄宗仍试图"追郭子仪赴京，李光弼守太原"⑤，表明玄宗在最后时刻，曾试图召回郭子仪。但在玄宗西逃后，远在河北的郭、李采取了观望态度，按兵不动，回军井陉。此后，朔方留后杜鸿渐迎肃宗北上，而握有重兵的郭子仪在关键时刻顺应形势，回军灵武，使北方局势发生根本逆转。及至至德二载（757）正月，史载"郭子仪以河东居两京之间，得河东则两京可图"⑥，平叛观点已然转变。

两条平叛路线的争执，其实质在于不同的政治立场。换句话讲，分歧在于是要恢复一个统一的唐朝，还是要确立一个权威的法统。诚然，至德元载（756）七月随着肃宗北上即位，灵武方面进而聚集起大量内附蕃兵部落。在这种情况下，以重兵攻取范阳在战略上不失为一种创举。然而需要看到，安禄山当时定都洛阳已逾半年，长安也已为燕军所占领。唐军贸然悬军代北需要承担很高的军事风险，即便攻下范阳，如若燕军稳据两京，唐军非但军事上难有突破，政治上更是失了法统反同流寇，届时肃宗乃至整个唐中央都将处于一种极为尴尬的境地。在至德元载（756）十二月的表奏中，高适直言"京华尚阻，国步暂艰"⑦，对现实政治的忽视，注定了北线方略被弃置的命运。次年正月，郭子仪也明确表

---

① （北宋）司马光编著：《资治通鉴》卷二一七，"至德元载正月"条，6953页。
② （北宋）司马光编著：《资治通鉴》卷二一七，"至德元载三月"条，6957页。
③ （北宋）司马光编著：《资治通鉴》卷二一八，"至德元载六月"条，6967页。
④ （北宋）司马光编著：《资治通鉴》卷二一八，"至德元载六月"条，6970页。
⑤ （北宋）司马光编著：《资治通鉴》卷二一八，"至德元载八月"条，6991页。
⑥ （北宋）司马光编著：《资治通鉴》卷二一九，"至德二载正月"条，7017页。
⑦ （唐）高适：《谢上淮南节度使表》，见（唐）高适撰，孙钦善校注：《高适集校注》，325页。

示了"两京可图"的意愿，而其时李泌还仍旧坚持"请遣安西及西域之众，如前策并塞东北，自归、檀南取范阳"①这样的老路子，却已无法提起肃宗的兴趣。这证明了无论是北图范阳还是南复两京，其实在于政治立场，所谓此一时彼一时，根本上还是为不同时期的政治目的服务。而如果从唐中期整个北方胡化的角度来看，北线方略的弃置也是玄宗朝后期以来幽营地区逐渐胡化的一个必然结果，在政治和军事力量均有限的情况下，唐朝势必选择先复两京确立正统。

这一政治抉择在事实上抛弃了河北，唐朝处理安史降将时所采取的姑息政策如果追根溯源，其实正是当初北线方略的弃置。这里存在一个颇不易察觉的转变，即唐朝中央在平叛前期只是将范阳视为叛军巢穴，政治上将之置于一种敌视地位；及至叛乱最终平定之际，则天宝年间河北道南部包括易、定、恒、魏诸州在内的广大区域已然被视为异域他乡，"河北降将"的概念悄然取代了"幽营胡骑"。例如，封常清所上《遗表》称"皆是乌合之徒……当渔阳突骑之师"②，受困长安的杜甫写诗称"黄头奚儿日向西，数骑弯弓敢驰突"③，皆是平叛前期普遍的社会思潮；而如"河北降将，各复其位"等平叛前夕的看法，则显然是前期时人所不具有的。这种转变的产生除了唐朝中央政治的变化、燕政权内部的权力嬗替等原因外，一个不容忽视的军事原因，则在于河北土团力量的撤出和平卢亲唐势力的南渡。

关于河北土团势力的兴起及作用，日野开三郎等学者曾有详细考证。④ 可以说，河北道南部对于安禄山的反叛本来便有抵御准备。叛乱前夕的平原太守颜真卿一面"候于境上"恭迎李史鱼等安禄山心腹的"巡

---

① （北宋）司马光编著：《资治通鉴》卷二一九，"至德二载二月"条，7018 页。
② （后晋）刘昫等撰：《旧唐书》卷一〇四《封常清传》，3210 页。
③ （唐）杜甫著，谢思炜校注：《杜甫集校注》卷一《悲青坂》，216 页。
④ 参见［日］日野開三郎：《団結兵・鎮将と藩鎮体制》，见《日野開三郎東洋史学論集》第 1 卷《唐代藩鎮の支配体制》，212～214 頁。

按"①，一面"以霖雨为托，修城浚池，阴料丁壮，储廪实"②；而常山太守颜杲卿也是在叛军南下之时便已明确了反安禄山的态度。然而需要指出的是，河北战局其实是由当地土团力量与朔方军合作共同达成的，二者缺一不可。颜氏兄弟最初起事造成的河北"十七郡皆归朝廷"③的大好形势在相当程度上只不过是假象，是在叛军主力南渡黄河、河北守备空虚的情况下形成的一时局面。天宝十五载（756）正月蔡希德、史思明相继回军，则常山立时失陷。而当李光弼以朔方、河东的精锐唐军东出井陉后，常山九县又七为唐有。④ 可以看出，河北土团的军事行动离不开朔方精锐唐军的大兵团作战，而朔方军的攻城拔地则仰赖于河北土团强大的声援。但这一局面随着潼关失守、朔方军退回河东而宣告结束。就在肃宗北上灵武的当月，"颜真卿以蜡丸达表于灵武"，肃宗遂以之"为工部尚书兼御史大夫，依前河北招讨、采访、处置使，并致敕书，亦以蜡丸达之"，表达了朝廷对于颜真卿河北抗敌的坚定支持。而颜真卿随即将肃宗蜡敕"颁下河北诸郡，又遣人颁于河南、江、淮"，"诸道始知上即位于灵武"，士气大振。⑤ 蜡丸达表一事不见于《旧唐书·颜真卿传》，当出于隐讳。这表明自肃宗即位伊始，颜真卿即坚定地站在灵武政权一边。当年十月，平原不守，真卿"弃郡渡河，历江淮、荆襄"，于次年四月到达凤翔行在，"授宪部尚书，寻加御史大夫"。⑥ 此后，河北的抵抗力量逐渐式微。

平卢军则在天宝年间即已显示出对幽州的离心倾向，此点我们已有论述。幽营之间这种微妙的历史关系，使得平卢在叛乱爆发后保留有相当部分的亲唐力量，这本是唐朝收复范阳的绝好内应。安禄山起兵后，

---

① （唐）颜真卿：《东方先生画赞碑阴记》，见（清）董诰等编：《全唐文》卷三三八，3430 页。

② （后晋）刘昫等撰：《旧唐书》卷一二八《颜真卿传》，3589 页。

③ （北宋）司马光编著：《资治通鉴》卷二一七，"天宝十四载十二月"条，6946 页。

④ 参见（北宋）司马光编著：《资治通鉴》卷二一七，"至德元载正月"、"至德元载二月"条，6951～6955 页。

⑤ （北宋）司马光编著：《资治通鉴》卷二一八，"至德元载七月"条，6990 页。

⑥ （后晋）刘昫等撰：《旧唐书》卷一二八《颜真卿传》，3591 页。

史思明亦率部南下饶阳①，平卢事实上同时空缺了正副节度使之职。唐廷在确认叛乱爆发之后，第一反应就是撤换叛军巢穴范阳、平卢两节度，代之以封常清。显然这只是一种名义上的全权认可，然而唐廷同时"以平卢节度副使吕知诲为平卢节度"的任命却显示了其对平卢军进行策反的意图。但次年二月韩朝阳携安禄山之命返回范阳发动政变，斩杀贾循等人，同时"招诱（吕）知诲"，"诱杀安东副都护、保定军使马灵詧"，平卢内部的亲唐势力大受打击。此后不久，平卢将校刘客奴杀吕知诲，"与安东将王玄志遥相应援"，被唐廷任命为"柳城郡太守、摄御史大夫、平卢节度支度营田陆运、押两蕃渤海黑水四府、经略及平卢军使，仍赐名正臣"，而"王玄志为安东副大都护、摄御史中丞、保定军及营田使"。② 刘正臣领兵攻范阳，天宝十五载（756）六月潼关失守后，李光弼回军土门，"思明随后徼击之，已而回军并行击刘正臣"，正臣兵败"弃军保北平"，"妻子及军资二千乘尽没"③，返回平卢后，刘正臣"为王玄志所酖而卒。逆贼署徐归道平卢节度，王玄志与平卢将侯希逸等又袭杀归道"④。此后，平卢军兵马使董秦（李忠臣）"又与众议以安东都护王玄志为节度使"⑤。从上述叛乱初期平卢军的权力变动中，我们可以发现两个问题：其一，在主力随史思明南下后，这支平卢军并不具备与燕军巢穴范阳相抗衡的实力，实际上更多表现为内部权力的争斗；其二，历次兵变实际都由平卢军旧员宿将策动，在节帅变动频繁的表象之下，是平卢军根深蒂固的内部利益。唐朝指望这样一支既乏实力，又无明确政治立场的边镇部队克复范阳，无异于痴人说梦。王玄志节制平卢后，已开始逐步安排南渡事宜，而唐廷对于北线方略的最后一线希望，也遂逐渐破灭。南渡以后

---

① 《旧唐书》卷二〇〇上《史思明传》载："十四载，安禄山反，命思明讨饶阳等诸郡。"（5376 页）

② （后晋）刘昫等撰：《旧唐书》卷一四五《刘全谅附父客奴传》，3938～3939 页。

③ （后晋）刘昫等撰：《旧唐书》卷二〇〇上《史思明传》，5377 页。

④ （后晋）刘昫等撰：《旧唐书》卷一四五《刘全谅附父客奴传》，3939 页。

⑤ （后晋）刘昫等撰：《旧唐书》卷一四五《李忠臣传》，3940 页。

的平卢军，已鲜少被时人与"黄头奚儿"、"营州杂胡"等形象联系起来，但又因其特殊的历史渊源而保持了与河朔三镇千丝万缕的联系。日本学者或有据此提出所谓"华北藩镇联合体"的概念①，也可以说有其一定的合理性。

二、从"助顺"到"借兵"：借兵回纥事在唐人话语中的 变化

唐得回纥之助以平安史之乱，自古被称为"借兵回纥"。一直以来，这一约定俗成的说法鲜有学者加以反思，然而只需稍加留意便会发现，这一公案背后实在有着太多疑点。安史之乱长达七年多时间，其间大小上百场战役唐军死伤无算，何以回纥的区区几千骑兵毫发未损？杜诗有言，"圣心颇虚伫，时议气欲夺"②，为何肃宗要力排众议，执意引入回纥军事力量？诸如此类，至今并未得到很好的解答。我们已经对借兵回纥的政治背景做了较为系统的探讨，接下来将对这一事件本身进行逐步剖析，以期对上述诸种疑问给出一个初步的回答。

首先应该明确，唐平安史而"借兵回纥"是一个随着唐朝自身政治斗争和对外关系变化而逐渐清晰起来的观念，它的形成经历了漫长的时间。这一决策最初被提出时，以肃宗为代表的唐廷秉持着传统的四裔观念，在道义上将之视为天子对远夷的征发。尽管白桂思（Christopher I. Beckwith）、斯加夫（Jonathan Karam Skaff）等学者认为"天可汗"广泛存在于中古时期的东部欧亚诸国③，但这一称号及其对应的外交地位显然

① 参见［日］新見まどか：《唐後半期における平盧節度使と海商・山地狩猟民の活動》，载《東洋學報》，第95卷，第1號，2013，59～88頁。

② （唐）杜甫著，谢思炜校注：《杜甫集校注》卷二《北征》，227頁。

③ 参见 Christopher I. Beckwith, *Empires of the Silk Road: A History of Central Eurasia from the Bronze Age to the Present*, pp. 136-139；Jonathan Karam Skaff, *Sui-Tang China and Its Turko-Mongol Neighbors: Culture, Power, and Connections, 580-800*, Oxford, Oxford University Press, 2012, p. 105.

在更多情况下倾向于唐朝皇帝，唐太宗将这种天下观总结为"自古皆贵中华，贱夷、狄，朕独爱之如一，故其种落皆依朕如父母"①，蒲立本据此认为太宗是最为接近建立"胡汉帝国"的中国帝王②，蔡涵墨（Charles Hartman）也称唐朝为"多民族帝国"（multiracial empire）③。直至 8 世纪中叶，"天可汗"的观念仍然深刻存在于唐朝与周边民族的政治关系之中，因此即便是在实际政治层面，肃宗也是以"天可汗"自居，将借兵回纥视为唐朝皇帝对回纥可汗的军事求助，所谓"修好征兵"④，即修与国之旧好而征兵回纥。肃代时期的史臣将之视为回纥"请和亲，愿助国讨贼"⑤，是对这种心态的精准脚注。杜甫的长诗《北征》中详细记载了至德二载（757）秋朝廷最初借兵回纥时的情形，诗云："阴风西北来，惨澹随回鹘。其王愿助顺，其俗善驰突。送兵五千人，驱马一万匹。此辈少为贵，四方服勇决。"诗中所叙为当年闰八月至九月间的诸种见闻，杜甫当时所任之左拾遗尽管官阶不高，但能够第一时间获知朝廷各种决策消息，因而这段诗中"此辈少为贵"一句就显得尤为关键，它反映出唐廷当时对于借兵回纥的普遍期许。或以为少陵"深以借回纥兵为非计"⑥，这种说法似嫌粗疏。结合杜诗一贯的用典特征，这里杜甫显然是直接套用了《礼记》关于"（礼）有以少为贵者"的成典。按照《礼记·礼器》的说法，礼"以少为贵"首先体现为"天子无介，祭天特牲"。所谓"介"，其实就是两国之君相见时的翻译官。郑玄注曰："天子无介，无客礼也。"孔颖达疏曰："'天子

---

① （北宋）司马光编著：《资治通鉴》卷一九八，"贞观二十一年五月"条，6247 页。

② 参见 Edwin G. Pulleyblank, "The An Lu-shan Rebellion and the Origins of Chronic Militarism in Late T'ang China," in *Essays on T'ang Society：The Interplay of Social，Political and Economic Forces*, eds. John Curtis Perry and Bardwell Leith Smith，pp. 36-40.

③ Charles Hartman, *Han Yü and the T'ang Search for Unity*, p. 120.

④ （后晋）刘昫等撰：《旧唐书》卷一九五《回纥传》，5198 页。

⑤ （后晋）刘昫等撰：《旧唐书》卷一〇《肃宗纪》，243 页。

⑥ （唐）杜甫著，谢思炜校注：《杜甫集校注》卷二《北征》，238 页。

无介'者，为宾用介，而天子以天下为家，既不为宾客，故无介也。'祭天特牲'者，特，一也。天神尊，尊质，故止一特也。"①显然，无论是"天子无介"所体现出的绝对主位，还是"祭天特牲"所蕴含的天神之下万国之上，在杜甫看来，"以天下为家"的唐朝天子在借兵回纥之事中，应处于绝对的中心和优越地位，而外蕃之兵只是借以平叛、重振皇纲的辅助手段，不欲其多，重在意义而非真实作用。

至于"借兵"之说，古已有之，春秋末期即有赵国"借兵于楚伐魏"②之事，隋末李渊以及刘黑闼都曾为了增强实力而选择向突厥借兵，不过直至玄宗朝为止这些都还只是一些掌故旧闻而已，谈不上有什么鲜明指向。事实上"籍兵"一词在至德二载(757)收复两京后便已出现，当时肃宗在赦文中声言：

> 日者逆胡猖狂，敢行称乱，朕嗣守鸿业，钦承睿图，枕戈尝胆，抚剑泣血，罔不夙夜，若涉春冰。赖天地疾威，社稷凭怒，上皇丕烈，万国永怀，因时致讨，为人请命。由是义夫奋发，回纥籍兵。邦圻关辅之士，汧陇河湟之众，沙朔羌戎之骑，微卢蛮貊之人，万里云趋，四方雾合。既张我伐，咸乃一心。③

此处"籍兵"即"借兵"。④ 可以看到，尽管唐廷承认了"回纥籍兵"之事，却巧妙地将其置于"万国永怀，因时致讨"的政治语境下，以唐朝自身之"义夫"对外蕃代表之"回纥"，"义夫"包括"关辅之士"与"河湟之众"，外

---

① (东汉)郑玄注，(唐)孔颖达正义：《礼记正义》卷三三《礼器第十》，968～969页，上海，上海古籍出版社，2008。

② (西汉)司马迁：《史记》卷四三《赵世家》，1798页，北京，中华书局，1959。

③ (唐)肃宗：《收复两京大赦文》，见(清)董诰等编：《全唐文》卷四四，489页。

④ 《册府元龟》载汉武帝之言称"(匈奴)行诈诸蛮夷，造谋籍兵，数为边害"，并注曰"从蛮夷借兵钞边"[(北宋)王钦若等编：《册府元龟》卷一二七《帝王部·明赏一》，1519页]，可以为证。

蕃则诸如"沙朔羌戎"与"微卢蛮貊"。我们不能简单地将之归为掩饰性的政治修辞，因为肃宗最初的意愿就是"借兵于外夷以张军势"，除回纥之外，"又发拔汗那兵，且使转谕城郭诸国，许以厚赏，使从安西兵入援"①，甚至包括"云南子弟"②。然而肃、代二帝对于平叛一再强调的"万国"之力，其落脚点并不在于"万国"，而是旨在彰显唐朝对于诸蕃绝对的中心地位。杜诗中的"万国兵前草木风"，实此之谓。

随着唐后期回纥（鹘）的强盛，"借兵回纥"成为几个叛乱者的首选。前有仆固怀恩导引回纥、吐蕃掳掠中原，后有朱滔勾结回纥助朱泚反叛。尽管这种依存是双向的，回纥也会不时向唐朝请求援助，如武宗会昌年间就曾出现过"回鹘可汗、宰相相次上表，请国家借兵十万，助其收复故地"③之事，但"借兵"一词已悄然而明确地与北方蕃邦联系起来，具有了一种不甚光彩的意味，如朱滔就曾因其"借兵回纥"而被名将李抱真指斥为"反虏"④。这一指称在两宋被赋予了更为鲜明的时代意义，与和北方政权之间的贡纳关系联系起来，而富弼出使契丹时的一段对话集中体现出这种现实诉求。当时契丹国君坚持"南朝遗我之辞当曰'献'，否则曰'纳'"，而富弼则援引唐高祖李渊旧事，认为"自古唯唐高祖借兵于突厥，当时赠遗，或称献纳。其后颉利为太宗所擒，岂复有此礼哉"。⑤ 足见"借兵"在宋人看来，是典型的屈辱之称。

回纥的援兵对于安史之乱的平定，究竟起到了怎样的作用？这一问题以往也并未被严肃探讨。我们认为，借兵回纥的意义，政治性远大于军事性。唐朝历次借兵回纥，可列表如下：

---

① （北宋）司马光编著：《资治通鉴》卷二一八，"至德元载九月"条，6998 页。
② （唐）肃宗：《御丹凤楼大赦制》 见（清）董诰等编：《全唐文》卷四二，458 页。
③ （北宋）王钦若等编：《册府元龟》卷九九四《外臣部·备御七》，11671 页。
④ （后晋）刘昫等撰：《旧唐书》卷一三二《李抱真传》，3648～3649 页。
⑤ （元）脱脱等撰：《宋史》卷三一三《富弼传》，10252 页，北京，中华书局，1977。

表 5.1　安史之乱期间唐朝借兵回纥及和亲示意表①

西历	唐			回纥		事件	
	皇帝	年号	年份	可汗	生肖	和亲	借兵
755	玄宗	天宝	十四载		羊		
756		至德	元载	葛勒可汗	猴	九月，李承寀出使；可汗嫁女	十一月，葛勒可汗率军至呼延谷与郭子仪会师
757	肃宗		二载		鸡	九月，李承寀正式纳妃	九月，太子叶护、帝德率军助唐复两京，年底返回
758		乾元	元年		狗	七月，宁国公主嫁回纥	八月，王子骨啜特勤、宰相帝德率军助唐围攻相州
759			二年		猪	八月，宁国公主遣归	三月，相州溃败，回纥返回
760		上元	元年	牟羽可汗	鼠		
761			二年		牛		
762	代宗	宝应	元年		虎		九月，牟羽可汗率军助唐

　　据此来看，在安史之乱期间唐朝共四次借兵回纥，分别是至德元载(756)冬、至德二载(757)秋、乾元元年(758)秋、宝应元年(762)秋，时间集中于秋冬，杜甫所谓"高秋马肥健，挟矢向汉月"即指此。细审四次借兵，会发现前三次时间较近，且均是在和亲之后旋即得以借兵；第四次借兵则与前三次相距颇久，且无和亲之举。借兵回纥对于唐朝来说，政治意义大于军事意义。乾元二年(759)春的相州之溃回纥并无办法，而宝应元年(762)最终决战前，牟羽可汗更是直接否决了唐朝提出的前两种方案，避免了和燕朝地方实权派的正面接触。

　　在这中间，第四次借兵时的史实发覆，尤可反映出回纥汗室的战略意图，不妨稍予论及。从两任可汗对唐的态度来看，葛勒相对温和，而

①　表中部分单元格被不等划分，是由于当年发生了新的皇帝即位，划分的部位大致相当于对应的月份，以作为示意。

牟羽则颇为激进。当时药子昂向可汗依次提出三个方案，分别为"取土门路入，直取邢、洺、卫、怀"、"取怀州太行路，南据河阴之险"、"取陕州太阳津路，食太原仓粟而东"①，前两个方案均被牟羽否决，而第三个方案则得到认同。若取第一个方案，回纥需与燕政权的恒州节度使张忠志发生正面冲突；第二个方案则将直接面对薛嵩势力；唯有第三个方案最为保守，避开了燕朝主要地方实权派力量。《续日本纪》载有当年年初高丽大使王新福的建言："李家太上皇、少帝并崩，广平王摄政，年谷不登，人民相食。史家朝仪［义］，称圣武皇帝，性有仁恕，人物多附，兵锋甚强，无敢当者，邓州、襄阳已属史家，李家独有苏州，朝参之路，固未易通。"而日本中央政府的反应则是"敕太宰府"，称"唐国荒乱，两家争雄，平殄未期，使命难通"②，可见回纥牟羽可汗所谓已与史朝义有约，并非诈言。

三、朔方军与借兵回纥

回纥四次助唐平叛中，军事意义最为重大者是至德元载（756）冬的第一次行动，此次葛勒可汗亲自统军。此前七月，"同罗、突厥从安禄山反者屯长安苑中，甲戌，其酋长阿史那从礼帅五千骑，窃厩马二千匹逃归朔方"③。加莫洛夫敏锐地意识到两件事存在联系，认为回纥第一次出兵有其自身的政治和军事诉求，"可视为欲消灭阿史那从礼的军队，而后者……试图恢复处于回鹘控制下的突厥故土"④，可谓切中要害。事实上关于这个问题，还可以结合史料进一步做出探讨，兹试论述。

---

① （后晋）刘昫等撰：《旧唐书》卷一九五《回纥传》，5203 页。

② ［日］經濟雜誌社編：《續日本紀》卷二四，"淳仁天皇天平宝字七年正月"条，432 页，東京，株式會社秀英舍，1914。

③ （北宋）司马光编著：《资治通鉴》卷二一八，"至德元载七月"条，6986 页。

④ ［哈萨克斯坦］加莫洛夫：《安史之乱中的突厥与回鹘》，杨富学、田小飞译，载《甘肃民族研究》，2011(2)，38 页。

据《资治通鉴》记载，北逃的阿史那从礼进而"说诱九姓府、六胡州诸胡数万众，聚于经略军北，将寇朔方，上命郭子仪诣天德军发兵讨之"①。按照司马光的观点，阿史那从礼的叛军主要是对灵武及其周边产生了威胁。然而我们综合其他史料来看，这批"叛军的叛军"的野心远不止此。据《新唐书》记载：

> 于是可汗自将，与朔方节度使郭子仪合讨同罗诸蕃，破之河上。与子仪会呼延谷，可汗恃其强，陈兵引子仪拜狼纛而后见。②

呼延谷居于黄河北岸黑山中，黑山一名杀胡山，"在丰州中受降城正北，如东八十里"③，其中的拂云堆建有突厥神祠，亦即突厥碑铭中出现的 Ïduk baš。呼延谷又称带汗谷，此处是突厥越过黄河进入草原的关键地点，调露二年（680）三月"裴行俭大破突厥于黑山"④，长安二年（702）正月王佽在此阻击北返的突厥而全军覆没，开元四年（716）十月郭知运率朔方军于此大败突厥降户阿悉烂⑤，皆是其例。结合《资治通鉴》的记载来看，郭子仪应是先于呼延谷与葛勒可汗会师，随后双方挥师东进，"与同罗及叛胡战于榆林河北"，亦即胜州的黄河北岸，遂"大破之，斩首三万，捕虏一万，河曲皆平"。⑥

《元和郡县图志》保留了一份元和八年（813）宰相李吉甫的上奏，提供了关于借兵回纥因缘的另一条关键信息：

> 按天德旧城，在西城正东微南一百八十里，其处见有两城。今之永清栅，即隋氏大同旧城理，去本城约三里已下，城甚牢小……北城

---

① （北宋）司马光编著：《资治通鉴》卷二一八，"至德元载九月"条，6997 页。
② （北宋）欧阳修、（北宋）宋祁撰：《新唐书》卷二一七上《回鹘传上》，6115 页。
③ （北宋）司马光编著：《资治通鉴》卷二〇二，"永隆元年三月"条，6393 页。
④ （北宋）司马光编著：《资治通鉴》卷二〇二，"永隆元年三月"条，6393 页。
⑤ 参见（后晋）刘昫等撰：《旧唐书》卷一〇三《郭知运传》，3190 页。
⑥ （北宋）司马光编著：《资治通鉴》卷二一九，"至德元载十一月"条，7007 页。

周回一十二里，高四丈，下阔一丈七尺，天宝十二载安思顺所置。
其城居大同川中，当北戎大路，南接牟那山钳耳觜……天宝中安思
顺、郭子仪等本筑此城，拟为朔方根本……寻属禄山有事，子仪留
老弱于此城，身率大众河北讨贼，为贼将宋星星所破，纵火焚烧，
遂移天德军永清栅，别置理所于西城。①

这里保留了一则他书不载的信息，即安史之乱爆发后天德军曾一度失陷。
按：唐、燕双方在北线的战事主要在东受降城至大同军一线展开，且唐
军很早便取得优势，兵锋东进，而天德军旧城在中受降城西北方，深居
腹地，被叛军攻陷并焚烧颇不易解。结合阿史那从礼叛乱的时间分析，
天德军旧城很可能正是在至德元载(756)夏秋之际被叛军攻陷的。至于李
吉甫所谓"贼将"究竟是燕将还是阿史那从礼麾下将领，则不便臆测。无
论是否勾结燕军，阿史那从礼及其挟持的六州胡人都显然向北越过了黄
河，这与长安二年(702)唐朝所面临的严峻情形何其相似，而这一举动也
同时触及了唐朝与回纥最为敏感的神经。对于乱离之际即位不久的肃宗
来说，朔方军是其倚赖的重要军事力量，而临危受任的节度使郭子仪，
其根据地正是天德军与三受降城，因此阿史那从礼的叛乱实际上是与唐
朝的核心军事力量形成了直接冲突；对于漠北的回纥可汗而言，北返的
突厥和粟特人一旦势力壮大，势必对其汗国构成威胁，正如加莫洛夫所
说，阿史那从礼"试图恢复处于回鹘控制下的突厥故土"，"与大草原新主
人回鹘决一雌雄"②。显然，以郭子仪为代表的朔方军事力量，在促成借
兵回纥的过程中，起到了不可忽视的作用。

---

① （唐)李吉甫：《元和郡县图志》卷四《关内道四·天德军》，114 页。
② ［哈萨克斯坦]加莫洛夫：《安史之乱中的突厥与回鹘》，杨富学、田小飞译，
载《甘肃民族研究》，2011(2)，38 页。

四、仆固怀恩嫁女事发微

宁国公主出嫁之后，次年即回到唐朝，而贯穿葛勒、牟羽两代回纥可汗的，反倒成了仆固怀恩之女。甚至可以说，唐室借兵回纥的重要桥梁在于和亲，而和亲的关键则在于仆固怀恩嫁女。然而学界对此事其实缺乏严谨的关注和审慎的考证。有鉴于此，本部分拟就这一问题略加探讨。

先考仆固怀恩嫁女之时间。仆固怀恩在安史之乱后期地位的骤然上升，从根本上说源于唐朝对回纥的外交策略。这中间最为关键的一个因素，在于仆固怀恩之女嫁与回纥牟羽可汗。然而仆固氏究竟何时、在何种背景下嫁给回纥，却一直不甚明晰。① 据《旧唐书·仆固怀恩传》载："先是，肃宗以宁国公主下嫁于毗伽阙可汗，毗伽阙可汗又以少子请婚，肃宗以怀恩女妻之。"② 细审史料，我们发现仆固怀恩在乾元二年（759）有一次极不正常的封王。至德二载（757）十二月初一，唐廷在复两京后对主要将领论功行赏。封爵方面郭子仪以下皆封国公，其中仆固怀恩进封丰国公；作为物质性奖励的食实封方面，除子仪以"再造家邦"之首功得食二千户、李光弼得八百户外，包括仆固怀恩在内的多数将领均仅得二百户。③ 然而据《册府元龟·帝王部·封建》，乾元二年（759）七月仆固怀恩

---

① 例如，林幹在《回纥史》中写到宁国公主下嫁时，"可汗同时又为其子移地健向唐求婚，肃宗许以仆固怀恩之女配之"，似认为仆固氏系随宁国公主一同前往回纥；但在《突厥与回纥史》中，林幹又称代宗即位后册封牟羽可汗，并"以重臣仆固怀恩之女妻之"，两处时间上相差明显。参见林幹、高自厚：《回纥史》，54 页，呼和浩特，内蒙古人民出版社，1994；林幹：《突厥与回纥史》，164 页，呼和浩特，内蒙古人民出版社，2007。

② （后晋）刘昫等撰：《旧唐书》卷一二一《仆固怀恩传》，3479～3480 页。

③ 参见（北宋）王溥撰：《唐会要》卷四五《功臣》，940～941 页；（唐）肃宗：《收复两京大赦文》，见（清）董诰等编：《全唐文》卷四四，490～491 页；（后晋）刘昫等撰：《旧唐书》卷一〇《肃宗纪》，249 页。

却成为叛乱爆发后首位异姓封王者，而郭子仪、李光弼等被封为郡王已晚至 762 年宝应政变前后。① 异姓封三无疑需有殊勋至功，以战局来看，乾元二年(759)三月九节度相州溃败。七月十七日赵王係任天下兵马元帅，李光弼为之副，并取代郭子仪统领朔方军，十天后的二十七日，仆固怀恩"进爵大宁郡王"。大军溃败后朔方军面临重整，前后节帅郭、李都未封王，因此断然不会如司马光所说是因为其"前后战功居多，故赏之"②。很显然，仆固怀恩此时进爵郡王，有其特殊原因。论者多属意于仆固怀恩为国嫁女和亲，却鲜有考虑其女身份这一决定性因素。按：唐代王之女称"县主"③，郡王亦同，墓志中有"金城县主，即陇西郡王之长女"④的说法为证。自公以下之女垃无"主"之号。唐廷和亲纵因时势艰危，但基本礼仪仍需周全。唐廷此前历次和亲，之所以选自宗室之女，是因为其本身已有郡主或县主之衔，方得进一步册封公主；即如至德元载(756)葛勒可汗嫁女与敦煌王承寀，唐廷亦在随后先册其为毗伽公主，再得正式成婚。仆固部归唐虽早，但因部落不大，故并未如李光弼之先得以封王，仅得世袭都督。⑤ 仆固怀恩在封王之前，其女仅为普通蕃将之女，从身份上讲很难直接嫁给可汗之子。有学者将其归入"以重臣之女出嫁"的类别⑥，是值得商榷的。

综上考证，可对仆固氏出嫁的时间做大致推测。如果《册府元龟》关于仆固怀恩封王的时间记载无误，那么仆固氏出嫁可能已晚至乾元二年(759)年初葛勒可汗去世前夕。当时九节度以重兵围困邺城，战事方紧，唐廷很可能是先将仆固氏以县主身份嫁给葛勒次子，再于当年七月"补

①　参见(北宋)王钦若等编：《册府元龟》卷一二九《帝王部·封建》，1553 页。
②　(北宋)司马光编著：《资治通鉴》卷二二一，"乾元二年七月"条，7080 页。
③　参见(唐)李林甫等撰：《唐六典》卷二《尚书吏部·司封郎中》，39 页。
④　周绍良主编：《唐代墓志汇编》乾元〇〇七《大唐故左领军卫大将军慕容□□君墓志铭并序》，1738 页。
⑤　近年出土的《仆固乙突墓志》可以为证。参见杨富学：《唐代仆固部世系考——以蒙古国新出仆固氏墓志铭为中心》，载《西域研究》，2012(1)，69～76 页。
⑥　林幹、高自厚：《回纥史》，54 页。

封"仆固怀恩为大宁郡王，以副其实。当然仆固氏出嫁的时间也不可能晚于葛勒之死，因为一旦等到新汗继位，则必然又要以公主下嫁，但仆固氏之嫁在唐代正史中并不明载，说明其时身份不显。

如果深入政治斗争的层面来看，则仆固怀恩地位的逐渐上升，其实是肃宗朝宫廷内争以及朔方集团权力变动妥协的产物。我们发现在平叛过程中，回纥军队在大多数情况下由仆固怀恩实际统领，这个问题得从平叛过程中"兵马副元帅"一职入手分析。安史之乱爆发十二天后，玄宗返回长安，最初"以京兆牧、荣王琬为元帅，命高仙芝副之"。荣王琬开元"十五年，授京兆牧，又遥领陇右节度大使"，玄宗最初的设想是"令仙芝征河、陇兵募屯于陕郡以御之"，寄希望于河陇军事集团。① 当月玄宗亲送"高仙芝等进军"，并无荣王琬，据此推测荣王琬受任元帅后并未前往东都前线，而是留止长安总领全局。但十二月初东京陷落后，玄宗遂制太子监国，同时令其亲总诸军进讨，五天后"以哥舒翰为太子先锋兵马元帅"以守潼关，又五天后"荣王琬薨"。② 据此来看，荣王琬应是因未身赴前线，在东京陷落后便被罢免元帅之职，其死亡显然也与东京失守有直接关系。③ 由于太子未能成行，因此哥舒翰得于次年正月"除诸道兵马元帅，始臣下为之"④。哥舒翰的元帅之职实际总辖各道兵马，与此后郭子仪等人所任相同，但当时未在其上设大元帅。肃宗灵武即位后，任命广平王为天下兵马元帅，但没有副元帅。至德二载（757）四月，唐军拟大举收复两京之际，郭子仪受任关内河东副元帅，实际总领天下军事，《册府元龟》更明言"至德初，广平王为元帅，统大将军东征，以子仪为副，实总军政"⑤。至乾元二年（759）七月，李光弼借相州溃败之机，表请赵

---

① （后晋）刘昫等撰：《旧唐书》卷一〇七《靖恭太子琬传》，3261～3262 页。

② （后晋）刘昫等撰：《旧唐书》卷九《玄宗纪下》，230 页。

③ 参见［日］千田豊：《唐代における皇太子号と皇帝号の追贈》，载《東洋學集刊》，第 120 號，2019，22～39 页。

④ （北宋）王溥撰：《唐会要》卷七八《诸使中·元帅》，1683 页。

⑤ （北宋）王钦若等编：《册府元龟》卷七八《帝王部·委任二》，898 页。

王（后改封越王）总戎，赵王係遂为天下兵马元帅，而李光弼为副元帅。
上元二年（761）二月，李光弼河阳之战战败，四月罢去副元帅之职，此后
转任徐州。由于同时燕朝发生了鹿桥驿兵变，史朝义弑父继位，燕廷陷
于内乱，因此随后的一年内尽管天下兵马元帅仍在，但副元帅之职暂时
空缺。到了宝应政变后，代宗继位，雍王适方才受任天下兵马元帅，而
以仆固怀恩为副。

表 5.2　安史之乱期间元帅、副元帅职任对比

职位	年　份								
	755	756	757	758	759	760	761	762	763
元帅	荣王琬	哥舒翰	广平三			赵王係		雍王适	
副元帅		高仙芝	郭子仪			李光弼		郭子仪	仆固怀恩

综合以上来看，"天下兵马元帅"一职并非人们认为的那样大而无当，
它与副元帅彼此联系，密切相关。在郭、李、仆固三位副元帅中，与代
宗存在根本矛盾的其实是赵王係一方的李光弼。至于挤走李光弼的仆固
怀恩，则让代宗深怀好感，故而他始终不愿承认仆固怀恩叛乱的事实。
另外，仆固怀恩虽已身居副元帅，并以朔方军为基础，但朔方军的实际
控制权仍由郭子仪掌握。仆固怀恩的副元帅，是在郭、李斗争及朝廷内
争的情形下，双方妥协的产物，从一开始就存在隐患。

如果将视线移至回纥方面，则我们发现仆固怀恩嫁女之事还有更多
的政治意义蕴含其中。仆固氏之嫁与回纥及其境遇之变迁，与回纥汗室
的政治更替密不可分。从目前所见史料，可以推知叶护太子在葛勒可汗
统治末年失宠。按：乾元二年（759）四月"回纥毗伽阙可汗死"[1]，而"叶
护太子前得罪死"[2]，故次子移地建遂为可汗（牟羽），已嫁与移地健的仆

---

[1]　（后晋）刘昫等撰：《旧唐书》卷一九五《回纥传》，5201 页。
[2]　（北宋）欧阳修、（北宋）宋祁撰：《新唐书》卷二一七上《回鹘传上》，6117 页。

固氏则成为可敦。值得注意的是，乾元元年(758)第三次借兵是在肃宗嫁女之后，当时燕军节帅史思明、能元皓名义上已经归唐，安庆绪孤处邺城、形势危急，对于唐朝来说这是铲除叛乱的最后一击。但如此重要的政治联盟，太子叶护却再未出现，而是以王子骨啜特勤取代，颇疑叶护已被处决。

宁国公主很可能存在生育问题，这成为仆固氏在回纥汗室地位上升的重要契机。按：葛勒可汗磨延啜生于开元二年(714)①，小肃宗三岁，代宗与叶护也以兄弟相叙。代宗、叶护分别为肃宗、葛勒之长子，其中代宗生于开元十四年(726)，与叶护见面时已三十二岁，则叶护其时亦已三十岁左右。据此推测，作为可汗次子的移地健当时也已二十五六岁，不可能是首次结婚。肃宗有七女，宁国排行第二。肃宗第三女和政公主生于开元二十六年(738)②，则宁国生年更在此前，乾元元年(758)时年逾二十。按：宁国公主此前已嫁郑巽，西京不守后她追随玄宗西逃，一路未见子女扶持，全靠其妹和政公主一家照应。③ 乾元元年(758)和亲时，葛勒可汗正值四十五岁之壮龄，宁国公主二十多岁，然一年后其终未能怀孕而致归宁。这使我们有理由怀疑宁国在生育方面或许多少存在一些问题。

有鉴于此，葛勒向肃宗提出了为次子求婚的请求，而这一请求显然具有深远的政治与外交考虑。由于仆固氏当时身份低微，因此唐纥双方的史料都未对和亲过程加以记载。仆固怀恩在《陈情书》中自述"臣有二女，俱聘远蕃，为国和亲"④，可知其幼女同样以县主身份远嫁，这也是

---

① 《铁尔痕碑》东20行记："当我二十八岁蛇年时，我使突厥国家变得混乱。"此处蛇年当为开元二十九年(741)，其时突厥内乱严重，汗国处于覆亡前夜。据此知磨延啜生于开元二年(714)。

② 《新唐书》卷八三《肃宗之女·和政公主传》载："章敬太后所生。生三岁，后崩。"(3660页)按：章敬卒于开元二十八年(740)，知和政公主生于开元二十六年(738)。

③ 参见(北宋)欧阳修、(北宋)宋祁撰：《新唐书》卷八三《肃宗之女·和政公主传》，3661页。

④ (后晋)刘昫等撰：《旧唐书》卷一二一《仆固怀恩传》，3485页。关于唐代后期册封回纥可汗的情况，参见[日]村井恭子：《ウイグル可汗の系譜と唐宋漢籍史料——懐信と保義の間》，载《東洋學報》，第100卷，第2號，2018，33~65頁。

后来她能获封"崇徽公主"并嫁与牟羽可汗做继室的关键原因。

从回纥的对外政策层面来看，与唐结好固然重要，但首要任务却在于统一草原。葛勒可汗统治末期，回纥将主要关注点转向天山以北的黠戛斯和坚昆，宁国公主一行于七月甲午北行，九月甲申"回纥使大首领盖将等谢公主下降，兼奏破坚昆五万人"①，其间相隔 50 天，而《磨延啜碑》同样记载了可汗在阿尔泰山南麓的 yariš 和 aghlïh 之间杀敌三万之事②。坚昆在北庭都护府以北七千里，葛勒可汗应于乾元元年(758)秋冬之际追杀坚昆至 yariš 平原，随后于次年二月十六日征服三旗突厥。由于《磨延啜碑》在鸡年(至德二载，757)以后的纪年存在误差，因此尚难判定葛勒对坚昆的远征究竟是在至德二载(757)还是在乾元元年(758)，但可以确定的是，回纥在第一次出兵助唐后，其军事重心已经转至汗国西方。

五、借兵回纥与唐马政变革

最后有必要就借兵回纥与此间唐马政的变革因缘略做辨析。绢马贸易向来是唐史研究的热点③，但这一事件最初的兴起原因则鲜有学者关

---

① （后晋）刘昫等撰：《旧唐书》卷一九五《回纥传》，5201 页。

② 参见耿世民：《古代突厥文碑铭研究》，203～204 页；林幹：《突厥与回纥史》，432、436 页。

③ 马俊民主张客观看待唐与回纥的绢马贸易，认为是外保边防、内勘叛乱、抑制方镇等因素的现实需求，并对马价进行了细致研究。白桂思则研究了唐纥绢马贸易对唐朝的经济影响。斯加夫在《隋唐中国及其突厥—蒙古邻国》中，辟专章对绢马贸易及其涉及的游牧民族经济模式、监制制度与互市关系、市马与朝贡贸易等问题进行了系统考察，颇具参考价值。参见马俊民：《唐与回纥的绢马贸易——唐代马价绢新探》，载《中国史研究》，1984(1)，67～76 页；Christopher I. Beckwith, "The Impact of the Horse and Silk Trade on the Economies of T'ang China and the Uighur Empire: On the Importance of International Commerce in the Early Middle Ages," *Journal of the Economic and Social History of the Orient*, Vol. 34, No. 3, 1991, pp. 183-198; Jonathan Karam Skaff, *Sui-Tang China and Its Turko-Mongol Neighbors: Culture, Power, and Connections, 580-800*, pp. 241-271。

注。按照至德二载(757)复两京后的约定,唐朝"每载送绢二万匹至朔方军"①,之所以选择朔方军作为交易地点,在于其与回纥之间深厚的历史渊源。朔方在唐前期马政体系中占有重要地位,是陇右诸牧监之外的另一国马牧养区。与陇右诸牧监不同,灵、夏一带牧监设置虽有限,但马匹数量巨大,这与当地大量的内附蕃部密切相关。高宗永隆年间,由于突厥诸部叛乱,安元寿加"夏州群牧使"之任专门清点交割马匹,上报损失十八万匹。② 唐朝牧监财政由当州财政负担,这在《仪凤三年度支奏抄》中有明确规定。③ 盐夏诸州与北方蕃部的马匹交易,在官方与民间都长期存在。先天二年(713)因厩中缺马,玄宗曾派专人以空名告身前往六胡州市马④,开天之际,王忠嗣曾将朔方九千匹马迁往陇右⑤,都是官方市马的例证。《太平广记》记载了会昌、大中之际,银州刺史田鐬曾"私造铠甲,以易市边马布帛"⑥,足见盐夏诸州易市边马在整个唐朝都存在。叶护在复两京后提出北返回纥的措辞是"须归灵夏取马,更收范阳"⑦,但灵、夏诸牧监的国马未必真为回纥所用,而是如赋役中"纳庸代役"般,由唐朝政府支付相应的马价,以供回纥进一步的军事行动。这是唐朝与回纥绢马贸易的最初缘起,其出发点在于补给回纥作战中的马匹消耗,选择朔方是依托当地庞大的内附蕃部及成熟的牧监体系。至德元载(756)李承案出使回纥后,当年冬天葛勒可汗亲自率军至河曲,"与

---

① (后晋)刘昫等撰:《旧唐书》卷一九五《回纥传》,5200 页。

② 参见(北宋)王溥撰:《唐会要》卷七二《马》,1542~1543 页。关于此次损失马匹的原因,参见唐长孺:《唐书兵志笺正(外二种)》卷四,126~127 页;王炳文:《盛世马政——〈大唐开元十三年陇右监牧颂德碑〉的政治史解读》,见中国中古史集刊编委会编:《中国中古史集刊》第 4 辑,177 页。

③ 参见[日]大津透:《日本律令制の財政構造》,80~84 页。

④ 参见(北宋)王溥撰:《唐会要》卷七二《马》,1543 页。

⑤ 参见(后晋)刘昫等撰:《旧唐书》卷一〇三《王忠嗣传》,3201 页。

⑥ (北宋)李昉等编:《太平广记》卷三一一《田布》,2462 页。

⑦ (后晋)刘昫等撰:《旧唐书》卷一九五《回纥传》,5199 页。

朔方节度使郭子仪合讨同罗诸蕃，破之河上"①，次年二月初六返回汗
庭。② 如果杜甫"送兵五千人，驱马一万匹"的说法属实，则不排除回纥
确实将少部分军队和半数战马留驻朔方，这或许也是叶护"归灵夏取马"
的直接所指，但从留回纥军队于沙苑来看，其深意无疑在于向唐朝索要
马匹补偿。在广德元年(763)仆固怀恩所作的《陈情书》中，其提及"去年
秋末，回纥仗义而来"，即宝应元年(762)第四次借兵回纥之事，当时回
纥取道太原南下，返回漠北时朝廷令仆固怀恩"饯送"，怀恩"遂罄竭家
产，为国周旋"，适值"从潞府过"，遂将"于回纥处得绢，便与抱玉二千
匹以充答赠"。③ 回纥北返所携带的大量绢帛，应即为唐朝政府对其"征
兵"的补偿，这种掺杂着朝廷赏赐与姻亲交好的行为背后，实为双方的经
济交换。

药子昂作为唐朝最后一任陇右群牧使，很可能正是在宝应元年(762)
秋迎接回纥时兼任的。安禄山之后，尚有王凤、董佚、吕崇贲、唐钦、
李辅国、彭礼盈、药子昂诸人相次为之。④ 吕崇贲天宝十四载(755)年底
任蒲州刺史，战败后追随肃宗，至德元载(756)后半年被授予关内道节度
使，其任陇右群牧使当在此间。李辅国是在复两京后任殿中监、闲厩使，
知其任陇右群牧使在至德二载(757)十月以后。药子昂是最后一任陇右群
牧使，史载宝应元年(762)秋，甫即皇位的代宗曾"使殿中监药子昂驰劳"
回纥⑤，则药子昂应在此前后任陇右群牧使。《唐会要》所谓"暨至德后，
西戎陷陇右，国马尽没，监牧使与七马坊名额皆废"⑥的说法不尽准确。

---

① （北宋）欧阳修、（北宋）宋祁撰：《新唐书》卷二一七上《回鹘传上》，6115 页。
② 参见《磨延啜碑》西 43 行，见耿世民：《古代突厥文碑铭研究》，203 页；
Ablet Kamalov, "The Moghon Sh ne Usu Inscription as the Earliest Uighur Historical
Annals,"*Central Asiatic Journal*, Vol. 47, No. 1, 2003, pp. 77-90.
③ （后晋）刘昫等撰：《旧唐书》卷一二一《仆固怀恩传》，3484 页。
④ 参见（北宋）王溥撰：《唐会要》卷六六《群牧使》，1354 页。
⑤ （后晋）刘昫等撰：《旧唐书》卷一九五《回纥传》，5202 页。
⑥ （北宋）王溥撰：《唐会要》卷六六《群牧使》，1354 页。

《李鼎墓志》记载志主"夫人广陵药氏，关内节度、御史大夫子昂之息女"①，而《元和姓纂》则称药氏"大历有殿中监、闲厩使、兼御史大夫药子昂"②，由于药姓较为少见③，御史大夫又是宪衔的最高级别，结合所处时代来看，这两个"药子昂"无疑是同一人。药子昂很可能在代宗朝初年同时兼任关内道节度使、殿中监，而在他之后便不复存在陇右群牧使一职，我们据此推测这一职衔应该在吐蕃陷陇右后还曾短暂存在过一段时间，最后因为无实际管辖而被撤销。

这一推测可在韩愈为董晋所作的行状中得到印证。文称董晋曾以判官随李涵"如回纥立可敦"，回纥方面当时指出："唐之复土疆，取回纥力焉。约我为市，马既入，而归我贿不足。"董晋回答称："我之复土疆，尔信有力焉。吾非无马，而与尔为市，为赐不既多乎？尔之马岁至，吾数皮而归资。"④这番对话较为忠实地保留了时人对于唐纥绢马贸易缘起的看法，足见借兵回纥在绢马贸易演变中的政治性导向。

---

① 《(鼎)墓志铭并叙》，见吴钢主编：《全唐文补遗》第 4 辑，121 页，西安，三秦出版社，1997。

② (唐)林宝撰：《元和姓纂(附四校记)》卷一〇，1545 页，北京，中华书局，1994。

③ 参见仇鹿鸣：《药元福墓志考——兼论药氏的源流与沙陀化》，载《敦煌学辑刊》，2014(3)，152～159 页。

④ (唐)韩愈：《故金紫光禄大夫检校尚书左仆射同中书门下平章事兼汴州刺史充宣武军节度副大使知节度事管内支度营田汴宋亳颖等州观察处置等使上柱国陇西郡开国公赠太傅董公行状》，见(清)董诰等编：《全唐文》卷五六七，5733 页，又见(唐)韩愈撰：马其昶校注：《韩昌黎文集校注》卷八，577 页。

第六章　燕政权的嬗变与河北藩镇格局起源

　　相较于对安史之乱起因、胡人迁徙等问题的研究，学界对于安史之乱事件本身的探讨显得滞后很多。1962 年，戴何都对《安禄山事迹》进行了详细的校勘、翻译及注释，对安史之乱的始末历程和人物事件予以系统论述和考证，使得学界首次直面安史之乱的过程。① 20 世纪六七十年代，随着欧美唐史学界对唐后期政治尤其是藩镇结构关注力度的增加，安史之乱作为源头性的事件日益受到重视，其中彼得森论述了安史政权对于河北藩镇割据模式的塑造作用，并从仆固怀恩等将领与中央关系的角度探讨了平叛活动对战后格局的影响②，而蒲立本则专文探讨了安史

　　①　参见 Robert des Rotours，*Histoire de Ngan Lou-chan*（*Ngan Lou-chan Che Tsi*），p. II. 该书是法兰西学院"汉学研究所丛书"第 18 种（bibliothèque de L'institut des Hautes études Chinoises，Vol. XVIII），戴何都在前言中详述缘起："早在 1944 年，我就进行了初次翻译，当时发现其文字多有舛谬，时间也颇多误差。随后我注意到《资治通鉴》及《考异》，它们为安史之乱的历史提供了更好的基础。尽管如此，我继续致力于翻译，并打算发表一个有关这一时期整体历史的长篇导论。遗憾的是我的身体状况欠佳，致使翻译工作有所耽延。1955 年，蒲立本出版了《安史之乱的背景》一书，并宣称第二卷将关注叛乱本身。这项出色的研究使我无须再写一个长篇导论，但并不影响我翻译《安禄山事迹》原文。"
　　②　参见 Charles A. Peterson，"The Autonomy of the Northeastern Provinces in the Period Following the An Lu-shan Rebellion，"PhD diss.，University of Washington，1966；"P'u-ku Huai-en and the T'ang Court：the Limits of Loyalty，"*Monumenta Serica*，Vol. 29，1970-1971，pp. 423-455.

之乱对唐后期藩镇军事结构的影响①。

近年来，随着一批新出墓志的刊布，安史相继建立的燕政权成为唐史研究新的热点。冻国栋对安史政权下的吏民心态进行了探讨②，张忱石、仇鹿鸣对燕政权中的重要文官做了考证③，李碧妍对其内部的权力斗争做过系统分析④。从戴何都等前贤对于叛乱进展的探讨，到学界明确关注叛军所建立的政权，既是研究的精细推进，更是研究视角的重要转换。然而毋庸讳言，学界对安史政权的论述更多时候仍是基于唐朝平叛的视角，对其内部结构尚缺乏系统研究。事实上，在当前所见各类史料的基础上，我们已有可能对燕政权内部的政治演进做出初步勾勒，并据此分析其对战后河北藩镇格局所起到的塑造作用。这正是本章试图做出的尝试。

一、从"燕"到"后燕"：安史之乱的分水岭

在论述之前，我们有必要厘清一个基本问题，即在今天的学术研究

---

① 参见 Edwin G. Pulleyblank，"The An Lu-shan Rebellion and the Origins of Chronic Militarism in Late T'ang China," in *Essays on T'ang Society*：*The Interplay of Social*，*Political and Economic Forces*，eds. John Curtis Perry and Bardwell Leith Smith，pp. 33-60.

② 参见冻国栋：《墓志所见唐安史乱间的"伪号"行用及吏民心态——附说"伪号"的模仿问题》，见武汉大学中国三至九世纪研究所编：《魏晋南北朝隋唐史资料》第 20 辑，176～186 页，武汉，武汉大学文科学报编辑部，2003；《读〈大燕故魏府元城县尉卢府君（浣）墓志序〉书后》，见武汉大学中国三至九世纪研究所编：《魏晋南北朝隋唐史资料》第 26 辑，203～208 页，武汉，武汉大学文科学报编辑部，2010。

③ 参见张忱石：《〈大燕严希庄墓志〉考释》，载《中华文史论丛》，2008（3），393～406 页；仇鹿鸣：《五星会聚与安史起兵的政治宣传——新发现燕〈严复墓志〉考释》（原载《复旦学报（社会科学版）》2011 年第 2 期，114～123 页）、《一位"贰臣"的生命史——〈王伷墓志〉所见唐廷处置陷伪安史臣僚政策的转变》（原载《文史》2018 年第 2 期，43～70 页），修订后收入《长安与河北之间：中晚唐的政治与文化》，1～86 页；孟献志：《安史之乱伪官研究》，硕士学位论文，西北大学，2017。

④ 参见李碧妍：《危机与重构——唐帝国及其地方诸侯》，265～290 页。

中，我们应如何指称这一叛乱政权？长期以来，学界习惯于将安史叛军建立的政权称为"大燕"①，这或许来自《安禄山事迹》中"遂伪即帝位，国曰大燕"②的说法，以及部分出土墓志中的"大燕"字样。实际上，这里的"大"字与"大唐"、"大周"中的"大"字一样，只是加在国号前的一种修饰。《旧唐书·安禄山传》便明确记载其"窃号燕国，立年圣武"③，《陈牟少墓志》中将安禄山起兵建国称为"燕朝革命"④，时人杜钦于"燕 朝圣武 元年六月□□ 日 卒□私第"⑤，张氏的墓志则直接题为《燕故杭州司户呼延府君夫人南阳张氏墓志铭并叙》⑥，这些都说明叛军统治区域内墓志的标题及内容中的"大燕"只是一种修饰性说法。史籍记载，晚唐时"国子监有《孔子碑》，睿宗篆额，加'大周'两字，盖武后时篆也。（冯）审请琢去伪号，复'大唐'字"⑦。这正说明无论是"大唐"还是"大周"都只是一种美称，我们显然不会因此而称唐为"大唐"，或称周为"大周"。鉴于十六国时期已有几个以"燕"为国号的区域性政权，我们不妨将安、史所建立者直接称为"燕政权"或"燕朝"。

燕政权依次经历了安氏父子与史氏父子的统治，共两姓四任君主。目前学界已经清楚地认识到安、史两个政权在蕃部结构、权力建设、礼制信仰等诸多内部特质上存在显著差异⑧，但对其宏观演进中的巨大变

---

①　参见彭文峰：《大燕马凌虚墓志考释》，载《保定学院学报》，2012(1)，66～68页；张忱石：《〈大燕严希庄墓志〉考释》，载《中华文史论丛》，2008(3)，393～406页。

②　(唐)姚汝能撰：《安禄山事迹》卷下，101页，北京，中华书局，2006。

③　(后晋)刘昫等撰：《旧唐书》卷二〇〇上《安禄山传》，5371页。

④　周绍良主编：《唐代墓志汇编》圣武〇〇三《唐故左威卫左中候内闲厩长上上骑都尉陈府君墓志》，1725页。

⑤　周绍良主编：《唐代墓志汇编》圣武〇〇四《大燕故处仕杜君墓志》，1726页。

⑥　周绍良主编：《唐代墓志汇编》圣武〇〇七《燕故杭州司户呼延府君夫人南阳张氏墓志铭并叙》，1727页。

⑦　(后晋)刘昫等撰：《旧唐书》卷一六八《冯宿附从弟审传》，4392页。

⑧　参见李碧妍：《危机与重构——唐帝国及其地方诸侯》，282、286页；仇鹿鸣：《一位"贰臣"的生命史——〈王仳墓志〉所见唐廷处置陷伪安史臣僚政策的转变》，载《文史》，2018(2)，52～53页。

化仍缺乏清晰的认识。事实上，安史易代完全可以称为这场叛乱的分水岭，当时人对于这种差异的体认甚至比后世要深刻很多。从目前所见文献来看，当时已有人将史思明所建政权称为"后燕"，以别于安禄山所建之"燕"。① 尽管安禄山在圣武二年（至德二载，757）正月为其子庆绪所弑，但安氏父子的政权具有内部的延续性。燕朝立国之初所行用的"圣武"年号，在禄山被弑后又继续使用了十个月之久。房山石经中易州遂城县史道明、毕子钊等32人上经题记的时间就记为"圣武二年三月廿七日"②，可见安氏父子的易位只是宫廷内斗，安庆绪对其辖下的燕朝区域仍保持有效管辖。当年十月十六日晚，面对日益逼近的唐纥联军，"庆绪帅其党自（洛阳）苑门出，走河北"③，而出土的《徐怀隐墓志》也记载志主于"圣武二年□月廿七日殒于私第"，"十月十六日，殡于汤阴县城西十五里平原"④，汤阴正是安庆绪北逃所经过的地方，表明直至此时仍行圣武年号。当月下旬滏阳河之战击溃驻守唐军后，安庆绪将其辖下分为八道，遍行露布，声言"其先溃将士于相州屯集，限此月二十六日前到取，来月八日再收洛阳"。⑤ 据此来看，安庆绪当于圣武二年（757）十月底或十一月初改元天成。一个月后，史思明在幽州发动兵变，囚禁阿史那承庆等安氏心腹要员，宣布归唐，幽州在名义上复为唐有。房山石经中有"幽州节度都巡游奕烽铺使、汝州梁川府左果毅都尉员外置同正员、赏绯鱼袋

---

① 冻国栋从国号角度认为安禄山所建政权国号称"燕"而史思明所建者称"大燕"，虽不准确但已触及问题实质。参见冻国栋：《读〈大燕故魏府元城县尉卢府君（况）墓志序〉书后》，见武汉大学中国三至九世纪研究所编：《魏晋南北朝隋唐史资料》第 26 辑，205 页。

② 北京图书馆金石组、中国佛教图书文物馆石经组编：《房山石经题记汇编》，105 页，北京，书目文献出版社，1987。

③ （北宋）司马光编著：《资治通鉴》卷二二〇，"至德二载十月"条，7040 页。

④ 周绍良主编：《唐代墓志汇编》圣武〇一一〇《大燕故处士徐君墓志铭并序》，1729 页。

⑤ （唐）姚汝能撰：《安禄山事迹》卷下，108～109 页，北京，中华书局，2006。

上护军南阳张鼎，造经一条，乾元元年四月八日"①的题记，证明当时幽
州方面确实行用唐朝年号。此时史思明事实上已与安庆绪集团宣告决裂，
燕政权辖区内呈现出邺城与幽州对峙的局面。乾元元年（758）六月，史思
明借口搜出唐朝方面的铁券及叛将簿书而唆使军士哗变，杀害唐廷任命
的幽州节度副使乌承恩等，再次叛書。按：《资治通鉴考异》引《河洛春
秋》称乌承恩"四月始为节度副使"，此为唐朝中央与李光弼共同商议的结
果，试图在幽州方面安插亲唐势力，牵制并逐渐削弱史思明的势力。胡
三省早已指出，这是史思明造伪证"抗表以罪状光弼"，并激使幽州将士
"与己同反而无他志"。② 前引房山石经题记中的张鼎时任幽州节度都巡
游弈烽铺使，是负责治安巡察的中下级军官，却以果毅都尉员外置同正
员的身份编入汝州梁川府。他很可能正是在四月初随乌承恩到任幽州，
深感史思明麾下的恐怖氛围，造经以求福佑。而安庆绪则面对唐朝九节
度大军和史思明的双重压力，直至乾元二年亦即天成三年（759）三月，史
思明在邺城南合河口军营发动政变，以"杀阿爷夺职掌"③的弒父篡位罪
名"召庆绪等杀之，并有其众"④，次月于幽州改元顺天⑤。《资治通鉴考
异》引《河洛春秋》言，"思明怀西侵之谋，虑北地之变，乃令男朝义留守
相城，自领士马归范阳，因僭号后燕，改元顺天元年"⑥，完成了后燕政

---

① 北京图书馆金石组、中国佛教图书文物馆石经组编：《房山石经题记汇编》，
105 页。

② （北宋）司马光编著：《资治通鉴》卷二二〇，"乾元元年六月"条，7058 页。

③ （唐）姚汝能撰：《安禄山事迹》卷下，110 页，北京，中华书局，2006。

④ （后晋）刘昫等撰：《旧唐书》卷二〇〇上《史思明传》，5380 页。

⑤ 《安禄山事迹》卷下载其乾元二年（759）正月"于魏州僭称燕王，年号顺天"
（109 页），不确。综合诸种史料来看，史思明应该是在当年正月于魏州称燕王，三月
发动邺城政变杀害安庆绪等，四月初返回范阳，称帝并改元顺天。参见（北宋）司马
光编著：《资治通鉴》卷二二一，"乾元二年四月"条，7075 页。

⑥ （北宋）司马光编著：《资治通鉴》卷二二一，"乾元二年四月"条，7075 页。
按：原文为"上元三年春三月"，年份有误。

权的创建。《程庄墓志》中也有"后燕顺天二年"①的明确记载。当然，目前所见其他几方顺天及显圣年间的墓志仍统称"大燕"，史思明似乎也没有必要在自己新建政权的前面加上一个"后"字，但至少在当时人看来，这一政权是重新建立且有别于安氏父子的，"后燕"的说法已存在于当时的燕朝治下。如果用统治者姓氏加以区别，我们也可以分别称其为"安燕"和"史燕"。安燕的统治范围，包括战前河北道所辖诸州，河东道北部的代北、淄青诸州，以及洛阳至长安一线的两京地区；史燕的统治范围，则主要为河北诸州以及洛阳周边地区。相较而言，安燕的统治区域更为广阔，但其对淄青、长安等地的统治并不稳固；史燕的辖区虽有明显缩小，但统治范围却日益明晰。燕政权统治者的更替变化及与唐朝皇帝的对比，可参见表6.1。

表6.1　唐、燕双方皇帝及年号变化对照表②

西历	唐			燕			备注
	皇帝	年号	年份	皇帝	年号	年份	
755	玄宗	天宝	14				11月安禄山叛乱
756	肃宗	至德	1	安禄山	圣武	1	7月肃宗即位改元
757			2	安庆绪	天成	1	11月安庆绪改元
758		乾元	1			2	
759			2	史思明	顺天	1	3月史思明改元
760		上元	1			2	
761			2		显圣	1	1月史思明改元应天，3月史朝义改元显圣
762	代宗	宝应	1	史朝义		2	当年主要燕将悉降，显圣年号实废止
763		广德	1				幽州献朝义首级

①　周绍良、赵超主编：《唐代墓志汇编续集》顺天〇〇一《程君墓志铭并序》，671页。
②　本表忽略西历与中历岁首月余的误差，不影响实际对比。为便于观察，中历年、月份均使用阿拉伯数字。

　　这种差异在唐朝方面的语境中也得到了体现。对于唐廷来说，安史之乱其实经历了两次平定，而史思明的复叛成为这一事件的分水岭。当安禄山最初叛乱时，唐廷自然地将其指称为"逆胡"或"羯胡"的"乱常"。① 至德二载（757），唐朝收复两京，以史思明为首的叛军将领一度归降唐朝，但不久再度叛乱，这就使得唐廷面临对第二次叛乱的定性。在《张献诚墓志》中，以"肃宗清华夏之岁，思明蓄横猾之谋"②的修辞将史思明复叛看作一种阴谋。降而复叛，是时人对于史思明的定位；而讨伐史燕，实为戡定安禄山之乱的"善后"事宜。总之，无论从何种角度审视，燕与后燕，或者说安燕与史燕两个政权之间的延续性都不是很明显，两者更多地表现出差异而非相似。

　　至于安史并称，与唐朝中央和河北藩镇双方的政治话语不无关系。一方面，代宗朝以降的唐代官方史家采取了一种实用主义的历史观，将安禄山、史思明看作相继为乱。我们此前曾提及的权德舆便将这一事件分为"幽陵首祸"、"史羯继乱"两个前后相继的阶段。③ 另一方面，河北藩镇为了追溯其割据的合理性，刻意塑造出了安、史父子的"四圣"形象。④ 在两种因素的作用下，唐后期社会中逐渐形成了安史一体为乱的观念。及至五代，文献中出现了明确的"安史之乱"的称谓。例如，作于

----

　　① 《资治通鉴》载玄宗西逃时，有"逆胡乱常，须远避其锋"之语[（北宋）司马光编著：《资治通鉴》卷二一八，"至德元载六月"条，6977页]；复两京后，肃宗即位大赦称，"乃者羯胡乱常，京阙失守"[（唐）肃宗：《即位大赦文》，见（清）董诰等编：《全唐文》卷四四，488页]。诸如此类，都可以看作唐人对于此事最早的定性。陈寅恪指出："考安禄山之种族在其同时人之著述及专纪其事之书中，均称为柘羯或羯胡。"（陈寅恪：《唐代政治史述论稿》，213页。）

　　② 周绍良、赵超主编：《唐代墓志汇编续集》大历〇〇七《唐故开府仪同三司检校户部尚书知省事赠太子太师御史大夫邓国公张公墓志铭并序》，696页。

　　③ （唐）权德舆：《唐故义武军节度使营田易定等州观察处置使开府仪同三司检校司空同中书门下平章事范阳郡王赠太师贞武张公遗爱碑铭并序》，见（清）董诰等编：《全唐文》卷四九六，5058页。

　　④ 据史籍记载，大历年间"魏博节度使田承嗣为安、史父子立祠堂，谓之四圣"[（北宋）司马光编著：《资治通鉴》卷二二四，"大历八年九月"条，7222页]。

宪宗元和年间的《石神福墓志》记其先祖"遇安史作乱，漂泊至恒阳"①，而撰于文宗大和年间的《张秀诚墓志》同样以"安史凭凌，四郊多垒"②统称安史之乱。大致而言，河北形象在经历元和削藩后趋于固化，乾元中兴、重整朝纲的历史观日渐消解，而"安史之乱"这种概括性的称谓则逐渐在社会中普及。③

二、幽州文士集团的覆亡

在对燕政权前后两个阶段的差异做出探讨的基础上，我们可以对其与战后河北格局的关系进行论述。彼得森指出，保留安史降将是唐朝的既定政策④，而蒲立本则观察到宝应元年（762）诸将归唐与至德二载（757）史思明伪降之间存在着高度的相似性和处置思路的延续性⑤。最近，仇鹿鸣从这种延续性中发现了两次平叛的重要差异，即光复两京后

---

① 周绍良主编：《唐代墓志汇编》元和○六一《大唐故成德军节度下左金吾卫大将军试殿中监石府君墓志铭并序》，1991 页。

② 周绍良、赵超主编：《唐代墓志汇编续集》大和○一六《唐昭戎校尉守左武卫大将军试殿中监清河郡张府君墓志铭并序》，890 页。

③ 我们曾在本书第一章对这一问题做出探讨，这里有必要再予补充。如果细究，则"安史之乱"这一指称在文宗朝前后便已出现，如李亢所撰《独异志》中便记载了山东名族李佐"少时因安史之乱，失其父"的经历，唐末康骈所撰《剧谈录》中也有卢弇因"安史之乱，隐于终南山中"的说法。上述史料相对真实地反映了唐后期对这一历史事件的指称。与细节认知模糊化形成鲜明对比的是元和以降的唐朝在历史功用上对安史之乱的清晰化，即淡化燕政权内部的演进差异，强调安史之乱为唐朝历史发展的转折点。参见（北宋）李昉等编：《太平广记》卷二六○《李佐》，2030 页；卷三三二《刘平》，2640 页。

④ 参见 Charles A. Peterson, "P'u-ku Huai-en and the T'ang Court: the Limits of Loyalty,"*Monumenta Serica*, Vol. 29, 1970-1971, pp. 430-431.

⑤ 参见 Edwin G. Pulleyblank, "The An Lu-shan Rebellion and the Origins of Chronic Militarism in Late T'ang China," in *Essays on T'ang Society: The Interplay of Social, Political and Economic Forces*, eds. John Curtis Perry and Bardwell Leith Smith, pp. 46-47.

唐朝力求严惩"贰臣"，而最终平叛时却"采取怀柔绥服的政策"。① 上述研究抓住了唐朝平叛的本质，与传统史家专意苛求一人一事相比较，无疑是巨大的进步。不过这种论述还有很大的辨析空间，尤其是当我们从燕朝内部出发，注意到史燕革命所产生的分水岭作用时，会发现安史易代之际其内部士人群体遭受重创，而真正的武将问题其实是由史思明带来的。有鉴于此，我们有必要对燕政权的文士和武将分别予以探讨，以便更为深入地观察河北藩镇格局在最初孕育时的种种蛛丝马迹。

作为一次蓄谋已久的政治行动，安禄山发动的叛乱从一开始就具有两方面的特点。一方面，武力征战是其僭伪后的主要行动；另一方面，重要决策却出自身边幕僚。正是安燕前期特殊的政治目的，以及安禄山一人独尊的权威，造成了这种看似矛盾的现象。也正因此，无论对于力求早日平叛的唐朝抑或是心怀不轨的史思明来说，安燕的高层文官群体都是其打击的重要对象。表面上胡人跋扈的安燕时期，其命门却恰在安氏父子身边的这群士人身上，我们可将这个群体称为"幽州文士集团"。他们是安禄山在叛乱前所建立的以寒族文人为主的幕僚集团，大致形成于天宝后期，多以文学知名或晋身。按照《旧唐书》的说法，禄山"引张通儒、李庭坚、平洌、李史鱼、独孤问俗在幕下，高尚掌书记，刘骆谷留居西京为耳目"②，这为我们列出了幽州文士集团中最为核心的人员名单。上述诸人中，张通儒，天宝十载(751)由大理寺外调至河东任节度留后判官③，加入了安禄山与吉温的政治联盟；十三载(754)兼任群牧都使

---

① 仇鹿鸣：《一位"贰臣"的生命只——〈王仙墓志〉所见唐廷处置陷伪安史臣僚政策的转变》，载《文史》，2018(2)，61 页。

② (后晋)刘昫等撰：《旧唐书》卷二〇〇上《安禄山传》，5369 页。

③ 《安禄山事迹》卷上记："(天宝十载)加云中太守兼充河东节度采访使，余如故。(原注：禄山奏请户部侍郎吉温知留后事，大理寺张通儒为留后判官。)"(82 页)

判官，协助新任群牧都使的安禄山交接并清点群牧①。平冽，天宝六载(747)十二月尚以监察御史的身份参与办理杨慎矜案②，说明他是此后才进入幽州文士集团的。李史鱼，开元二十一年(733)应制科举之多才科及第③，天宝十载(751)曾与宋昱同撰《唐张君神碑》，后者当年以中书舍人知铨选④，说明李史鱼当时仍在京师为官。⑤ 而到了天宝十二载(753)，他已经代表安禄山巡视德州了。⑥ 据此来看，李史鱼可能是在天宝十一载(752)前后进入幽州幕僚系统的。至于高尚，尽管未由科举入仕，但少时即"甚得文章之名"，并因此于天宝六载(747)经安禄山奏为平卢掌书记，"出入(禄山)卧内"。⑦ 同样在天宝十二载(753)巡视德州的阎

---

① 《唐会要》卷七二《马》载："(天宝)十三载六月一日，陇右群牧都使奏，臣差判官、殿中侍御史张通儒，群牧副使、平原[凉]太守郑遵意等，就群牧交点。"(1543页)据《旧唐书》卷九《玄宗纪下》，知当年正月"乙巳，加安禄山……陇右群牧都使，以武部侍郎吉温为副"(227页)，则《唐会要》所指的陇右群牧都使正是安禄山，其判官全称为陇右群牧都使判官。作为群牧判官的张通儒位列副使郑遵意之前，成为实际负责马政者。

② 《旧唐书》卷一〇五《杨慎矜传》载："(十一月)二十五日，诏杨慎矜、慎余、慎名并赐自尽……监察御史平冽赍敕至大理寺，慎余闻死，合掌指天而缢。"(3227～3228页)

③ 参见(北宋)王溥撰：《唐会要》卷七六《贡举中·制科举》，1643页。

④ 《册府元龟》卷八三〇《总录部·论议二》载："宋昱为中书舍人知铨，天宝十载选部选才多滥，选人刘迺献议于昱。"(9860页)

⑤ 《金石录》中收有《唐张君神碑》，天宝十载(751)十月由"王灵岳撰序，宋昱铭，李史鱼正书"[(北宋)赵明诚撰：《宋本金石录》卷七，171页，北京，中华书局，1991]。其中提到的宋昱，《旧唐书》中记载道，"国忠之党翰林学士张渐窦华、中书舍人宋昱、吏部郎中郑昂等，凭国忠之势，招来赂遗，车马盈门，财货山积；及国忠败，皆坐诛灭，其斫丧王室，俱一时之沴气焉"[(后晋)刘昫等撰：《旧唐书》卷一〇六《杨国忠传》，3247页]。

⑥ 参见(唐)颜真卿：《东方先生画赞碑阴记》，见(清)董诰等编：《全唐文》卷三三八，3430页。

⑦ (唐)姚汝能撰：《安禄山事迹》卷中，94～95页，北京，中华书局，2006。

宽，天宝六载(747)尚以醴泉尉的身份撰写《温汤御球赋》①，推测也是随后进入幽州幕僚系统并得授监察御史。由此可见，安禄山的幕僚群体是一个在特定时间段形成的拥有类似背景的文人政治集团。

之所以集中形成于天宝后期，客观上与玄宗朝中期以来选人泛滥、文士被迫北走河朔的社会现实有关。在《李史鱼墓志》的撰写者梁肃看来，开元二十一年(733)李史鱼以多才科及第时，尚是"海内和平，士有不由文学而进，谈者所耻"②的社会风尚。随着文学派的失势和中央财政危机的突显，玄宗亟须解决实际问题的人才，及至天宝年间，士人大量壅滞。蒲立本据此提出了"中央化"(centralization)的著名观点，认为文士(literati)在李林甫专权时期日益弱势，而唐廷为追求行政效率和中央集权，牺牲了官员迁转的公正性。③ 这种特殊的政治背景，使士人流向节帅幕府成为可能，从而为安禄山主观上拉拢培植士人提供了难得的机遇。特别是天宝年间节度使身兼采访等使的特点，更使其得以"每兼一使，则增加一个僚佐班子"④，便于延揽士人。除李史鱼等人外，当时的一些名士如梁令直被"仆射安公奏充节度支度陆运营田四蕃两府等判官"⑤，柏造"以从事在禄山府"⑥，甚至如颜杲卿也是因"安禄山闻其名，表为营田判

① 醴泉为次赤县，"唐人任畿尉、赤尉之后，下一个官职最好是任监察御史或殿中侍御史"，即如萧嵩就曾以醴泉尉擢升监察御史，因此这里所注的醴泉尉应是就其撰文时的官职而言的。参见(后晋)刘昫等撰：《旧唐书》卷九九《萧嵩传》，3094页；赖瑞和：《唐代基层文官》，132页，北京，中华书局，2008。

② (唐)梁肃：《侍御史摄御史中丞赠尚书户部侍郎李公墓志铭》，见(北宋)李昉等编：《文苑英华》卷九四四，4965页。

③ 参见 Edwin G. Pulleyblank, *The Background of the Rebellion of An Lushan*, pp. 86, 103.

④ 石云涛：《唐代幕府制度研究》，107～108页，北京，中国社会科学出版社，2003。

⑤ 周绍良主编：《唐代墓志汇编》天宝二六七《唐故朝散大夫使持节龙溪郡诸军事守龙溪郡太守上柱国梁君墓志铭并序》，1718页。

⑥ 周绍良、赵超主编：《唐代墓志汇编续集》大中〇五四《唐故青州司户参军韦君夫人柏氏墓铭并序》，1007页。

官，假常山太守"①，在天宝末年得以不次拔擢②。在代宗朝宰相崔祐甫
为其从父兄夷甫所撰写的墓志中，他坦言，"于时安禄山为河北采访使，
虽内苞凶慝，而外奖廉平，精择能吏，唯日不足"，承认了安禄山对于河
北文官的普遍拔擢。③ 正如彼得森所说，安禄山为了积聚力量，在叛乱前
不光拔擢武人，对于文士幕僚也持"大力任命，至少极力举荐"④的态度。

幽州文士集团是安燕政权的实际决策层，这是理解唐朝第一次平叛
以及安史易代的关键。这些文士早在叛乱前夕便已成为安禄山政治决策
和统治意志实施的重要助推因素，时任平原太守的颜真卿在《东方先生画
赞碑阴记》中提及天宝十三载(754)冬"殿中侍御史平公冽、监察御史阎公
宽、李公史鱼、右金吾冑曹宋公瞾，咸以河北采访使东平王判官巡按狎
至"⑤之事，足见安禄山对其幕僚之信任。安燕政权建立后，在中央基本
沿袭了天宝年间的三省制度，陈希烈、达奚珣等投敌高官仅备其虚位，
实际权力由位居右相的安禄山心腹张通儒掌握。中书侍郎高尚负责草

---

①　(北宋)欧阳修、(北宋)宋祁撰：《新唐书》卷一九二《忠义中·颜杲卿传》，
5529 页。

②　颜杲卿起兵被俘后质问禄山"纵受汝奏署，复合从汝反乎"，默认了安禄山
对他的拔擢，而颜真卿为自家侄男撰写的碑文中也承认了这段经历，称杲卿"充安禄
山营田及度支判官、太常丞，摄常山太守"。参见(后晋)刘昫等撰：《旧唐书》卷一八
七《忠义下·颜杲卿传》，4898 页；(唐)颜真卿：《朝议大夫守华州刺史上柱国赠秘
书监颜君神道碑铭》，见(清)董诰等撰：《全唐文》卷三四一，3458 页。

③　当然，崔祐甫清楚地看到了这一拔擢的目的，因此当乃兄夷甫从地瘠民贫
的沧州东光调任中原大邑魏县之后，"禄山幕府之吏以推荐之故，固求交结"。而崔
夷甫不愿向安禄山靠拢，使得"执权者不悦，公受代焉"。(周绍良主编：《唐代墓志
汇编》大历〇七二《唐故□□□魏郡魏县令崔公墓志铭》，1812 页。)

④　Charles A. Peterson, "The Autonomy of the Northeastern Provinces in the
Period Following the An Lu-shan Rebellion,"PhD diss., University of Washington,
1966, p. 26.

⑤　(唐)颜真卿：《东方先生画赞碑阴记》，见(清)董诰等编：《全唐文》卷三三
八，3430 页。按：颜真卿于天宝十二载(753)出任平原太守，碑文称"去岁拜此郡"，
知其撰于天宝十三载(754)季冬。参见郁贤皓：《唐刺史考全编》卷一一〇《河北道·
德州》，1529 页。

诏①，严庄、李史鱼分居御史大夫、刑部侍郎之要职②。此外张休、独
孤问俗等人也颇得安禄山信任。唐廷正是抓住这个特点，从叛乱伊始便
极力争取幽州文士集团。例如，李史鱼天宝十三载(754)岁末为正八品上
的监察御史，叛乱爆发后被委以刑部侍郎，而唐廷授以从七品上的侍御
史，并"充封常清幽州行军司马"。其观望态度明显，甚至"与张休、独孤
问俗密结壮侠，志图博浪之举"，策划暗杀安禄山，并在潼关陷落的前夜
"间遣表章，请固河潼之守"③，向唐朝及时透露了燕军的战略意图。外
部的诱导，加上这批文士自身的骑墙态度，使得这一集团内部分裂严重，
内斗不断。及至唐军光复两京时，严庄、李史鱼、独孤问俗、张休、张
万顷等选择了归唐，张通儒、高尚、李庭望、平冽则追随安庆绪至邺
城④，大致反映出幽州文士集团的党派分歧。

　　仇鹿鸣敏锐地观察到至德二载(757)复两京后唐廷对投敌官员和安史
降将两类人群处置政策的差异，即严惩"贰臣"以申忠义，宽恕降将以招
余党⑤，为我们认识唐朝当时的政治意识提供了独特的视角。事实上，
唐廷在平叛中采取了一种实用主义，尤其是对幽州文士集团的"宽恕"具
有明显的功利性和条件性，目的在于最大限度地促成安燕政权的瓦解。
所谓从宽处理的诸人，其实都是对唐朝平叛产生重要作用者。其中严庄
于唐军入洛前夜归降，遂得授司农卿。⑥ 李史鱼是唐廷长期策反之人，

----

①　参见(后晋)刘昫等撰：《旧唐书》卷二〇〇上《高尚传》，5374 页。
②　圣武元年(756)正月，李史鱼为道姑马凌虚撰写墓志，署衔"刑部侍郎"(周
绍良主编：《唐代墓志汇编》圣武〇〇一《大燕圣武观故女道士马凌虚墓志铭》，1724
页)。参见彭文峰：《大燕马凌虚墓志考释》，载《保定学院学报》，2012(1)，66～68 页。
③　(唐)梁肃：《侍御史摄御史中丞赠尚书户部侍郎李公墓志铭》，见(北宋)李
昉等编：《文苑英华》卷九四四，4966 页。
④　《旧唐书》卷二〇〇上《安禄山子庆绪传》载："(乾元二年)张通儒、高尚、平
冽谓庆绪曰：'史王远来，臣等皆合迎谢。'"(5373 页)《资治通鉴》卷二二一"乾元二年
二月"条载："(史思明对)张通儒、李庭望等悉授以官。"(7072 页)
⑤　参见仇鹿鸣：《一位"贰臣"的生命史——〈王仙墓志〉所见唐廷处置陷伪安史
臣僚政策的转变》，载《文史》，2018(2)，55～59 页。
⑥　参见(北宋)司马光编著：《资治通鉴》卷二二〇，"至德二载十一月"条，7044 页。

双方暗通已久，因此经"相国张平原镐以状闻，复授侍御史、摄御史中丞、充河南节度参谋、河北招谕使"①，成功劝降能元皓。其实以宪衔而论，李史鱼与叛乱爆发时一样，仍为侍御史，不过以此摄御史中丞之事去招谕河北。至于独孤问俗，本与李史鱼关系甚笃，连其强娶道姑马凌虚致死也由李出面写墓志为其圆场②，因此归唐后得授侍御史、扬州司马③。这些归唐的幽州文士，其所得宪衔、官职与叛乱前基本相同，唐廷精致的实用主义于此可见。安燕主要文官的职级变化与结局参见表6.2。

表6.2 安燕主要文官的职级变化及结局④

姓名	天宝十四载(755)	燕(洛阳)	燕(邺)	后燕
高尚	范阳节度掌书记、屯田员外郎	中书侍郎	侍中	被杀
张通儒	河东节度留后判官、陇右群牧都使判官	尚书令	中书令	降史思明
李庭望	范阳节度使幕僚	河南节度使		降史思明⑤
平冽	范阳节度使幕僚			降史思明
严庄	范阳节度孔目、太仆丞	御史大夫	降唐	
李史鱼	监察御史	刑部侍郎	降唐	
独孤问俗	范阳节度使幕僚		降唐	

① （唐）梁肃：《侍御史摄御史中丞赠尚书户部侍郎李公墓志铭》，见（北宋）李昉等编：《文苑英华》卷九四四，4965～4967页，又见（清）董诰等编：《全唐文》卷五二〇，5289～5290页。

② 参见彭文峰：《大燕马凌虚墓志考释》，载《保定学院学报》，2012(1)，66～68页。

③ 参见（唐）李华：《寿州刺史厅壁记》，见（清）董诰等编：《全唐文》卷三一六，3208页。

④ 本表所据资料：（后晋）刘昫等撰：《旧唐书》卷二〇〇上《高尚传》，5374～5375页。（北宋）司马光编著：《资治通鉴》卷二一七，"天宝十四载十月"条，6394页；卷二二〇，"至德二载十一月"条，7044页；卷二二一，"乾元二年三月壬申"条，7071～7072页。（唐）姚汝能撰：《安禄山事迹》卷下，101～102页，北京，中华书局，2006。（北宋）王溥撰：《唐会要》卷七二《马》，1543页。（唐）梁肃撰：《侍御史摄御史中丞赠尚书户部侍郎李公墓志铭》，见（北宋）李昉等编：《文苑英华》卷九四四，4965～4967页。

⑤ 参见（北宋）司马光编著：《资治通鉴》卷二二一，"乾元二年三月"条，7072页。

　　综上来看，至德二载(757)复两京后的官员处置，实质上是一次全面的政治清洗，也是唐朝平叛的重要组成部分。经此变故，安燕时期盛极一时的文士集团或降或诛，基本趋于瓦解。合河口政变中，高尚作为安氏父子的心腹被杀，张通儒虽投靠史思明，但此后作为范阳留守基本退出了史燕的中央决策层。尽管史思明称帝后身边仍有周贽等文士，但其对后燕的政治已无决定性影响。有鉴于此，我们可以认为作为政治集团的幽州文士群体在乾元二年(759)以后的河北已然消亡了。

三、偏裨与军州：节帅的两种成长模式及其消长

　　从当时唐燕双方力量的综合对比来看，唐廷所采用的实用主义平叛思路无可厚非。至德二载(757)年末至乾元元年(758)年初，史思明、高秀岩、能元皓等相继归唐，这一"中兴诸将收山东"的盛况让诗人杜甫油然生出"只残邺城不日得"①的殷切期盼，这是当时唐朝上下乐观情绪的真实反映。然而史思明旋即复叛，将朝廷安插在幽州的亲唐力量荡涤殆尽。乾元二年(759)春，九节度兵败邺城，史思明遂得根除安氏残余，与薛嵩、张忠志等地方实权叛将达成和解。安史易代，后燕再起，不到一年的时间内河北风云突变。史燕时期最为重要的变化，是河北地方军将权力的日益扩大和统辖区域的逐渐明晰。伴随着这种深层变动，河北藩镇格局已然初见形态。目前学界普遍认为绥靖安史降将实出于代宗本意，"是当时河北叛党势力尚强大下不得不采用的一种策略"②，且这种方针

----

　　①　(唐)杜甫著，谢思炜校注：《杜甫集校注》卷二《洗兵马》，376 页。
　　②　黄永年：《论安史之乱的平定和河北藩镇的重建》，见《唐代史事考释》，211～228 页。

具有内在延续性，在处置思路上，"与757年史思明归唐时如出一辙"①。这些论述基本阐明了战后河北割据状态产生的原因。然而，割据只是河北藩镇所呈现出的整体形式，具体到政治特征而言，它包含两个重要特点，即父子相传的"河朔故事"②和节帅易代的频繁动乱。③ 而这两个特点的渊源因由，则需要从燕政权尤其是后燕时期的内部嬗变予以探寻。

玄宗朝后期，节度使大致有两种来源。一种是自节度衙前的偏裨将领拔擢得任。④ 史载开元二十六年（738），幽州节度使张守珪"裨将赵堪、白真陀罗等假以守珪之命，逼平卢军使乌知义令率骑邀叛奚余烬于潢水之北"⑤，可见早在开元末期，幽州节度使身边的裨将便对平卢军使这样的高级武将的权威构成严重挑战。天宝初年供职于河西节度使麾下的偏将哥舒翰、安思顺等后来也皆成节帅。另一种则是由军镇经略使或州刺史升迁而来。⑥ 史载天宝九载（750）"朔方节度使张齐丘给粮失宜，军士怒，殴其判官"，时任天德军使、朔方兵马使的郭子仪"以身捍齐丘，乃得免"，不禁使胡三省发出"当此之时，唐之军政果安在也"的感慨。⑦ 当然，这只是就武将迁转特点所做的粗略划分，两种经历兼而有之的节帅多有人在。然而如果将这两种迁转途径放置于燕政权的存续七年的封闭

---

① Edwin G. Pulleyblank，"The An Lu-shan Rebellion and the Origins of Chronic Militarism in Late T'ang China，" in *Essays on T'ang Society：The Interplay of Social，Political and Economic Forces*，eds. John Curtis Perry and Bardwell Leith Smith，p. 47. 亦参见仇鹿鸣：《一位"贰臣"的生命史——〈王伷墓志〉所见唐廷处置陷伪安史臣僚政策的转变》，载《文史》，2018(2)，61页。

② "河朔故事"固化于德宗初年四镇之乱后，参见 Jonathan Mirsky，"Structure of Rebellion：A Successful Insurrection during the T'ang，"*Journal of the American Oriental Society*，Vol. 89，No. 1，1969，pp. 67-87.

③ 参见张国刚：《唐代藩镇研究（增订版）》，46～47页。

④ 关于玄宗朝后期节度使麾下诸使职的形成及特点，参见 Edwin G. Pulleyblank，*The Background of the Rebellion of An Lu-shan*，pp. 106-109.

⑤ （后晋）刘昫等撰：《旧唐书》卷一〇三《张守珪传》，3195页。

⑥ 关于河北地区军镇的设置背景，参见孟宪实：《略论唐前期河北地区的军事问题》，载《中国史研究》，2003(3)，101～109页。

⑦ （北宋）司马光编著：《资治通鉴》卷二一六，"天宝九载八月"条，6899页。

时间段里来观察，我们会发现其意义变得格外突出，并为理解河北藩镇格局的特点提供了重要思路。我们将燕政权中的这两种模式分别称为"节帅出偏裨"和"节帅出军州"。

偏裨出身的将领，集中出自天宝后期的范阳节度使帐下，系安禄山心腹将领，大多弓马娴熟、久经战阵，被委以衙前讨击使、先锋使等职。例如，薛嵩天宝年间"以勋著受署辕门"，"入（则）参戴鹖，出则追射雕"①，是典型的裨将出身；田承嗣早在"开元末为军使安禄山前锋兵马使"②，叛乱爆发时升任左清道府率、武卫将军，实质仍是裨将；张忠志"幼善骑射，节度使安禄山选为射生官"，并养为假子，"常给事帐中"③；而柳城胡人李怀仙也是在叛乱之初"以裨将从陷河洛"④。这些偏将中固然有薛嵩这种"少以门荫"⑤入仕的名将之后，但更多"出自世代担任边吏小将的家庭"，随着玄宗朝后期边军的扩充而"得以擢升高位"⑥。

至于军州出身的将领，在叛乱爆发前一般担任着州刺史或军镇经略使，与偏将相比，他们具有正式的官职和固定的职权范围。例如，史思明天宝末为北平太守、平卢节度都知兵马使⑦，安燕时期任范阳节度使，

---

① 《唐故开府仪同三司检校尚书右仆射兼御史大夫相州刺史昭义节度使平阳郡王赠太保薛公神道碑铭并序》，见山西省考古研究所编：《山西碑碣》，108～109 页，太原，山西人民出版社，1997，又见陈尚君辑校：《全唐文补编》卷五一，612～613 页，北京，中华书局，2005。

② 《旧唐书》卷一四一《田承嗣传》载："世事卢龙军为裨校……禄山构逆，承嗣与张忠志等为前锋。"（3837 页）

③ （后晋）刘昫等撰：《旧唐书》卷一四二《李宝臣传》，3865 页。

④ （后晋）刘昫等撰：《旧唐书》卷一四三《李怀仙传》，3895 页。

⑤ （后晋）刘昫等撰：《旧唐书》卷一二四《薛嵩传》，3525 页。薛嵩为初唐名将薛仁贵之后，家族代居幽州，其父薛楚玉开元后期曾任幽州节度使。参见孟乐：《安史之乱前后河东薛氏南祖房研究》，4～25 页，硕士学位论文，中央民族大学，2010。

⑥ Charles A. Peterson, "The Autonomy of the Northeastern Provinces in the Period Following the An Lu-shan Rebellion," PhD diss., University of Washington, 1966, p.24.

⑦ 参见（后晋）刘昫等撰：《旧唐书》卷二〇〇上《史思明传》，5376 页。

获封燕王；高秀岩本哥舒翰河陇旧将①，安禄山委之大同军使，安燕后期官至河东节度使②；张献诚于天宝后期被"幽州节度使表请为檀州刺史"③，兼辖威武军，"管兵万人，马三百匹"④，史燕时期官至汴州刺史、节度使⑤；程元皓天宝后期"授仪州辽城府别将，累迁易州武遂府"，史燕时期为定州刺史、北平军使⑥。就最初地位而言他们无疑优于偏裨，而安禄山起兵后在地方上一仍旧制的做法也使其得以继续掌握军州大权。

安燕与史燕有着不同的战略需求，这种差异导致了偏将内部的力量消长。安燕是一个外向性的政权，对于安禄山来说，首要目的在于军事征讨，因此崔乾祐、蔡希德等年资较长、职级较高的偏将或实际掌控中央军事，或指挥前线数量庞大的军队。他们对史思明的改朝易代构成最直接的制约，故首当其冲成为安史易代的牺牲品。相对于安燕而言，史燕是一个内向性的政权，这源于史思明军州出身的特点。与安庆绪、高尚集团的宫廷政变不同，史思明是依凭其在幽州的雄厚实力建立后燕，其政权本质上是一个军州势力的联合体。这点从史朝义篡位后"诸节度使皆禄山旧将，与思明等夷，朝义征召不至"⑦的尴尬局面便可看出。正因如此，在史燕政权中，叛乱之初的低级裨将群体成长为新的地方实权派，与先前的军州出身者分享地方实权。例如，张忠志由最初"扼井陉路，军

---

① 参见（后晋）刘昫等撰：《旧唐书》卷一○四《哥舒翰传》，3213 页。

② 《旧唐书》卷一○《肃宗纪》载："贼将伪范阳节度使史思明以其兵众八万之籍，与伪河东节度使高秀岩并表送降。"（250 页）

③ 周绍良、赵超主编：《唐代墓志汇编续集》大历○○七《唐故开府仪同三司检校户部尚书知省事赠太子太师御史大夫邓国公张公墓志铭并序》，696 页。

④ （后晋）刘昫等撰：《旧唐书》卷三八《地理志一》，1387 页。

⑤ 《旧唐书》卷一二二《张献诚传》载："天宝末，陷逆贼安禄山，受伪官；连陷史思明，为思明守汴州，统逆兵数万。"（3497 页）

⑥ 周绍良主编：《唐代墓志汇编》宝应○○四《（上缺）禄卿使持节定州诸军事定州刺史充本州团练守捉使成德军节（中缺）开国伯食邑七百户程府君墓志铭并序》，1752 页。

⑦ （后晋）刘昫等撰：《旧唐书》卷二○○上《史思明附子朝义传》，5382 页。亦参见（北宋）司马光编著：《资治通鉴》卷二二二，"上元二年二月"条，7112 页。

于土门"的偏将跃至工部尚书、恒州刺史、恒赵节度使①，而田承嗣也因引史朝义再陷洛阳得由先锋使"伏授魏州刺史"②。

表 6.3　燕朝主要武将的职级变化及结局

姓名	天宝末	燕（洛阳）	燕（邺）	后燕	平叛后
史思明	北平太守、平卢节度都知兵马使	范阳节度使、燕王	降而复叛	皇帝，被弑	
高秀岩	大同军使	河东节度使	归唐		
张献诚	檀州刺史	檀州刺史？	归唐	汴州刺史	汴州节度使
程元皓	武遂府折冲？		归唐	定州刺史、北平军使	被杀？
能元皓		淄青节度使	归唐		
蔡希德		天下兵马使	北逃	被杀	
崔乾祐		无敌大将军、平西大使	北逃	被杀	
薛嵩	幽州裨将			相州刺史	相卫节度使
张忠志	幽州裨将	恒州刺史		工部尚书、恒州刺史、恒赵节度使	成德军节度使
田承嗣	卢龙军裨将			魏州刺史	魏博节度使
李怀仙	幽州裨将			燕京留守、范阳尹	幽州卢龙节度使

需要指出的是，战后"（田）承嗣及李怀仙、张忠志、薛嵩等四人分帅河北"③的局面并非自然形成，而是叛将内部的权力斗争与兼并的结果。在此过程中，军州出身者逐渐受到排挤，最终留下的田、李、张、薛四位低级偏将出身者则成为安史之乱的最大受益者。④ 显然，就出身与渊源而言，田、张诸人无疑具有较他人更为强烈的认同感，这也构成了战后河北对于军州势力的一种自然打压。关于这点，可从恒州与定州之间

---

① （后晋）刘昫等撰：《旧唐书》卷一四二《李宝臣传》，3865 页。
② （后晋）刘昫等撰：《旧唐书》卷一四一《田承嗣传》，3837 页。
③ （后晋）刘昫等撰：《旧唐书》卷一四一《田承嗣传》，3837 页。
④ 薛嵩一系势力在十年后消亡，不属于本章论述范围，可参见 Charles A. Peterson, "The Autonomy of the Northeastern Provinces in the Period Following the An Lu-shan Rebellion," PhD diss., University of Washington, 1966, pp. 58-60。

的斗争中窥得一二。定州下辖北平军，玄宗朝便已"管兵六千人"①，为幽、恒两州间的战略要地。终有燕一朝，长期盘踞定州者为程元皓，其人天宝末已为易州武遂府将领，史燕时期官至定州刺史兼北平军使。据《程元皓墓志》残件知其归唐后的完整职衔为"光禄卿使持节定州诸军事、定州刺史充本州团练守捉使、成德军节度副使"②，这远高于后来掌控成德的王武俊归唐时被授予的"御史中丞，充本军先锋兵马使"③之职，而与彼时名义上节制恒赵的降将张忠志（李宝臣）地位等夷。当时唐廷在恒州设置成德军的同时，也保留了定州的北平军，恒、定之间形成制衡。然而宝应元年（762）十一月程元皓归唐后，次月即离奇地"构疾"卒于任上，恐怕与李宝臣集团的排挤甚至暗杀不无关系。

经过燕政权长达七年的内部嬗变，以及受到唐廷最终平叛的政策影响，"节帅出偏裨"的模式在河北成为常态，而军州则长期掌控着地方军事力量，与节度使形成制衡。蒲立本认为："河北在安史之乱后的半割据局面不只是某几位节帅的问题，否则不会持续太久。显然，它基于河北军队中一种有意识的强烈独立想法，这些军队对安史及燕政权的态度与其对唐朝的态度明显不同。"④蒲立本所指出的这种"河北军中的独立意识"，其实应做更深层次的剖析。唐后期河北藩镇父子相传及易于动乱的特点，固然与胡人养子习俗有关⑤，但就制度因由而言则实与"节帅出偏

---

① （后晋）刘昫等撰：《旧唐书》卷三八《地理志一》，1387 页。

② 周绍良主编：《唐代墓志汇编》宝应〇〇四《（上缺）禄卿使持节定州诸军事定州刺史充本州团练守捉使成德军节（中缺）开国伯食邑七百户程府君墓志铭并序》，1752 页。

③ （后晋）刘昫等撰：《旧唐书》卷一四二《王武俊传》，3872 页。

④ Edwin G. Pulleyblank, "The An Lu-shan Rebellion and the Origins of Chronic Militarism in Late T'ang China," in *Essays on T'ang Society：The Interplay of Social, Political and Economic Forces*, eds. John Curtis Perry and Bardwell Leith Smith, p. 50.

⑤ 关于安史之乱后胡人养子风气与河北藩镇易帅传统的关系，参见［日］小野川秀美：《河曲六州胡の沿革》，载《東亞人文學報》，第 1 卷，第 4 號，1942，193～226 頁。

祸"的传统密不可分。父子因循只是表象，实际上节帅之子担任偏将的传统才是造就"河朔故事"的深层原因，而为后世所称道的田兴归唐其实也是偏将强势的另一种表现。至于为众多史家所观察到的河北易帅之际多有动乱，其实多源于偏将。与之相对的是军州力量的长期稳定。这形成了唐后期河北藩镇的一种二元分离形态。

四、孤立史燕与媾和中兴

对于安史之乱的最终平定，以往史家主要集中于探讨唐朝方面的政策意图。事实上如果站在燕政权的角度看，这场叛乱的终结其实更像是一次唐燕双方的政治媾和。彼得森曾经表示，宝应元年（762）秋的大进军诚然迅速终结了叛乱，却具有相当的"欺骗性"，而唐军最终的所谓胜利"是通过主要叛将及时的投降才实现的"，这些将领很可能"在投降前得到了包括个人安全及权力在内的具体承诺"。[1] 现在来看，彼得森的推测不无道理，只不过这种"具体承诺"的兑现远没有我们想象的那么被动。诸多史料表明，出于对自身利益的考虑，史燕的地方节帅主动与唐廷达成了默契，将孤立并终结史燕的统治作为双方的共同目标。

这种主动献媚在当时燕朝实权派将领中成为一种普遍选择。按照正史的说法，宝应元年（762）十月，"元帅雍王率诸军进发"，在洛阳北郊横水与叛军展开决战，叛军大败，"史朝义奔冀州"，唐军遂"收东京、河阳、汴、郑、滑、相、魏等州"。随后，叛军"恒州节度使张忠志以赵、定、深、恒、易五州归顺"，"于是河北州郡悉平"。[2] 事实上在唐军收复东京之前，驻守相州的燕将薛嵩已召集麾下，明确了归唐意向。从《薛嵩碑》的记载中我们知道，宝应元年（762）十月甲戌横水战败后燕军渡河北

---

[1]　Charles A. Peterson，"P'u-ku Huai-en and the T'ang Court：the Limits of Loyalty，"*Monumenta Serica*，Vol. 29，1970-1971，pp. 429-430.

[2]　（后晋）刘昫等撰：《旧唐书》卷一一《代宗纪》，270～271 页。

逃,一时"争舟截河"、草木皆兵,薛嵩果断"命塞杏园之津,绝松漠之路",扼住了燕军北返幽州的必经渡口。① 次日雍王便上奏代宗,称已"收东京、河阳、汴、郑、滑、相、魏等州"。毫无疑问,即使唐军追击的速度再快,也不可能在一夜之间由洛阳到达相、魏等州,薛嵩显然早与唐廷达成一致,使史朝义成为瓮中之鳖。碑文所谓"群凶枭首,海塞克清,公之谋也"②,恐非虚美。与之相类,张献诚也在当时"募间道入秦之使,申潜谋破虏之策",当唐朝大举进攻洛阳时,"朝义乞复郊",而张献诚反戈助唐,并以"巨寇奔北而受戮,官军自东而势,公之力也"自得。③ 张忠志、田承嗣等所为大致相同,遂使历经四代君主的燕政权一夜瓦解。蒲立本认为,"不同于安庆绪的是,史朝义被追捕,未被给予重整旗鼓的机会",而河北诸将的归唐,在事实上遗弃了史朝义④,这是非常深刻的观察。

这种政治承诺产生的最深远影响,在于唐朝认可了史氏父子治下的藩镇划分,为河朔三镇的形成提供了大致模板。至德二载(757)第一次平叛后,尽管肃宗对于降将"各令复位,便领所管"⑤,但并未承认燕朝所划分的藩镇,多以刺史置之。例如,史思明受任"河北节度使"兼范阳长史,实际与叛乱前的范阳节度使无异;安燕政权委任的河东节度使高秀岩降为云中太守,实际负责河东节度使最初所辖的代北部分。由此可以看出唐朝对于叛乱前的边镇设置的坚持。与之相比,宝应元年(762)最终

① 《资治通鉴》卷二二〇"乾元元年十月"条载:"郭子仪引兵自杏园济河,东至获嘉。"(7062页)

② 《唐故开府仪同三司检校尚书右仆射兼御史大夫相州刺史昭义节度使平阳郡王赠太保薛公神道碑铭并序》,见山西省考古研究所编:《山西碑碣》,108~109页。

③ 周绍良、赵超主编:《唐代墓志汇编续集》大历〇〇七《唐故开府仪同三司检校户部尚书知省事赠太子太师御史大夫邓国公张公墓志铭并序》,696页。

④ Edwin G. Pulleyblank, "The An Lu-shan Rebellion and the Origins of Chronic Militarism in Late T'ang China," in *Essays on T'ang Society: The Interplay of Social, Political and Economic Forces*, eds. John Curtis Perry and Bardwell Leith Smith, p.46.

⑤ (后晋)刘昫等撰:《旧唐书》卷五〇《刑法志》,2152页。

平叛时的处置则大为不同，此次叛写的节度使名副其实地"各复其位"，
史燕政权所划分的诸节度使被唐朝和盘接纳。从唐朝角度来讲，之所以
能够接受这种媾和，与其平叛中一贯所持的实用主义立场密不可分。事
实上，史思明所建立的后燕政权与其说是对叛乱和燕朝的延续，毋宁将
其视为 757 年唐朝平叛后悬而未决的一个政治问题。这个问题的实质，
是如何处理追随安禄山叛乱的诸方实权派军将。正如彼得森所说："如果
说妥协、官复原职的话，这也只是对叛乱以来措施的一种延续。"①从燕
政权的内部嬗变以及唐廷的整体平叛思路来看，代宗只不过完成了乃父
未竟的对于河北藩镇的政治媾和。

① Charles A. Peterson，"The Autonomy of the Northeastern Provinces in the Period Following the An Lu-shan Rebellion，"PhD diss. ，University of Washington，1966，p. 34.

第七章 蕃部弃儿与河东公敌
——仆固怀恩叛乱新探

仆固怀恩之乱是发生在安史之乱平定次年的重要历史事件，其起因受到研究者的普遍关注。传统史书主要将叛乱归因于仆固怀恩本人性格的缺陷、宦官边将的诬告。[①] 陈寅恪在论述唐室借兵回纥时，指出"同罗仆骨及回纥种类甚相近"，居住地域"或直隶于朔方军，或与朔方军政区相邻近，概可称为与朔方军关系密切之外族"。因此肃宗"遣仆骨部落酋长仆固怀恩，结援回纥"。[②] 陈寅恪之论贯穿着其一向主张的种族地域史观。傅乐成则认为"怀恩之叛，虽由辛、骆之诬陷，而代宗之疑忌，实为最主要之原因"，将根本叛因归于唐室。[③] 与之相似，黄永年将此事置于唐中央与地方矛盾的大背景下，曾撰专文《论安史之乱的平定和河北藩镇的重建》指出，"任命安史余党田承嗣等为节度使"其实"是当时河北叛党势力尚强大下不得不采用的一种策略"，不能"把责任统统推到当年平定河北的人身上"。仆固怀恩之叛，实因"地位仅次于中兴元勋郭子仪的大

---

① 《旧唐书》编者认为"怀恩为人……刚决犯上"，受到辛云京、骆奉先诬告而"为臣不终，遂行反噬"。[（后晋）刘昫等撰：《旧唐书》卷一二一《仆固怀恩传》，3479、3495页。]司马光在论述唐代宦官之祸时，明确指出"仆固怀恩冤抑无诉，遂弃勋庸，更为叛乱"[（北宋）司马光编著：《资治通鉴》卷二六三，"天复三年正月"条，8597页]，归因于宦官。王夫之否认仆固怀恩是被激而反，认为原因在于其"狼子野心"，负恩朝廷，以及唐廷"过任怀恩"。[（清）王夫之：《读通鉴论》卷二三《代宗》，697页，北京，中华书局，1975。]

② 陈寅恪：《书杜少陵哀王孙诗后》，见《金明馆丛稿二编》，63页，北京，生活·读书·新知三联书店，2001。

③ 傅乐成：《唐代夷夏观念之演变》，载《大陆杂志》，第25卷，第8期，1962，223页。

人物辛云京来讲后来确实逼反了的仆固怀恩的坏话，当然容易为人民轻信"，强调唐朝中央的猜忌、压制态度所起的重要作用，认为叛乱源自唐朝"歧视排挤地方势力"。① 1971 年，彼得森发表《仆固怀恩与唐廷——忠诚的限度》一文，这是目前所见较早对此事进行研究的专篇论文。彼得森在全面叙述仆固怀恩生平的基础上，对其叛乱原因进行了"个人"与"官方"两个维度的分析，除对其个人性格、意图及朝廷政策等多方因素进行探讨外，着重强调"对怀恩的非汉族属性予以重视"。他指出，作为内附蕃部头领与朔方军核心人物，仆固怀恩对唐朝的忠诚具有两面性。当"外部环境达到爆发点时"，他出于"自救的本能"而选择了叛逃。②

1986 年，章群在《唐代蕃将研究》中辟专章对此事进行研究，认为"促成仆固怀恩叛变的原因有三：一是他与回纥的特殊关系；二是河陇将领与朔方将领之间，存在着一些分歧；三是宦官监军制度的影响"，同时指出河陇与河东两大军事集团在人事关系、文化背景上均存在较大差异，

---

① 黄永年：《论安史之乱的平定和河北藩镇的重建》，见《唐代史事考释》，223、226 页。黄永年指出，旧传中所谓郭子仪"功盖一代而主不疑"只是史官"巧为文辞"，仆固怀恩死后"上为之隐恶……其宽仁如此"也同样"是史臣为代宗推卸责任"，同样出于"中央对地方的歧视"。（黄永年：《六至九世纪中国政治史》，416～418 页。）按：黄永年这一观点源于陈寅恪在论述李怀光之叛时所提出的中央禁军与地方部队两系统说。陈寅恪认为："李晟所统之神策军者，当时中央政府直辖之禁军也，李怀光所统之朔方军者，别一系统之军队也"，"神策军与朔方军禀赐之不均要为此大事变之一主因"。（陈寅恪：《论李怀光之叛》，见《金明馆丛稿二编》，318～319 页。）与黄永年一样，陈勇认为"郭李解兵权、怀恩怀光之逼反等一系列事件并不是一个个孤立的历史现象"，更指出其系唐廷"人为制造"，目的在于"遏制以朔方军为主力的西北边军势力"。[陈勇：《从仆固怀恩反唐看中唐的河朔政策》，载《文史杂志》，1991(2)，27 页，标点略有改动。]史秀连也持类似观点："仆固怀恩的反叛，只是在受到诬陷和委屈之后朝廷处理不当而采取的突然报私怨的行动。"[史秀连：《略论仆固怀恩》，载《烟台师范学院学报(哲学社会科学版)》，1991(4)，45 页。]

② Charles A. Peterson, "P'u-ku Huai-en and the T'ang Court: the Limits of Loyalty," *Monumenta Serica*, Vol. 29, 1970-1971, pp.423-455. 马克林对仆固怀恩之乱亦有涉及，但其着眼点在于中国少数族群的政治学研究，对仆固怀恩叛乱仅限于事件叙述。参见 Colin Mackerras, *The Uighur Empire According to the T'ang Dynastic Histories: A Study in Sino-Uighur Relations*, 744-840, pp.26-29.

客观上导致双方的分歧。① 同一时期，张国刚在《肃代之际的政治军事形势与藩镇割据局面形成的关系》一文中指出，"仆固怀恩事件不是偶然，它是长期以来领兵将帅受到唐朝中央及宦官势力的猜忌、排斥、打击而发生激烈的矛盾冲突的必然结果"，并强调："在安史之乱前后，唐王朝面临的政治矛盾的焦点和军事斗争的重心都已发生新的转移。唐廷与安史叛乱势力的矛盾已相对地让位于它与反叛乱势力——新起军阀和宦官势力的矛盾。"②1999 年，王寿南在《仆固怀恩与肃代时期的政治》一文中，列出了促成叛乱的三个因素："一是代宗的处置失当，二是诸将的相忌，三是仆固怀恩的文化素养。"他强调此事的偶发性，反对旧史关于仆固怀恩蓄意反叛的论断。③ 2000 年，李鸿宾在吸收以往研究成果的基础上，认为仆固怀恩之叛"既是他个人的分离动向，又反照了时局变动对他产生的影响"，主张结合"中唐王朝政治军事发展变迁的整个形势"分析。他尤其强调此事件是对来自中央的政治军事压制的"对抗性回应"，以及"民族与文化的相异心理"所起的作用。④ 最近，高濑奈津子也从张奉璋之死来分析唐与河东关系的新动向，指出肃代之后中央对朔方、河东藩镇的普遍猜忌这一事实。⑤

---

① 章群：《唐代蕃将研究》，284、290～291 页，台北，联经出版事业公司，1986。

② 张国刚：《唐代藩镇研究（增订版）》，23、25 页。

③ 王寿南：《唐代人物与政治》，95～117 页，台北，文津出版社，1999。台湾方面的研究尚有林冠群的《李唐、回纥、吐蕃三边关系之探讨——以肃、代、德宗时期为中心》，其第四章第四节"仆固怀恩事件"有专门论述，认为"唐室忌讳武人，又经宦官居中媒蘖，致造成仆固怀恩被逼而反的结果"，与旧史相类。后有"仆固怀恩事件对三边关系之影响"一节颇有新意，但与本章对叛因的探讨无涉，故介绍从略。参见林冠群：《李唐、回纥、吐蕃三边关系之探讨——以肃、代、德宗时期为中心》，86～95 页，新北，花木兰文化出版社，2012。

④ 李鸿宾：《唐朝朔方军研究——兼论唐廷与西北诸族的关系及其演变》，164～184 页。

⑤ 参见[日]高瀬奈津子：《安史の亂後における河東節度使の動向——"張奉璋墓誌"と"承天軍城記"を中心に》，见[日]氣賀澤保規主編：《中國石刻資料とその社会——北朝隋唐期を中心に》，107～108 頁，東京，汲古書院，2007。

上述研究使我们对仆固怀恩的叛因有了较为充分的认识，但尚有进一步探讨的必要。可以看到，前贤对怀恩的族属最为关注，但未能就此问题进行实质性探讨；同时过度纠结于怀恩与宦官、中央的表面矛盾，未能结合河东局势对这种矛盾予以深入讨论。唐廷从最初信赖怀恩、倚重回纥，转变为后来与怀恩反目、与回纥关系亦趋紧张，学界对此变化缺少深入的解释。史书多言怀恩暗通安史降将、养寇自保，学者或信或否，但都缺乏证据。有鉴于此，我们有必要在重新整理这段历史材料的基础上，从事实考据出发，就上述问题做出探讨，以求能在更为具体、实证的基础上思考仆固怀恩的叛因。题目中所谓"蕃部弃儿"，是就部落种族的深层原因而言；而所谓"河东公敌"，则是就事件本身的现实政治层面而言。

一、仆固氏世系探原

近年在蒙古国发现的《仆固乙突墓志》为探原仆固氏家世、获取可靠的家族谱系提供了重要依据。[①] 杨富学据此给出如下推定世次：歌滥拔延—（子）思匐—（子）佚名—（弟?）设支—（子）曳勒歌—（弟?）勺磨—（子?）乙李啜拔—（子?）怀恩。此拟定世系对研究仆固部历史具有重要意义，但细稽史料则发现尚存若干问题。

首先，仆固氏在玄宗朝的世系变更颇不正常，特别是"设支"其人疑点很多。杨富学关于设支的史料依据的是广德元年（763）颜真卿所撰《臧怀恪神道碑》，其文略曰："（怀恪）尝以百五十骑，遇突厥斩啜八部落十万余众于狼头山……公徒且歼，虏而给之曰：'我为臧怀恪，敕令和汝，何得与我拒战？'于时仆固怀恩父设支适在其中，独遮护之……（怀恪）由

[①] 关于《仆固乙突墓志》的释录与研究，参见杨富学：《唐代仆固部世系考——以蒙古国新出仆固氏墓志铭为中心》，载《西域研究》，2012（1），69～76 页；[日]石见清裕：《羁縻支配期的唐与铁勒仆固部——新出"僕固乙突墓誌"から見て》，载《東方學》，第 127 辑，2014，1～17 頁。

此获免，遂与设支部落二千帐来归。"①引文中所谓"狼头山"，应即屡见
于史书的"狼山"，在西受降城以西，为东北—西南走向。② 此处未便臆
测，从邂逅默（斩）啜八部来看，应在章群、杨富学等学者将此事的时间
定在开元二年（714）前后，薛宗正认为这是开元四年（716）时，唐朝联合
铁勒九姓对默啜政权进行大反攻的中路先锋部队。③ 但这两种推测均与
史实不符。开元二年（714），唐与突厥的冲突集中在北庭④，以区区百五
十游骑深入突厥的可能性不大。事出邂逅，而臧怀恪谎称和戎化解冲突，
并在盟誓后与设支部归唐，似不在开元四年（716）的大规模战争之中。结
合历史背景来看，此事更可能发生在开元三年（715）。当年铁勒九姓出现
了针对默啜政权集体暴动趋势，"漠北九姓纷张叛帜，漠南部落纷纷降
唐"⑤。这一年又是唐两次用兵突厥的短暂间歇期⑥，唐军以小股游骑深

---

① (唐)颜真卿：《唐故右武卫将军赠工部尚书上柱国上蔡县开国侯臧公神道碑
铭》，见(清)董诰等编：《全唐文》卷三四二，3467 页。

② 参见谭其骧：《中国历史地图集》第 5 册，40～41 页，北京，中国地图出版
社，1982。

③ 杨富学援引章群观点，以王晙首任朔方节度使为依据，认为此事发生于开元
二年（714），恐误。参见章群：《唐代蕃将研究》，285 页；薛宗正：《突厥史》，517 页。

④ 《毗伽可汗碑》东 28 行记："三十岁时，我出征别失八里。我交战六次，……
我将其军队全部摧毁。"芮传明指出："本碑的'别失八里'即是指唐代的'北庭'。……
毗伽可汗生于 684 年，故他三十岁时当为 714 年。而据《旧唐书·郭虔瓘传》，开元
二年（714），突厥确实有过一次对北庭的大规模军事进攻，只是最终以失败而告
终……这与毗碑所言'我将其军队全部摧毁'之语恰恰相反。因此，似乎二者记述者
并非同一件事，但其时间却颇吻合，故推测毗伽可汗可能曾在当年对北庭进行了另
一次征战。"(芮传明：《古突厥碑铭研究》，264、273 页。)耿世民亦指出："(毗伽)三
十一岁时破葛逻禄，事在 714 年（开元二年）。"(耿世民：《古代突厥文碑铭研究》，
175 页。)按照耿世民推算，毗伽可汗三十岁时出征别失八里，应在开元元年（713）。
两者之间的差异源于对毗伽可汗年岁计算的不同。姑且不论开元二年（714）唐、厥双
方史料关于北庭战事结局的迥异记载是何原因，但将上述史料与观点结合，至少可
知在开元元年（713）至开元二年（714），唐与突厥在北庭存在过长时间、大规模的冲突。

⑤ 薛宗正：《突厥史》，513 页。

⑥ 唐于开元二年（714）制订了大规模作战计划，无果而终；而开元四年（716）
的征伐最终导致默啜政权的覆亡。参见薛宗正：《唐伐默啜史事考索》，载《民族研
究》，1988(2)，48～57 页。

入觇视的可能性较大。

比对其他史料，可以发现《臧怀恪神道碑》的记载存在两处明显错误。其一，突厥默（斩）啜八部中并无仆固。所谓"默啜八部"指第二突厥汗国诸核心部落，他们与突厥汗室有着最为直接且密切的关系。法藏敦煌藏文文书编号 P. T. 1283《北方若干国君之王统叙记文书》载："突厥默啜十二部落：王者阿史那部，颉利部，阿史德部，舍利突利部，奴剌部，卑失部，移吉部，苏农部，足罗多部，阿跌部，悒怛部，葛罗歌布逻部。"①无论八部或十二部，其中均无仆固。其二，仆固部之附唐在开元四年（716）六月。很可能是碑文对不同历史人物及事件进行了误植。据《毗伽公主碑》载：

> 唐故三十姓可汗贵女、贤力毗伽公主、云中郡夫人、阿那氏之墓志并序。驸马都尉、故特进兼左卫大将军、云中郡开国公、踏没施达干、阿史德觅觅。漠北大匡，有三十姓可汗爱女，建冉贤力毗伽公主，比汉主公焉。自入汉，封云中郡夫人。父天上得果报天男突厥圣天骨咄禄默啜大可汗。……顷属国家丧乱，蕃落分崩，委命南奔，归诚北阙。……以大唐开元十一年岁次癸亥六月十一日薨。……男怀恩。②

毗伽公主阿那氏为默啜可汗之女，阿史德觅觅之妻。羽田亨认为此阿史德觅觅正是《旧唐书·突厥传》所载的阿史德胡禄，觅觅盖其本名，而胡禄为突厥人名中常见的美称。③ 但他将"踏没施"对应为 tangri bulmiš（天上得），则似显牵强。该词更可能是一种突厥官职。④ 按：古突厥语有

---

①　王尧、陈践译注：《敦煌吐蕃文献选》，161 页，成都，四川民族出版社，1983。余太山：《嚈哒史研究》，27 页，北京，商务印书馆，2012。

②　据羽田亨录文，参见［日］羽田亨：《唐故三十姓可汗貴女阿那氏之墓誌》，见《羽田博士史學論文集》，366～367 頁，京都，同朋舍，1957。

③　羽田亨认为"胡禄"与"俱录"、"俱陆"等为同一词，突厥语作 kulug（参见［日］羽田亨：《唐故三十姓可汗貴女阿那氏之墓誌》，见《羽田博士史學論文集》，369～371 頁）；岑仲勉则认为"胡禄语原应为 uluq"（岑仲勉：《突厥集史》，820 頁）。

④　参见黄荣春：《水涧集》，365～367 页，北京，方志出版社，2006。

tamγa 一词，本指烙在马、牛等牲口身上的印记，tamγačï 则指掌管牲口印记的官员①，耿世民译为"掌印官"②，特肯则译为"皮毛监"，引申为"秘书"③。综合上述观点来看，此职可能是由牲口之掌印官发展而来，带有秘书性质的突厥汗庭内部官员，既与"踏没施"之汉音更相吻合，复与驸马阿史德觅觅的身份相符。据《旧唐书·玄宗纪上》，开元三年(715)二月"十姓部落左厢五咄六啜、右厢五弩失毕五俟斤，及高丽莫离支高文简、都督跌跌思太等，各率其众自突厥相继来奔，前后总二千余帐"④。《旧唐书·突厥传》所记略同，唯"前后总万余帐"的数量与前悬殊，并更载"默啜女婿阿史德胡禄俄又归朝，授以特进"一事。⑤ 知开元三年(715)二月后不久，阿史德觅觅归朝。同一时间，臧怀恪亦以小股游骑觇视而遭遇突厥八部，最终劝降设支部二千余帐归唐。综合上述因素，我们认为这个"设支"正是阿史德觅觅。"支"、"施"音近，"设支"之"设"则很可能系"没"之误。

至于"曳勒歌"和"乙李啜拔"，他们应为同一人。"曳勒"与"乙李"音近，很可能来自突厥语 alp 或 el 的音译。"歌"与"啜"音近⑥，"歌"在《广韵》中属下平声歌韵，古俄切；"啜"则有两个读音，一为去声祭韵，尝芮切，一为入声薛韵，殊雪切或昌悦切。⑦ 其中祭韵者读音与"歌"相去较远，而薛韵者则读音颇近。"歌"在晚期中古音里拟韵为 aǎ[a]，"薛"

① 参见 Gerard Clauson, *An Etymological Dictionary of Pre-Thirteenth-Century Turkish*, pp. 504-505.
② 耿世民：《古代突厥文碑铭研究》，253 页。
③ Talât Tekin, *A Grammar of Orkhon Turkic*, p. 375.
④ (后晋)刘昫等撰：《旧唐书》卷八《玄宗纪上》，175 页。
⑤ (后晋)刘昫等撰：《旧唐书》卷一九四上《突厥传上》，5172～5173 页。
⑥ 在李德裕的五言律诗《思山居一十首·忆药苗》中，"骨"、"啜"押韵。参见(唐)李德裕：《思山居一十首·忆药苗》，见(清)彭定求编：《全唐诗》卷四七五，5402 页，北京，中华书局，1960。
⑦ 参见周祖谟校：《广韵校本》，161、378、381、502 页，北京，中华书局，2011。

为 yat、iat 或 jiat①，两者韵读颇近，可为印证。所以，"曳勒歌"与"乙李啜拔"是同一突厥名的不同音译。从时间上看，曳勒歌在开元六年(718)为"仆固都督"②，怀恩此时应已出生③，乃父乙李啜拔当至少二十左右。我们已经知道在仆固氏谱系中不存在"设支"此人，复知"曳勒歌"与"乙李啜拔"为同名异音，故可以确定"曳勒歌"与"乙李啜拔"是同一个人。至于为何会有一名两译现象，我们推测"啜"或"啜拔"带有尊称意味，其出现在两《唐书》的仆固氏谱系中，当采自家谱、家传或碑志等自叙性材料，有标榜之意。④ 而"曳勒歌"应为音译，其出现也仅在官方的两次诏书中。

　　开元八年(720)还有一个仆固都督勺磨出现于史料，《资治通鉴》载开元八年(720)六月，"突厥降户仆固都督勺磨及跌跌部落散居受降城侧，朔方大使王晙言其阴引突厥，诳陷军城，密奏请诛之。诱勺磨等宴于受降城，伏兵悉杀之，河曲降户殆尽"⑤。一些学者据此认为曳勒歌已于此前亡故⑥，这样的推论似乎过于草率。设支、曳勒歌、勺磨分别于 716 年、718 年、720 年任仆固都督，仅四年而部族首领更替频繁若此，于理不合。况且《旧唐书·王晙传》所谓"散在受降城左右居止"，其背景本在

　　① 参见 Edwin G. Pulleyblank，*Middle Chinese：A Study in Historical Phonology*，Vancouver，University of British Columbia Press，1984，pp. 233，236.
　　② (唐)玄宗：《移蔚州横野军于代郡制》，见(清)董诰等编：《全唐文》卷二一，251 页。(北宋)王钦若等编：《册府元龟》卷九九二《外臣部·备御五》，11651 页。
　　③ 杨富学推测仆固怀恩生于 716 年至 718 年间，从之。参见杨富学：《唐代仆固部世系考——以蒙古国新出仆固氏墓志铭为中心》，载《西域研究》，2012(1)，75 页。
　　④ 巴赞指出："'啜'这个职官尊号在原则上要高于'俟斤'的尊号。"([法]路易·巴赞：《突厥历法研究》，274 页。)韩儒林指出"啜"或作 qur，此"啜"作突厥官号时"上常加形容词"，韩儒林推测其"地位殆亦为一部之长"。(韩儒林：《突厥官号研究》，见林幹编：《突厥与回纥历史论文选集(1919—1981)》，254 页，北京，中华书局，1987。)羽田亨指出突厥人名中可加入美称，乙李啜拔有可能是官名或美称。(参见[日]羽田亨：《唐故三十姓可汗贵女阿那氏之墓誌》，见《羽田博士史學論文集》，369～371 页。)
　　⑤ (北宋)司马光编著：《资治通鉴》卷二一二，"开元八年六月"条，6740～6741 页。
　　⑥ 参见杨富学：《唐代仆固部世系考——以蒙古国新出仆固氏墓志铭为中心》，载《西域研究》，2012(1)，75 页；薛宗正：《仆固部的兴起及其与突厥、回鹘的关系》，载《西域研究》，2000(3)，14 页。

开元四年(716)突厥诸部款附后不久①，开元八年(720)王晙诱杀叛部，所以此仆固都督勺磨当在开元四年(716)后不久担任该职。我们已确知从开元四年(716)至开元六年(718)，仆固部附唐之都督为乙李啜拔，所以勺磨与乙李啜拔不是先后关系，而很可能同时存在。乙李啜拔部归附后被安置于大武军北，从《移蔚州横野军于代郡制》来看，其活动区域主要在蔚州北部②，而非河曲受降城。另外跌跌（阿跌）部其时已常住回乐，并未见活动于受降城附近。③ 据此推断，受降城附近的勺磨应是仆固部某分支的首领。《新唐书》保存了另一则看似残缺的史料，于理解此事多有助益。其云："延佗灭，其酋娑匐俟利发歌滥拔延始内属，以其地为金微州，拜歌滥拔延为右武卫大将军、州都督。开元初，为首领仆固所杀，诣朔方降，有司诛之。子曰怀恩。"④此则史料因残缺难解，多为研究者所不取。但它提供给我们一个重要信息，即开元初朔方军曾诛杀一位前来投奔的仆固部首领。种种迹象表明此人正是勺磨。从前引《旧唐书》及《资治通鉴》的记载来看，勺磨并未带有仆固部众，而是与少数跌跌部众散居，不是其部主干。⑤ 至于上引文字中所谓"（歌滥拔延）为首领仆固所

---

　　①　该段引文前有"明年，突厥默啜为九姓所杀，其下酋长多款塞投降，置之河曲之内。俄而小杀继立，降者渐叛"一段文字，知其背景在开元四年(716)后不久。

　　②　制称内附回纥等部酋长与"仆固都督曳勒哥"并出马骑若干助横野、大武等军，"作捍云代，指清沙漠"，诸蕃部都督各"领本部落蕃兵，取天兵军节度"，"无事并放在部落营生"。[（唐）玄宗：《移蔚州横野军于代郡制》，见（清）董诰等编：《全唐文》卷二一，251 页。]可见开元四年(716)内附五部主要活动于代北蔚州一带。

　　③　王晙上疏中曾提到所谓"高丽俘虏置之沙漠之曲"，此"高丽俘虏"指开元三年(715)内附的高丽莫离支高文简，他与跌跌都督跌跌思太一同附唐，"制令居河南之旧地"。所谓"沙漠之曲"，应指灵武附近沙地，此处正为六胡州故地。[（后晋）刘昫等撰：《旧唐书》卷九三《王晙传》，2987 页；卷一九四上《突厥传上》，5172 页。]

　　④　（北宋）欧阳修、（北宋）宋祁撰：《新唐书》卷二一七下《回鹘下·仆骨传》，6140 页。

　　⑤　薛宗正认为"其后又将仆固部与回纥、同罗、拔野古、霫等合称为横野军五部徙至朔方，在受降城一带安置"[薛宗正：《仆固部的兴起及其与突厥、回鹘的关系》，载《西域研究》，2000(3)，14 页]，此说于史无稽，可能是从勺磨居于受降城推测而出。但《资治通鉴》并载杀勺磨后，"拔曳固、同罗诸部在大同、横野军之侧者，闻之皆恼惧"[（北宋）司马光编著：《资治通鉴》卷二一二，"开元八年六月"条，6741 页]，知横野军五部并未迁移至朔方。

杀"及"子曰怀恩"，中间当有错讹。①

至此，仆固氏世系可重列如下：歌滥拔延—（子）思匐—（子）乙突—
（子）佚名—（子/侄）乙李啜拔—（子）怀恩。以歌滥拔延盛年归唐的 646 年
始，到仆固怀恩暴卒鸣沙的 765 年上，以上仆固氏六代人共历 120 年，
与正常代际间隔相符。乙李啜拔应是第四代佚名酋长之子或侄，第六代
怀恩之父。乙李啜拔约生于 7 世纪 70 年代或 80 年代，当高武交替之际。
他在开元四年（716）六月率部与回纥、同罗等部一起归唐，唐廷"于大武
军北安置"其部，并授其仆固都督。②

二、仆固氏政治立场及其与回纥之渊源

如果将仆固氏的世系演进及内附时间与其他部族相比，我们会发现
其附唐仍然基于突厥内部的动乱。在其内附之初，王晙便上疏指出，"突
厥时属乱离，所以款塞降附，其与部落，非有仇嫌，情异北风，理固明
矣……今者，河曲之中，安置降虏，此辈生梗，实难处置"③，表示出对
此"盛况"的隐忧。事实上，唐廷或许也意识到了这是铁勒五部的权宜之
计，制书中所谓"无事并放在部落营生"的态度，足见其并未以真正的降
户视之，一旦新汗即位权力稳固，便"会竭力镇压这些前盟友或前附
庸"④。《毗伽可汗碑》东 29～30 行载其 32 岁之后，"九姓乌古斯（本）是
我的人民。由于天地混乱，由于心怀嫉妒，成了（我们的）敌人。一年中
我打了四次仗"⑤。在突厥强大的军事压力下，王晙的担心成为现实，仆

---

① 《新唐书》之中，《仆固怀恩传》叙怀恩父为乙李啜，与他本同，知欧阳修亦
认同此说，据此来看，同书《仆骨传》所载"子曰怀恩"前当有阙文。参见（北宋）欧阳
修、（北宋）宋祁撰：《新唐书》卷二二四上《叛臣上·仆固怀恩传》，6365 页；卷二一
七下《回鹘下·仆骨传》，6140 页。

② （后晋）刘昫等撰：《旧唐书》卷八《玄宗纪上》，176 页。

③ （后晋）刘昫等撰：《旧唐书》卷九三《王晙传》，2986 页。

④ 芮传明：《古突厥碑铭研究》，119 页。

⑤ 耿世民：《古代突厥文碑铭研究》，160 页。

固、回纥等部又再次返回了漠北。

北返后的铁勒诸部处境似乎颇为艰难，《翁金碑》正 5 行记载："那时在汉人之北的野咥人及乌古斯人之间，有七个人开始（与我们）为敌。"①此处"七个人"或许代指七个部族，或许意为小部分人②，可以推想部分北返铁勒与突厥处于敌对状态。P. T. 1283 号藏文文书载：

> 有"仆骨"(?)(Go-kog)部落，与世无争无战。……当默啜可汗与阿史那可汗国势强盛之际，曾引兵到此。中因道阻，迄未成功。有二人，迷失道路，茫茫踽踽，正行进间，见有骆驼蹄痕，遂尾随而行。在一大队骆驼之近处，见一妇人，乃以突厥语与之接谈。妇人乃将此二人带走，藏匿于隐蔽之处。骆驼之后有一群獒犬，狩猎归来，此犬嗅出生人气味，妇人乃急令此二人向犬礼拜叩头。獒犬遂将十四驮着全部必需物及度越砂碛大山时用水等的骆驼赶来，乃发遣此二人返归突厥。③

此则记载具有很强的传说色彩，实质上是对发生在突厥与仆固之间某次重要历史事件的口头回忆。《毗伽可汗碑》东 31～32 行载其 41 岁那年的春天，"我出征乌古斯。……三姓乌古斯军队袭击而来。他们因（我们）无马，处境困难，来攻取（我们）。他们的一半军队去掠取汗庭和财物，一半军队来战。我们人少，且处境困难。乌古斯……敌人……由于上天的帮助，我们在那里（把他们）击溃了"④。如果褪去传说的神秘色彩，我们

---

① 此处用芮传明译文，见芮传明：《古突厥碑铭研究》，295 页。碑中所谓敌人，拉丁转写为 toquz oɣuz 与 atig，前者指九姓乌古斯，后者 atig 所指则尚无定论，芮传明考证为"野咥"，耿世民未予翻译。但无论如何，这段文字都不同程度地表明乌古斯与突厥关系的恶化。

② 关于中古时期北方民族传说中的"七个人"因素，参见钟焓：《中古时期蒙古人的另一种祖先蒙难叙事——"七位幸免于难的脱险者"传说解析》，载《历史研究》，2016(3)，59～76 页。

③ 王尧、陈践译注：《敦煌吐蕃文献选》，164～165 页。

④ 耿世民：《古代突厥文碑铭研究》，161 页。

会发现 P. T. 1283 号藏文文书中关于突厥二人迷失仆固部的故事，与《毗伽可汗碑》所载其 41 岁出征三姓乌古斯的困境如出一辙。碑文提到了此次出征"无马"、"人少"的困境，与文书所谓"迷路"实指一事。文书所记獒犬驱使驼队运输辎重饮水的事，应是影射了碑文所记的汗庭财物被掠。后者最终所谓"击溃"敌方很不可信。对于纪功碑而言，这是惯用的说法，事实上很可能双方打了平手，文书提到向犬"礼拜叩头"似乎暗示着双方媾和息战。至于"迷路"的两个人，正是指出征的毗伽可汗及其弟阙特勤。

据此来看，北返后的仆固部很可能与突厥汗室关系紧张，所谓"与世无争无战"，其实是一种首鼠两端的骑墙立场。有学者认为乙李啜拔曾在判阙特勤政权中任东叶护①，这种推测缺乏确凿的证据。史称仆固怀恩"达诸蕃情"，节帅自王忠嗣以降均"委之心腹"②，直至安史之乱爆发后，唐廷选择仆固氏作为和亲回纥的媒介，正是利用了其部族的这一特点。

回纥与仆固两部之间渊源颇深，地理上仆固部位于回纥以东，早在隋末，阿史那思摩即受任"俱陆可汗"，"统薛延陀、回纥、暴骨、同罗等部"③，贞观四年(630)唐灭突厥后，"太宗册北突厥莫贺咄为可汗，遣统回纥、仆骨[固]、同罗、思结、阿跌等部"④，共同限制盛极一时的薛延陀。据此可知，回纥、仆固在第一突厥汗国治下即因地理相近而被纳入同一辖区，总体来说，无论是突厥汗国还是唐朝，对于铁勒九姓往往采用联合多数弱蕃打压个别强蕃的策略。

仆固部与突厥之间的关系，应该还是限于较早定居内地的内附突厥部落。《册府元龟》曾记载"宝应元年十二月，封朔方节度使仆固怀恩妻贺鲁氏为凉国夫人"⑤之事。这里的"贺鲁"，应即《旧唐书·地理志》中寄居

①　参见薛宗正：《突厥史》，579～580 页。
②　(后晋)刘昫等撰：《旧唐书》卷一二一《仆固怀恩传》，3477 页。
③　周绍良、赵超主编：《唐代墓志汇编续集》贞观○五○《大唐故右武卫大将军赠兵部尚书谥曰顺李君墓志铭并序》，38 页。
④　(后晋)刘昫等撰：《旧唐书》卷一九五《回纥传》，5196 页。
⑤　(北宋)王钦若等编：《册府元龟》卷一三一《帝王部·延赏二》，1573 页。

于朔方县界的呼延州都督府所辖贺鲁、那吉、跌跌三州之一①，这也是突厥最初迁入唐朝的聚居地之一②。

三、反仆固氏诸蕃部的家世渊源及政治立场

安史之乱平定不到一年后，被唐廷倚为干城的仆固怀恩居然反叛，这让代宗非常难堪。仆固怀恩叛乱固然有其蕃部渊源因素，但这些因素仅仅构成了其叛乱的可能性。在促成仆固怀恩叛乱的过程中，河东的蕃部结构与政治变化起到了至为关键的作用。诚如彼得森所指出的，"反仆固怀恩的军事集团迹象明显"，对他的攻击更多"出于政治动机"。③可以说，外部因素是仆固怀恩叛乱的首要因素。

关于反仆固氏诸蕃部的家世渊源，仆固玚之死的记载提供了重要线索。广德二年(764)二月，仆固怀恩之子仆固玚在榆次因部下兵变被杀，《旧唐书》记载是"朔方兵马使张惟岳等四人"所为④。《资治通鉴》所记更详，称军士焦晖等因仆固玚"党胡人"而哗变杀之，驻军沁州的朔方都虞候张维岳(即张惟岳)闻讯前往汾州，"抚定其众，杀焦晖、白玉而窃其功"，及郭子仪至河东后"怀恩之众悉归之"。⑤榆次兵变恐非偶然的哗变，至少在此事发生后的第一时间内，朔方军中的主要力量对此持观望保留态度。据《旧唐书·李光进传》记载："李光进，本河曲部落稽阿跌之族也。父良臣，袭鸡田州刺史，隶朔方军。光进姊适舍利葛旃，杀仆固

---

① 参见(后晋)刘昫等撰：《旧唐书》卷三八《地理志一》，1414 页。

② 参见张万静：《突厥和党项关系略考》，载《宁夏社会科学》，2006(6)，111 页。

③ Charles A. Peterson, "P'u-ku Huai-en and the T'ang Court: the Limits of Loyalty,"*Monumenta Serica*, Vol. 29, 1970-1971, pp. 423-455.

④ (后晋)刘昫等撰：《旧唐书》卷一二一《仆固怀恩传》，3488 页；卷一二〇《郭子仪传》，3458 页。

⑤ (北宋)司马光编著：《资治通鉴》卷二二三，"广德二年二月"条，7162～7163 页。

埸而事河东节度使辛云京。光进兄弟少依葛㴥，因家于太原。"①据此来看，榆次兵变其实由两个步骤组成：先是下级军士焦晖、白玉等哗变杀主帅仆固玚，再由朔方军高级将领张惟岳等攘功善后。此事起于朔方军中对胡人的仇视，所谓"党胡人"即暗通、偏袒九姓胡是安史之乱后社会普遍仇胡倾向影响下一种常见的兵变借口，后来张光晟同样以类似因由处死一众回纥人。②焦晖等人只充当了兵变的急先锋，始终隐在事件背后的内附蕃部才是真正推手。舍利葛族杀仆固玚之事，并见于两《唐书》李光进、光颜兄弟本传，暗示出阿跌、舍利两部在榆次兵变中反仆固部的立场，而具有私家撰述性质的"三李碑"则进一步揭示出两方之间非比寻常的政治关系。

所谓"三李碑"，是对阿跌部内附并获赐李姓的两代蕃将李良臣、光进、光颜父子三人碑志的合称，保存了其家族不见于正史的若干重要史料。③据《李良臣碑》记载："太保讳良臣，其先……世世为大人，号阿跌部，遂以为氏。至太保王父讳贺之……太宗文皇帝已即大位，公遂率其所统南诣灵武，请为内臣。……拜为银青光禄大夫、鸡田州刺史，充定塞军使。"④按：元和八年（813）秋阿跌部方得"赐姓李氏，列于宗籍"⑤，为论述方便这里一并以赐姓指称。王永兴指出，阿跌部凡两次内附唐朝：

----

①　（后晋）刘昫等撰：《旧唐书》卷一六一《李光进传》，4217 页。

②　参见荣新江：《安史之乱后粟特胡人的动向》，载《暨南史学》，2003(2)，111 页。

③　"三李碑"即李宗闵《唐故于府仪同三司鸡田州刺史御史中丞赠太保李公(良臣)墓碑》、令狐楚《大唐故朔方灵盐等军州节度副大使知节度事管内支度营田观察处置押蕃落等使银青光禄大夫检校刑部尚书兼灵州大都督府长史御史大夫安定郡王赠尚书左仆射李公(光进)神道碑铭》、李程《河东节度使太原尹赠太尉李光颜神道碑》，收录于《金石萃编》卷一〇七、卷一一三(1816～1818、1800～1804、2038～2041 页)，《全唐文》卷七一四、卷五四三、卷六三二(7338～7339、5510～5512、6385～6386页)。参见侯崇义：《关于唐"三李碑"》，载《晋中师专学报》，1990(1)，94～98 页。

④　（唐）李宗闵：《李良臣碑》，见（清）王昶：《金石萃编》卷一〇七，收入新文丰出版公司编辑部编：《石刻史料新编》第 1 辑，1816～1817 页。

⑤　（唐）令狐楚：《李光进碑》，见（清）王昶：《金石萃编》卷一〇七，收入新文丰出版公司编辑部编：《石刻史料新编》第 1 辑，1801 页。

第一次在贞观二十一年(647)，诸部并未南迁，而是以"唐制试行于大漠以北敕勒诸部族"，在阿跌部领地设鸡田州，以其酋长为刺史；第二次在开元初，阿跌部随铁勒其他几部共同摆脱默啜统治，越过大漠南迁，唐廷在回乐县侨置鸡田州，仍以其酋长为刺史。① 结合代际更迭与贞观以降北方民族形势考虑②，《李良臣碑》所述良臣祖父阿跌贺之于贞观初年迁至灵武附近之事，显然是将开元之事误植于国初，而碑中所谓获"赐车服器用"，"筑城邑以居，始有宫庙官属之制"，更像是第二次内附后的情形。

与开元四年(716)入居大武军北的仆固部相比，阿跌部代居朔方，两部地理悬远，应无过多交集。更为重要的是，阿跌部与突厥汗室阿史那部的关系远较仆固部密切。阿跌部北返之后一度成为突厥坚决打击的对象，《阙特勤碑》北4～6行记载在九姓乌古斯背叛之后，突厥与其"一年中交战五次"，其中第二次"在库沙曷与阿跌人交战"，在阙特勤的指挥下"阿跌人在那里遭败绩"。③ 其中第6行的 ölti 直译为"杀死、消灭"，也可理解为"被打败"④，可知阿跌部经此一战元气大伤，此后应即臣服于突厥。如果细审突厥诸碑，可以发现在《阙特勤碑》篇首南1～2行与《毗伽可汗碑》北1行均有"右边的诸失毕官，左边的诸达官梅禄官、三十姓(鞑靼)、九姓乌古斯诸官"的说法⑤，而在《毗伽可汗碑》东1行则变为"六薛、九姓乌古斯、二姓阿跌诸重要官员"，与此前相比增加了"二姓阿跌"⑥。学界普遍认为此两番称谓中，前者是毗伽可汗的口气，后者则出自

---

① 王永兴：《陈寅恪先生史学述略稿》，292～293 页，北京，北京大学出版社，1998。

② 薛宗正认为："自 630 年(贞观四年)东突厥颉利政权灭亡至 679 年(调露元年)单于大都护府暴动，半个世纪中大漠南北突厥、铁勒诸部皆向唐称藩。"(薛宗正：《突厥史》，371 页。)这是阿跌部第一次归唐的时代背景。

③ 芮传明：《古突厥碑铭研究》，226 页。

④ Talât Tekin, *A Grammar of Orkhon Turk*, 1968, pp.270-271. 参见耿世民：《古代突厥文碑铭研究》，133～134 页。

⑤ 耿世民：《古代突厥文碑铭研究》，116～117、168 页。

⑥ 耿世民：《古代突厥文碑铭研究》，149 页。

新汗登利之口。① 由于毗伽可汗即位后致力于统一铁勒诸部②，因此阿跌部在登利可汗统治时期跻身突厥核心政治集团，这与法藏敦煌藏文文书P. T. 1283 号关于 8 世纪中叶"默啜十二部"包含阿跌（Yan-ti）的记述相合。③

在这种背景下，阿跌部与突厥汗室进而产生了婚姻关系，《李良臣碑》载其"少为阿史那可汗所重，以其贵女妻之"。按：李良臣生于开元十六年（728），当年以降的突厥可汗依次为毗伽可汗（717—734）、伊然可汗（734）、登利可汗（734—740）、判阙特勤（741—742）、乌苏米施可汗（742—743）、颉跌伊施可汗（741—744）及白眉可汗（744—745）。④ 其中毗伽卒时李良臣年仅七岁，伊然在位不足一年，登利幼年嗣立，判阙特勤仅以左杀僭政，未得称汗⑤，而白眉称汗的天宝三载（744）汗国已然覆亡，诸人均可排除。存在嫁女可能的，只有乌苏米施和颉跌伊施两汗，

---

① 参见耿世民：《古代突厥文碑铭研究》，174 页；芮传明：《古突厥碑铭研究》，270 页。

② 参见[日]齊藤茂雄：《突厥第二可汗国の内部对立——古チベット語文書（P. T. 1283）にみえるブグチョル（'Bug-Čhor）を手がかりに》，载《史學雜誌》，第 122 编，第 9 號，2013，52～54 页。

③ 学界普遍认为该文书是回鹘国君遣使出访形成的报告，但森安孝夫对于将Hor 译为"回鹘"持保留态度。森安孝夫认为："我确信 Hor（霍尔）的五位使节的那些报告——它们是文书中的主要资料——应属于八世纪中叶。尽管如此，但它并不是草拟成藏文的年代，藏文稿应完成于八世纪末或九世纪中。"即该藏文文献所保存的资料是 8 世纪中叶的情况，但它以藏文形式书写于稍后的时间。参见[日]森安孝夫：《敦煌藏语史料中出现的北方民族——DRU-GU 与 HOR》，陈俊谋译，载《西北史地》，1983(2)，103～118 页。

④ 第二突厥汗国世系图的最新研究成果，可参见[日]齊藤茂雄：《突厥第二可汗国の内部对立——古チベット語文書（P. T. 1283）にみえるブグチョル（'Bug-Čhor）を手がかりに》，载《史學雜誌》，第 122 编，第 9 號，2013，50 页。

⑤ 《唐会要》明确记载"左杀判阙特勤攻杀登利"，至其子乃"为乌苏米施可汗"。[（北宋）王溥撰：《唐会要》卷九四《沙陀突厥》，1698 页。]《资治通鉴》亦载："突厥拔悉密、回纥、葛逻禄三部共攻骨咄叶护，杀之，推拔悉密酋长为颉跌伊施可汗……突厥余众共立判阙特勤[勤]之子乌苏米施可汗，以其子葛腊哆为西杀。"[（北宋）司马光编著：《资治通鉴》卷二一五，"天宝元年八月"条，6854～6855 页。]足见当时唐人并未将判阙特勤以可汗视之，而其继嗣乌苏米施，以及拔悉密酋长颉跌伊施，则均称汗。

然而此二人及其各自集团恰是势不两立的。天宝元年(742，马年)，拔悉密、回纥、葛逻禄三部共"推拔悉密酋长为颉跌伊施可汗"，而突厥余众则针锋相对，"立判阙特勒［勤］之子为乌苏米施可汗"，这就是回纥汗国早期碑刻中反复提及的"乌苏米施特勤做了汗"。唐廷立即意识到这是瓦解突厥的绝佳时机，在谕令内附未果后，时任朔方节度使的王忠嗣"盛兵碛口以威之"，同时"遣使说拔悉密、回纥、葛逻禄使攻之"，迫使"乌苏遁去"，突厥汗室主体内附，成为中古时期北方民族史上的标志性事件，史称"突厥遂微"。① 天宝二年(743，羊年)，回纥可汗磨延啜举兵远征逃逸的乌苏米施可汗，六月初六俘获可汗及可敦，"突厥人民从那以后就灭亡了"②。

在这次重大的历史事件中，唐朝利用了突厥汗国中久已存在的部落矛盾③，回纥在突厥覆亡中产生了至关重要的作用。作为第二突厥汗国末期的核心力量之一，阿跌部与回纥之间的关系多有不睦。P. T. 1283 号文书载："其山后，有'阿跌'(Hir-tis)两小部落，与回鹘时战时和。"此部落名王尧转写为 Hir-tis，译为"阿跌"。森安孝夫则认为由于该部北方有"另一部落，眼如水晶，头发火红"的记载，与《新唐书·回鹘传》中关于"黠戛斯"的记载类似，因此转写为 Gir-tis，译为"黠戛斯"。④ 不过"黠戛斯"在古突厥语的拉丁转写中作 qïrqïz，属后元音，据此来看，文书中至少前一处 H(G)ir-tis 对应"阿跌"的可能性仍更大一些。结合《毗伽可汗碑》"二姓阿跌"的说法分析，8 世纪前半叶的漠北草原显然存在不止一支

---

① （北宋）司马光编著：《资治通鉴》卷二一五，"天宝元年八月"条，6854～6855 页。

② 耿世民：《古代突厥文碑铭研究》，195 页。

③ 关于第二突厥汗国内部的集团斗争及其在 P. T. 1283 号文书中的反映，参见［日］齊藤茂雄：《突厥第二可汗国の内部对立——古チョベット語文書(P. t. 1283)にみえるブグチヨル(Bug-chor)を手がかりに》，载《史學雜誌》，第 122 编，第 9 號，2013，36～62 页。

④ 王尧、陈践译注：《敦煌吐蕃文献选》，163 页。［日］森安孝夫：《敦煌藏语史料中出现的北方民族——DRU-GU 与 HOR》，陈俊谋译，载《西北史地》，1983(2)，107 页。

阿跌部落。① 与回纥（鹘）"时战时和"的阿跌未必就是李良臣所在蕃部，但阿跌部亲阿史那而疏远回纥的立场，则基本可以确定。综合上述因素分析，李良臣所娶应为乌苏米施可汗之女。

除与汗室联姻之外，我们还可以从前引《旧唐书·李光进传》的记述中，获知阿跌部与舍利部及其首领舍利葛旃之间存在深刻关系。作于贞元六年(790)的《舍利石铁墓志》记其先世"北方人也。曾祖并本蕃豪杰，位望雄重。父葛逻旃，往因九姓离散，投化皇朝，授蕃州刺史"②。志主生于开元二十一年(733)，其父葛逻旃当生于开元初，这里的"九姓离散，投化皇朝"显然不在开元四年(716)，而是天宝元年(742)汗国覆亡之际，葛逻旃年方二十余岁，率部随突厥汗室附唐。"葛逻旃"中"逻"之 r 音在唐人运用中常予省去，如《九姓回鹘可汗碑》汉文第 12 行"葛禄与吐蕃连入寇"语③，《郭晞墓志》亦有"从讨葛禄"之说④，因此《舍利石铁墓志》中的"舍利葛逻旃"，即正史中记载的"舍利葛旃"，并据《李光进碑》知其获赐姓名为"李奉国"⑤。贞观二十三年(649)"诸突厥归化，以舍利吐利部置舍利州"⑥，此后长期聚

_____

　　① 芮传明认为："'阿跌'，突厥文'ädiz'的汉文对译名，是为漠北的铁勒部落之一(唐王朝曾以其地为'鸡田州')。汉文古籍谓'阿跌'亦名'诃咥'，而后者在《隋书·铁勒传》中被说成位于'康国北，傍阿得水'，显然绝非漠北，而是在锡尔河以北、咸海的北方或东北方，以及里海以北的伏尔加河中下游流域。这样的地域差异，大概只能以游牧部落'迁徙无常'的特点来解释了。"(芮传明：《古突厥碑铭研究》，258 页。)岑仲勉亦有类似观点，可参。(参见岑仲勉：《突厥集史》，743 页。)
　　② 周绍良、赵超主编：《唐代墓志汇编续集》贞元〇一四《唐故□□节度先锋马军兵马副使开府仪同三司试殿中监上柱国食邑三千户狄道郡王舍利公墓志铭并序》，743 页。
　　③ 《九姓回鹘爱登里罗汨没蜜施合毗伽可汗圣文神武碑》，转引自程溯洛：《释汉文〈九姓回鹘毗伽可汗碑〉中有关回鹘和唐朝的关系》，见林幹编：《突厥与回纥历史论文选集(1919—1981)》，709 页。亦参见[日]羽田亨：《唐代回鹘史の研究》，见《羽田博士史学論文集》，308 页。
　　④ 赵力光、王庆卫：《新见唐代郭晞夫妇墓志及其相关问题》，载《唐研究》，第 16 卷，2010，226～227 页。
　　⑤ 《李光进碑·跋》载："奉国者，本传所云舍利葛旃也。"[(唐)令狐楚：《李光进碑》，见(清)王昶：《金石萃编》卷一〇七，收入新文丰出版公司编辑部编：《石刻史料新编》第 1 辑，1803 页。]
　　⑥ (北宋)王溥撰：《唐会要》卷七三《安北都护府》，1558 页。

居于朔方县，而骨咄禄之父也"本是单于右厢云中都督舍利元英下首领"①，《舍利石铁墓志》中"本蕃豪杰，位望雄重"固非虚言。

李良臣之女嫁与舍利氏，是阿跌氏与舍利氏交好的集中体现。综合"三李碑"与正史记载，知李良臣有三子光玭、光进、光颜及一女，其中光进、光颜分别生于乾元元年（758）及上元二年（761）。② 长子光玭"为朔方都将"而"不幸早夭"，良臣在安史乱前统其部于鸡田州，属内附蕃部，未归入朔方正式军队，其子更无从为朔方都将。因此，光玭当在至德元载（756）七月随父良臣往灵武谒肃宗后被编入朔方军队，当年良臣二十九岁，光玭最多十四五岁。③ 至德二载（757）十月复两京后，李良臣得授鸡田州刺史，当有一段返家时间，李光进正孕于此时。

至此，我们可以将阿史那氏、阿跌氏及舍利氏三家的婚姻关系，仆固氏与回纥汗室的婚姻关系，以及第二突厥汗国末期主要蕃部间的政治关系依次表示如下。

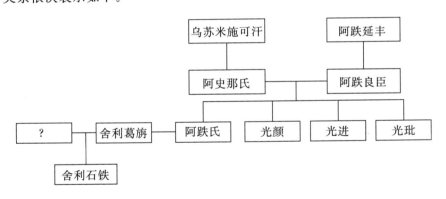

图7.1 阿史那氏、阿跌氏及舍利氏三家的婚姻关系

① （唐）杜佑撰：《通典》卷一九八《边防十四·北狄五·突厥中》，5434页。
② 李光进、光颜的卒年及寿数，碑文与《新唐书》记载存在出入，《金石萃编》已指出。此类情况一般以碑文为准。参见侯崇义：《关于唐"三李碑"》，载《晋中师专学报》，1990（1），97页。
③ 史载浑瑊"年十一，善骑射，随释之防秋……是岁立跳荡功"［（北宋）欧阳修、（北宋）宋祁撰：《新唐书》卷一五五《浑瑊传》，4891页］，知朔方蕃将中不乏少年从戎且著军功者。

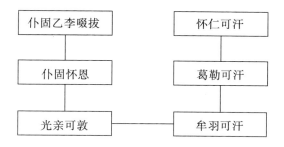

图 7.2 仆固氏与回纥汗室的婚姻关系

阿史那、仆固、回纥、舍利诸蕃部间的政治关系如下表所示：

表 7.1 第二突厥汗国末期诸部政治关系

族名	政治立场	是否归唐	迁移地
阿史那	突厥汗室	是	河东
舍利	突厥汗室	是	河东
阿跌	突厥汗室	是	河东
拔悉密	拔悉密	否	漠北
回纥	拔悉密	否	漠北
葛逻禄	拔悉密	否	漠北
仆固	？	是	河东

　　结合本节前面的讨论和上述三幅图表，我们可对第二突厥汗国灭亡后与仆固部相关的诸蕃部之间的关系进行大致归纳。从婚姻关系上来讲，仆固氏与回纥汗室存在姻亲，而阿史那氏、阿跌氏、舍利氏三部存在姻亲。① 从政治关系上来讲，阿史那、舍利、阿跌是突厥汗室集团的领导者或坚定拥护者，拔悉密、回纥、葛逻禄由于暂时的政治利益结成同盟，而在这场对立中持骑墙立场的仆固部在突厥灭亡后进一步亲近回纥。因回纥而亡国的内附汗室阿史那氏、突厥异姓贵族舍利氏，以及重要政治

---

　　① 李良臣的神道碑中所载其娶阿史那可汗"贵女"之事，所谓"阿史那可汗"为登利汗者仅系我们结合各方因素综合考证所确定，并不排除碑志有夸大之嫌，李良臣娶突厥汗室某位阿史那贵族之女亦有可能。但这并不影响阿史那、阿跌、舍利三部存在婚姻关系的事实，重要的是这种姻缘所引发的政治结盟。

成员阿跌氏，无论从婚姻关系还是政治关系来讲，对仆固氏的亲回纥立场应该极为不满。

应当指出，"三李碑"均由当时与李光进兄弟交好的朝中重臣撰写，具有浓厚的私家性质。其之所以不提舍利葛旃与杀仆固玚一事，或因毕竟系外姓舅氏行状，与家传无关；况且榆次兵变终归不是一件光彩的事情，因此也不排除为尊者讳的考虑。① 不过如前所考，李光进兄弟幼年投靠舍利葛旃以及两个家族的密切关系，是无法否认的。仆固怀恩借兵回纥，为国和亲，从表面上看位望崇重，其实这种地位及朝廷对他的信任有相当一部分建立在他与回纥的特殊关系上。然而与仆固部不同，回纥时已建立汗国，与唐为两国之交。故当肃代之际唐纥关系趋于紧张之后，怀恩在内附蕃部中就立时变得孤立无援。对于唐廷来说，仆固怀恩嫁女与回纥可汗，复引其兵屯据河东，猜疑之心在所难免。而对于河东内附诸蕃部来说，其在第二突厥汗国末年与回纥的旧怨尚存记忆，而他们在进入河东后，作为唐王朝的臣属，已日渐融入河东军政体制，因此在榆次兵变这一关键事件上，以阿跌、舍利等为代表的蕃部选择了保留观望的立场，甚至不惜落井下石，这恐怕是仆固怀恩当初无论如何也没有想到的。

四、仆固怀恩暗通河北藩镇的证明

由于材料匮乏，仆固怀恩是否暗通河北成为一桩长期聚讼无果的公案。王寿南曾在《唐代人物与政治》中专列"李抱玉等疑仆固怀恩'有贰心'辨"一部分，指出"给予降将之封赏与安抚"属于唐朝中央的既定方针，客观上又与当时"财政的困难"有关，是以"中央政府急欲早日结束战争"。

---

① 榆次兵变其实由两个步骤组成：先是下级军士（焦晖、白玉等）哗变杀主帅仆固玚，再由朔方军高级将领（张惟岳等）攘功善后。尽管此前朝廷与仆固怀恩间已颇多龃龉，但这样一起突如其来并引发叛乱的兵变，却恐怕不是唐廷所希望看到的。郭子仪到达河东时，兵衅既构而怀恩已叛，他对张惟岳的表功很大程度上只是对既成事实的默认。至于榆次兵变本身，则很难说是一件多么光彩的事。

仆固怀恩是代表中央执行这一政策，并非结党自固。① 这种结合情理的推论终究缺乏确凿的实证，不过我们在金石墓志材料中发现了仆固怀恩与河北藩镇之间暗通的迹象，兹试论述。

《资治通鉴》卷二二三"广德元年七月"条载："怀恩将朔方兵数万屯汾州，使其子御史大夫瑒将万人屯榆次，裨将李光逸等屯祈〔祁〕县，李怀光等屯晋州，张维岳等屯沁州。"② 这段文字提供了怀恩当时势力的大致分布范围。据此来看，其已对太原形成半包围局面，东南直逼泽潞。这自然会引起河东节度使辛云京、泽潞节度使李抱玉的极大敌意。但辛、李最为忌讳的，是仆固怀恩在处理河北安史降将事宜上的态度。《资治通鉴》卷二二二"宝应元年十一月"条载：

> 于是邺郡节度使薛嵩以相、卫、洺、邢四州降于陈郑、泽潞节度使李抱玉，恒阳节度使张忠志以赵、恒、深、定、易五州降于河东节度使辛云京。……抱玉等已进军入其营，按其部伍，嵩等皆受代；居无何，仆固怀恩皆令复位。由是抱玉、云京疑怀恩有贰心，各表言之，朝廷密为之备；怀恩亦上疏自理，上慰勉之。辛巳，制："东京及河南、北受伪官者，一切不问。"③

然而怀恩是否果有养寇自保的企图，单凭这段材料尚无法证明。作于大历四年(769)的《张奉璋墓志》提供了极为重要的证据，为便于论述，兹以较大篇幅录其主要内容：

> 公讳奉璋，其先清河人飞。……初，国家西蕃有事……诏授鄯州柔远府左果毅。岁余，转洮州安西府折冲，兼摄本州别驾。……稍迁右威卫中郎将。收黄河九曲，转授左司御率府率，充关西十将。洎

① 王寿南：《唐代人物与政治》，107～111页。
② (北宋)司马光编著：《资治通鉴》卷二二三，"广德元年七月"条，7147页。
③ (北宋)司马光编著：《资治通鉴》卷二二二，"宝应元年十一月"条，7135～7136页。

天宝十四年，属胡竖安禄山□构凶徒，窃据河洛。……时有诏诏公充河东招讨团练等使兼节度都虞候。增秩云麾将军。公于是领所部之众，拒井陉之口，固我汾晋，直摇燕赵。……至德中，改授特进、左骁卫大将军、经略副使。自讨邺旋旆，稍加骠骑将军，封清河县开国男，充承天军使。其城即公之所创也。……迁开府仪同三司，试鸿胪卿、清河县开国子，充河东节度右厢兵马使。其年秋八月，改授太常卿，封清河郡开国公。永泰元年，属仆固扇逆，晋人悯惧。东连涂水，南跨介山，兼乐平数城，欲为应接。公乃分奇兵，绝粮道，冒死格战，苦彼一军，唇齿俱亡，首尾不救。是以怀恩父子旋有榆次之祸。改封文安郡王，前后食封三千余户。……大历四年七月廿有五日，薨于晋阳之第，春秋六十有五。①

志主张奉璋史书无传，但在安史之乱的记载中曾有出现，同时《金石续编》收有刻于大历元年(766)的《承天军城记》②。通过上述几种材料，我们对其生平可以有较为充分的了解。

承天军城的修建是张奉璋政治生涯中的重要事件，而担任承天军使也成为他仕途上的重要起点。严耕望在《唐代交通图考》第五卷曾对承天军的设置沿革进行考证③，最近高濑奈津子复撰专文对上述两种史料进行分析④。关于承天军的始建时间，严耕望依据《大清一统志·平定州卷·关隘目》所引《旧唐书·地理志》的说法，结合李光弼任期，认为应建于唐乾元元年(758)。⑤ 高濑奈津子结合《承天军城记》与《资治通鉴》卷二

① 周绍良、赵超主编：《唐代墓志汇编续集》大历〇一〇《唐故河东节度右厢兵马使开府仪同三司试太常卿文安郡王张公墓志铭并序》，698～699页。

② （唐）胡伯成：《承天军城记》，见（清）陆耀遹：《金石续编》卷八，收入新文丰出版公司编辑部编：《石刻史料新编》第1辑，3165～3167页。

③ 参见严耕望撰：《唐代交通图考·第五卷·河东河北区》，1444～1445页。

④ 参见[日]高濑奈津子：《安史の亂後における河東節度使の動向——"張奉璋墓誌"と"承天軍城記"を中心に》，见[日]氣賀澤保規主編：《中國石刻資料とその社會——北朝隋唐期を中心に》，88～112页。

⑤ 参见严耕望撰：《唐代交通图考·第五卷·河东河北区》，1444页。

一九"至德二载正月"条的相关记载. 从河东唐军与河北安史叛军的战争
形势入手，认为"张奉璋在至德二载二月稍后修建承天军城的可能性更
大"①。贾志刚结合《册府元龟》与《张奉璋墓志》相关记载，指出"河东承
天军城是至德二载(757)张奉璋奉河东节度使李光弼之命在井陉故关修
筑"②。这些看法颇有可取之处，但在一些关键细节上仍需再加考证。

墓志中称张奉璋"自讨邺旋旆"后方"充承天军使"。但至德二载(757)
实无讨邺之事。所谓"讨邺旋旆"，指乾元二年(759)九节度围攻邺城而溃
败一事。然若据此认为承天军建于乾元二年(759)，则又与史实不合，因
为史书有至德二载(757)六月将军王玄荣抵罪而"于河东承天军效力"的记
载③，说明其时已有承天军。按：该城系张奉璋禀"元戎蓟公"李光弼之
命而建，《承天军城记》称"城成"而肃宗"锡号承天"，《金石续编》编者指
出"蓟公"系"据筑城时言"④，而李光弼在至德二载(757)十二月以后就已
改封郑公，故承天军只能建于至德二载(757)。

那么如何解决墓志中上述抵牾之处呢？高瀬奈津子曾据史书及墓志
材料列出了张奉璋的仕宦经历："节度都虞候—经略副使—承天军使—右
厢兵马使"⑤。细察志主的官阶，可以发现其在安史之乱初起之时，秩级
为云麾将军，随后约于至德二载(757)"改授特进、左骁卫大将军、经略

---

① 〔日〕高瀬奈津子：《安史の乱後における河東節度使の動向——"張奉璋墓
誌"と"承天軍城記"を中心に》，見〔日〕氣賀澤保規主編：《中國石刻資料とその社
會——北朝隋唐期を中心に》，104～105頁。
② 贾志刚：《唐代河东承天军史实寻踪——以五份碑志资料为中心》，载《人文
杂志》，2009(6)，125页，个别字词有改动。
③ (北宋)王钦若等编：《册府元龟》卷一八〇《帝王部·失政》，2161页。(北
宋)司马光编著：《资治通鉴》卷二一九，"至德二载六月"条，7026页。贾志刚最早注
意到上述记载并借以论证承天军建城时间，参见贾志刚：《唐代河东承天军史实寻
踪——以五份碑志资料为中心》，载《人文杂志》，2009(6)，125页。
④ (唐)胡伯成：《承天军城记》，见(清)陆耀遹：《金石续编》卷八，收入新文
丰出版公司编辑部编：《石刻史料新编》第1辑，3165～3166页。
⑤ 〔日〕高瀬奈津子：《安史の乱後における河東節度使の動向——"張奉璋墓
誌"と"承天軍城記"を中心に》，見〔日〕氣賀澤保規主編：《中國石刻資料とその社
會——北朝隋唐期を中心に》，97～98頁。

副使"。① 这个级别距任一军之使尚有较大距离，不可能在当年又立即升任承天军使。《承天军城记》碑末保存了大历元年（766）该军的主要军将，排在第三、第四位的是"副使节度经略副使□□云麾将军守左金吾卫大将军试鸿胪卿上柱国陈遵峤、杞梓□"②，与张奉璋至德二载（757）前后的职级类似。③ 据此推测，张奉璋应是以经略副使的身份主持了承天军城的修建，时间在至德二载（757）。而乾元二年（759），张"自讨邺旋旆，稍加骠骑将军，封清河县开国男，充承天军使"，这个秩级和职任才是比较相符的，也与实际晋升的情形更为吻合。故其于乾元二年（759）升任承天军使的可能性较大。

墓志随后"迁开府仪同三司，试鸿胪卿、清河县开国子，充河东节度右厢兵马使"的记载似有谬误。据《承天军城记》"故先太尉李公，司空王公，御史大夫管公、邓公，今相国辛公……咸表上闻，累迁河东节度兵

---

① 高瀬奈津子将张奉璋任"河东招讨团练等使兼节度都虞候"一事系于天宝十四载（755）安史之乱爆发之后，并大致推测其任"特进、左骁卫大将军、经略副使"在至德年间（756—757）。参见［日］高瀬奈津子：《安史の乱後における河東節度使の動向——"張奉璋墓誌"と"承天軍城記"を中心に》，见［日］氣賀澤保規主编：《中國石刻資料とその社會——北朝隋唐期を中心に》，97页。此说颇是，不过相关事件还可做更为细致的推测。事实上安禄山于天宝十四载（755）十一月起兵，次年七月肃宗在灵武即位，即已改元至德。联系大的历史背景来看，安史乱起后，玄宗对河北、河东一带普遍授以团练使等职，以最大限度地动员地方力量。《资治通鉴》载："上遣特进毕思琛诣东京，金吾将军程千里诣河东，各简募数万人，随便团结以拒之。"［（北宋）司马光编著：《资治通鉴》卷二一七，"天宝十四载十一月"条，6935页。］张奉璋所任之"河东招讨团练等使兼节度都虞候"正是此类。至德凡两年，张可能在755年年末或756年年初任该职，而在至德二载（757）"改授特进、左骁卫大将军、经略副使"，中间时间很短。
② （唐）胡伯成：《承天军城记》，见（清）陆耀遹：《金石续编》卷八，收入新文丰出版公司编辑部编：《石刻史料新编》第1辑，3165页。
③ 贾志刚将刻于大历元年（766）的《承天军城记》碑末军将与刻于大历十一年（776）的《妒神颂》（同为承天军所刻）碑末军将的职级、姓名分别进行列表比对，在此基础上对肃代之际武将职级的迁转变化进行个案分析。两碑碑成相距十年，而自张奉璋任经略副使的至德年间（756—757）到其离任升迁的大历元年（766），其间亦相距约十年。在这两个大致相当的时间段中，同一军政系统内的武将迁转可做比对思考，以对张奉璋的仕历有更为直观的认识。参见贾志刚：《唐代河东承天军史实寻踪——以五份碑志资料为中心》，载《人文杂志》，2009（6），128～130页。

马使、开府仪同三司"①的记载，知张奉璋历获拔擢，最终在辛云京节制
河东后才升任河东节度兵马使、开府仪同三司，此官职、散阶均与墓志
所记相同，可知两者为一次授予。而墓志这则升迁记载前没有年份，疑
系将后来的事误移至前。为何会出现这种差错？我们注意到，墓志随后
有"永泰元年，属仆固扇逆"的话。仆固怀恩的势力"东连涂水，南跨介
山"，涂水代指榆次，介山泛指汾、晋、沁三州，与前引《资治通鉴》所述
范围相同，显然是指广德元年(763)的河东形势。墓志作"永泰元年"
(765)，此系怀恩卒年，其乱随即平息。颇疑志文将"广德"误记作"永
泰"。其后有"怀恩父子旋有榆次之祸"语，榆次兵变在广德二年(764)，
时间顺序可为印证。既明乎此，颇疑墓志是将永泰元年(765)升迁的材料
误移至前文。如前所证，奉璋升任兵马使系由辛云京拔擢，而云京节制
河东是在宝应元年(762)建寅月，在时间上相符。广德二年(764)九月，
辛云京加同平章事，次年(765)拔擢张奉璋，是合于情理的。《承天军城
记》作于大历元年(766)，其中并有"方将运陶钧、秉旌钺"之语，表明这
是在张奉璋甫获荣升时所作，与上述考证相符。我们据此判断，张奉璋
是在永泰元年(765)"迁开府仪同三司，试鸿胪卿、清河县开国子，充河
东节度右厢兵马使"；至于改封文安郡王，应在此后，具体时间不得而
知。高濑奈津子将迁任右厢兵马使一事系于乾元二年(759)，封文安郡王
系于永泰元年(765)，似疏于考证。②

　　经过以上考证，可以得到一个重要信息，即仆固怀恩于广德元年
(763)构乱时，张奉璋正任承天军使。这样一来，墓志中仆固怀恩"兼乐
平数城，欲为应接"的记载就尤其值得我们注意。这个动向，是旧史不曾

---

　　①　(唐)胡伯成：《承天军城记》。见(清)陆耀遹：《金石续编》卷八，收入新文
丰出版公司编辑部编：《石刻史料新编》第1辑，3165页。
　　②　其中迁右厢兵马使一事前标有问号，表明存疑。参见[日]高濑奈津子：《安
史の乱後における河東節度使の動向——"張奉璋墓誌"と"承天軍城記"を中心に》，
见[日]氣賀澤保規主編：《中國石刻資料とその社會——北朝隋唐期を中心に》，
97～98頁。

提供的。据《旧唐书·地理志》："武德三年，分并州之乐平、和顺、平城、石艾四县置辽州，治乐平。……天宝元年，改为乐平郡。乾元元年，复为仪州。"①《承天军城记》所列军将中有"管乐□副使特进太常卿太原县开国子王丕"，位列第二，仅次于时任承天军使的张奉璋。官职中所缺的那个字，以往研究者付诸阙如②，我们认为正是"平"字。从上引《旧唐书·地理志》，知乐平屡为此区治所，地位特殊。副使兼管乐平，是因为承天军正在乐平东北方，两者休戚相关。乐平数城控承天军、井陉关，东邻河北强藩成德军驻节地恒州，当时由安史降将李宝臣（张忠志）控制。而张奉璋"分奇兵，绝粮道，冒死格战，苦彼一军"，利用承天军的地理优势，扼死了仆固怀恩与成德方面的联系，致其"唇齿俱亡，首尾不救"，最终使得"怀恩父子旋有榆次之祸"，因兵势穷蹙而招致兵变。《张奉璋墓志》为仆固怀恩与河北藩镇的勾结，提供了可信的证据。

有一点需做补充，即墓志并未明确涉及成德方面，很可能是为了避讳。该志作于大历四年（769），成德军节度使李宝臣仍健在，而朝廷方事怀柔，自然不能提及。同样地，志主张奉璋最后被刚上任的河东节度使王缙擒杀③，而墓志讳为"薨于晋阳之第"，恐怕也是出于相同的原因。

五、蕃部弃儿与河东公敌：仆固怀恩反叛原因

关于仆固怀恩叛乱的直接原因，李鸿宾在其《唐朝朔方军研究》中做

① （后晋）刘昫等撰：《旧唐书》卷三九《地理志二》，1479～1480 页。
② 《金石续编》将"管乐"连读，认为其含义"不可晓"，怀疑是"谀张之语"。究编者意思，当是将"管乐"揣度为"管仲、乐毅"，故误以之为谀辞。这样的话不可能出现在官职中，这个猜测是说不通的。贾志刚则以其"缺字难以通解，暂且存疑"，参见贾志刚：《唐代河东承天军史实寻踪——以五份碑志资料为中心》，载《人文杂志》，2009(6)，128 页。
③ 《资治通鉴》载："河东兵马使王无纵、张奉璋等恃功骄蹇，以王缙书生，易之，多违约束。缙……悉擒斩之，并其党七人，诸将悍戾者殆尽。"[（北宋）司马光编著：《资治通鉴》卷二二四，"大历四年九月"条，7209 页。]

了较为全面的研究。他总结了从传统史书到近人论著的观点，要可分为蕃汉心理隔膜、与辛云京的个人矛盾、承代宗旨意而为牺牲品三类。李鸿宾在认可上述观点的同时，强调必须承认仆固怀恩结党养寇、拒命反叛这一事实。①彼得森的观点也较中允，他认为怀恩因与辛云京关系恶化而"惧怕惩罚"，而他"进攻（太原）之举及其失败促使朝廷加快了对其限制的步伐，而这种限制措置失当"，最终"爱子及地位的丧失使他产生了对唐廷深入持久的仇恨感"。②在吸收前贤成果的基础上，我们希望进一步指出：仆固怀恩的种种越位之举加速了原本对其持保留态度的内附蕃部以及与其本无统属关系的河东实权派彼此靠拢；而反仆固氏诸蕃部力量与河东实权派的联合，又在无形中加剧了仆固怀恩对他们的猜疑，使得积累已久的矛盾一触即发。在这种情况下，榆次兵变无疑成为最终的导火线，使这种矛盾瞬间爆发。随着唐纥关系日趋紧张导致唐室政策改变③，手握重兵而结引回纥的仆固怀恩选择了叛乱，成为河东公敌。

具体来讲，仆固怀恩叛乱的原因可以从三个方面予以分析。首先，仆固怀恩出身朔方集团，与安史之乱后实际控制河东的陇右军事集团原本就存在隔阂。章群指出，安史之乱后内调平叛的"朔方军自成一系统，对于已失部众的河陇诸将，自有其排斥性"，加之"河西自北朝以来，保存了中国文化，河陇诸将颇受其沾溉"，与内附不久的蕃将仆固怀恩"地区既不同，习染于中国文化也久暂不一，由此而影响了二者对唐室态度的分歧"。基于这两点原因，作为朔方军队实际统帅的仆固怀恩，遂与当

---

①　李鸿宾指出："然而不论我们如何评论仆固怀恩对待安史叛将，都不能驳倒《通鉴》'怀恩亦恐贼平宠衰，故奏留（薛）嵩等及李宝臣分帅河北，自为党援'的记载，以及他一步步脱离唐廷最终走向对抗反叛的事实。"（李鸿宾：《唐朝朔方军研究——兼论唐廷与西北诸族的关系及其演变》，168页。）
②　Charles A. Peterson，"P'u-ku Huai-en and the T'ang Court：the Limits of Loyalty，"*Monumenta Serica*，Vol. 29，1970-1971，pp. 452-453.
③　关于肃代之际河东的军事调整，学界已有较充分的研究。与本章直接相关者，可参见黄寿成：《唐肃宗时河东朔方兵变事探索》，载《陕西师范大学学报（哲学社会科学版）》，2004（6），76～80页；徐志斌：《仆固怀恩叛乱与代宗治国》，载《敦煌学辑刊》，2005（2），364～375页。

时掌控河东实权的河陇集团将领辛云京等人产生对立。① 我们已经知道辛云京与张奉璋间的亲密关系，而云京之崛起与另一位实力派将领张光晟的支持同样密不可分。史书记载了张光晟在王思礼面前力救辛云京的一段公案。② 据本传可知辛云京托望河西，实"客籍京兆，世为将家"③，当系借军功迁转而官至代州刺史，一度不被出身河陇、掌握河东实权的王思礼所信任。而张光晟则以骑卒随王思礼出战潼关。天宝十四载（755）封常清败退后，朝廷"以哥舒翰为太子先锋兵马元帅，领河、陇兵募守潼关以拒之"④，翰以思礼"充元帅府马军都将"⑤。此前王思礼为关西兵马使兼河源军使，故知张光晟为王思礼陇右旧部。前述授马之事或有夸大，却据此可知云京乃以结纳思礼旧部而得保其位。《张奉璋墓志》中同样有他早年在陇右参与"复黄河九曲"的战斗并"充关西十将"的记载。从时间及兵种、地点来看，他无疑也是王思礼旧部。张光晟与张奉璋的类似经历表明，因平乱而入关的陇右军事力量在肃代之际牢牢控制着河东局势，纵使身为节帅如辛云京，亦须通过认可这个集团而与身其中。仆固怀恩出身朔方，在安史之乱中长期行营作战，虽然拥兵数万甚至数十万，却

---

① 章群：《唐代蕃将研究》，290～291 页。
② 《旧唐书》载："张光晟，京兆盩厔人，起于行间。天宝末，哥舒翰兵败潼关，大将王思礼所乘马中流矢而毙，光晟时在骑卒之中，因下，以马授思礼。……无何，思礼为河东节度使，其偏将辛云京为代州刺史，屡为将校谮毁，思礼怒焉。云京惶惧，不知所出。光晟时隶云京麾下……乃谒思礼，未及言旧，思礼识之……命同榻而坐，结为兄弟。光晟遂述云京之屈，思礼曰：'云京比涉谤言，过亦不细，今为故人，特舍之矣。'即日擢光晟为兵马使……委以心腹。及云京为河东节度使，又奏光晟为代州刺史。"[（后晋）刘昫等撰：《旧唐书》卷一二七《张光晟传》，3573 页。]此事《新唐书》与《资治通鉴》亦有记载，背后实有更深层的政治纠葛，对理解后来河东之变动有重要意义。
③ 《旧唐书》载："辛云京者，河西之大族也。代掌戎旅，兄弟数人，并以将帅知名。"[（后晋）刘昫等撰：《旧唐书》卷一一〇《辛云京传》，3314 页。]《新唐书》载："辛云京，兰州金城人，客籍京兆，世为将家。"[（北宋）欧阳修、（北宋）宋祁撰：《新唐书》卷一四七《辛云京传》，4753 页。]
④ （后晋）刘昫等撰：《旧唐书》卷九《玄宗纪下》，230 页。
⑤ （后晋）刘昫等撰：《旧唐书》卷一一〇《王思礼传》，3312 页。

缺乏固定的根据地和势力范围，实际控制河东军事的陇右诸将与其既无渊源又不统属。在这种情况下，仆固怀恩的任何越位之举都将招致激烈排斥。

其次，仆固怀恩暗通河北藩镇，触犯了河东实权派的利益。河东、泽潞两镇对由安史降将构成的河北藩镇一直抱持敌视的态度。荣新江指出，安史之乱后唐朝一度出现了对胡化的排斥现象，"这种对胡人厌忌心理的极端做法，就是对胡人的杀戮"。他举张光晟的例子来加以证明，并认为"唐朝军将对九姓胡的憎恨较回纥为重"。① 这是大的时代背景，具体到对仆固怀恩叛因的分析上，他与河北藩镇尤其是成德方面的暗通是河东集团最为忌讳的。从地理上来讲，河东、泽潞均与河北紧邻，尤其泽潞辖区与河北藩镇更是犬牙交错，现实的利益冲突尖锐。主帅李抱玉、马燧对回纥、仆固怀恩及安史河北降将的立场相同。据《旧唐书·马燧传》："马燧字洵美，汝州郏城人……安禄山反，俾光禄卿贾循守范阳。燧说循（归顺）……循虽善之，讦不时决，事泄……燧脱身走西山……宝应中，泽潞节度使李抱玉署奏赵城尉。"②可以看出马燧资历较浅，且非军功出身。他的成功在于顺应了代宗初年的河东形势，促成李抱玉对回纥及仆固怀恩的强硬立场。《旧唐书》本传及《资治通鉴》并载有他以军法禁回纥为暴之事，其实正属此类。与此相应，泽潞一镇在李、马二人操纵下对安史河北降将持敌视态度，对其分化离间，其后河北矛盾多由此起。③ 而抱玉的从父弟抱真，更在仆固怀恩占领汾州后只身逃回京师，

---

① 荣新江：《安史之乱后粟特胡人的动向》，载《暨南史学》，2003（2），103 页。对安史之乱后北方蕃部普遍内迁的考察，参见［日］伊瀬仙太郎：《安史の亂後における周邊諸民族の中國進出》，载《東京學藝大學紀要（社會科學）》，第 20 號，1969，87～109 页。

② （后晋）刘昫等撰：《旧唐书》卷一三四《马燧传》，3689～3690 页。

③ 如《故云麾将军守左金吾卫大将军试鸿胪卿上柱国宋公墓志铭并序》载："建中二年七月出蓟城，奉恩命，元戎朱公我神将……收掌恒定，围深州，克伏。其年十一月，破恒定节度张惟岳十万余人……何期国家负德，不与功勋，反祸燕师，授太原河东节度马遂恶奏，先领朔方兵甲……我幽州节度并以恒冀兵马，建中三年……六月卅日，破马遂兵马廿余万。"（周绍良主编：《唐代墓志汇编》建中〇一八《故云麾将军守左金吾卫大将军试鸿胪卿上柱国宋公墓志铭并序》，1833 页。）

首建以郭子仪领朔方而代怀恩之策，促成榆次兵变。①

最后，榆次兵变促使反仆固氏诸内附蕃部向河东军政体制靠拢。榆次兵变后，舍利葛旃率部投靠河东节度使辛云京。史料表明，至大历四年（769）王缙节制河东时，他已做到了河东节度马军使，地位仅次于左右兵马使王无纵和张奉璋。② 葛旃的儿子舍利石铁在贞元年间官至河东节度先锋马军副使③，应即子承父业。而葛旃的两个忘年小舅子李（阿跌）光进与光颜，则后来居上成为晚唐名将，以其蕃部为主的黄头军更是一代劲旅。④ 他们都是通过河东军政体制而得以发展的。其中葛旃依靠辛云京、王缙的重用⑤，而石铁、光进、光颜三人则依靠马燧，两代人的上下级合作均称默契。尚有一点需辨明者，即上述内附蕃将所统之兵是否即为其本蕃成员？张国刚曾撰《唐代的蕃部与蕃兵》一文，专门探讨这一问题，认为从原则上来讲，所有内附羁縻府州"都有提供军队，帮助朝廷打仗的义务"。上文所引开元四年（716）《移蔚州横野军于代郡制》，张国刚亦曾引用，并结合其他材料指出"各蕃兵主帅既是本族部落主，又是

---

① 参见（后晋）刘昫等撰：《旧唐书》卷一三二《李抱真传》，3647 页。

② 《册府元龟》载："王缙以大历四年为河东节度使。缙以大将王无纵、张奉璋失律，并按军令，斩之以闻。初，缙奉诏发兵赴监州防秋，无纵、奉璋并为兵马使，与马军使舍利割旃同领马步三千人赴援。割旃先济河，无纵、奉璋逗遛不进，将谋为乱。无纵诈以他故回入太原城，缙不觉。会其谋泄，城内官吏多潜为备，乃有闻于缙者。缙密令，召潜伏甲士待之。无纵等不虞事泄，既至，缙以义责之，遂与监军及军将等面阙，再拜陈：'无纵等悖乱，军有常刑！'乃斩之。其连谋王希艺、苏延福等七人，并同受戮。自是太原凶将殆尽，军府稍宁。"[（北宋）王钦若等编：《册府元龟》卷四〇一《将帅部·行军法》，4773 页。]此割旃即葛旃。

③ 参见周绍良、赵超主编：《唐代墓志汇编续集》贞元〇一四《唐故□□节度先锋马军兵马副使开府仪同三司试殿中监上柱国食邑三千户狄道郡王舍利公墓志铭并序》，743 页。

④ 陈寅恪于此即有札记，王永兴就此做了详细阐释。参见王永兴：《陈寅恪先生史学述略稿》，288～318 页；[日]山下将司：《唐の"元和中興"におけるテユルク軍團》，载《東洋史研究》，第 72 卷，第 4 號，2014，1～35 页。

⑤ 王缙甫到任即借故诛除悍将王无纵、张奉璋，但对于级别相当的葛旃则未见问责，表现出某种程度的信任与笼络。

唐朝羁縻府州的都督，同时还率领蕃兵充当边军讨击大使的军职"，"充分反映了蕃兵'兵牧合一'的部落兵特点"。① 章群进而具体指出"阿跌部隶于朔方军，益可证明开元以后将降户编入军伍之说"，不过他认为"光进兄弟自朔方迁徙河东，最大的意义，在说明从此脱离了部落"，或其部落经政治变动后"根本已所余无几人"。② 苏航根据太原市阳曲县出土的后晋《何君政墓志》中关于"鸡田府部落长史"的头衔记载，结合本章前引《舍利公墓志》等史料，认为舍利、阿跌诸部是带领其所统蕃部投化河东的，而"鸡田部的南迁，应是其部落首领从军太原的结果"。③ 综上来看，虽然李光进兄弟所统黄头军是否以蕃部为主，仍存在争议④，但甫迁河东的舍利、阿跌部应该还是保留了其部族势力，并在河东军政体系中拥有举足轻重的地位。榆次兵变中反仆固氏诸蕃部选择了与河东实权派联合的立场，随着仆固怀恩发动叛乱。这种联合阵营得以确立，使得他最终成为河东公敌。

这种敌对与孤立在仆固怀恩反叛后得到了进一步反映。《李良金墓志》是其中较为具体地记录仆固怀恩叛乱因由的一方墓志，志主李良金作为仆固怀恩旧将（按：与上文提到的阿跌良臣或说李良臣名仅一字之差，

---

① 张国刚：《唐代的蕃部与蕃兵》，见《唐代政治制度研究论集》，96、98 页。

② 章群：《唐代蕃将研究》，312 页。

③ 苏航总结前人研究指出："唐朝对蕃兵蕃将的利用有三个不同的时期：唐初蕃酋虽得统率出征，但其部落并非军队的常备力量，更不以军队的形式常镇边郡。开天之际，蕃将虽多为边镇统帅，但皆为个体蕃将，其下并无本部势力。而率领本部蕃兵的蕃酋多为边军将佐，其部兵仅为边军一部，受到军队的严格控制。至唐后期，出于北地蕃部的蕃酋则不出任帅，亦得总统本蕃及缘边诸蕃，而这些蕃部，也常常成为军队的基本构成部分。其发展趋势是，蕃部在边军中的势力一步步加强，其与军队的关系由唐前期的以军统部转变为唐后期的以部统军，从蕃部为政府及军队的利益效劳，转变为地方政府和军队成为蕃部发展壮大的工具。"（苏航：《唐后期河东北部的铁勒势力》，载《唐研究》，第 16 卷，2010，264、268 页。）

④ 《资治通鉴》载，"初，忠武军精兵皆以黄冒首，号黄头军。李承勋以百人定岭南，宋涯使麾下效其服装，亦定容州"［（北宋）司马光编著：《资治通鉴》卷二四九，"大中十二年七月"条，8071～8072 页］，表明晚唐确实存在以汉兵效胡兵体制而组建精兵之事，类似的例子亦见于蜀中所谓"黄头军"。

当予注意区分），其经历为理解安史之乱后期的河东局势提供了重要信息。相关志文如下：

> 朔方节度副使论公遇公而置之幕下。……廿年间，累有迁拜。日者受分符之寄于晋也……虽迫凶徒，而身处唐郊；亦怀王命，而心驰魏阙。间岁职营田之务于蒲也……岂意讼因小史，词忤大臣，苍黄之际，命归不测。……以大历三年七月十一日奄终于河中府，春秋卅有七。夫人荥阳郑氏。……中年不幸，先公而亡。以广德元年十一月十四日返□于晋州官舍，享年卅有一。旋以公即世之岁，十一月廿六日，合葬于晋城东偏。①

志主李良金少以干谒方式投靠朔方节度幕下，在朔方军中征战长达二十年。所谓"受分符之寄于晋"指其任晋州刺史，郁贤皓考证在广德元年（763）。② 下文"虽迫凶徒"、"心驰魏阙"等说法暗示志主当时其实效力于叛军，当年年初安史之乱已告结束，考虑到志主此前二十年间始终为朔方军将，而广德元年（763）盘踞晋州的正是仆固怀恩心腹李怀光③，可以确定李良金追随仆固怀恩参与了叛乱。当年其夫人之死是墓志透露出的另一条重要线索，志称郑氏"广德元年十一月十四日返□于晋州官舍"，这里残缺的"返□"非常关键。李良金该年甫任晋州刺史，按理其夫人自当随居于晋州，但墓志透露出她是从外地回到晋州死去的。这个缺掉的字，推测可能是"卒"、"殡"之类，郑氏应是在外地生病、负伤甚至死亡，然后才返回晋州成葬的。广德元年（763）十一月的时间非常敏感，这正是

---

① 周绍良主编：《唐代墓志汇编》大历○一○《唐故金紫光禄大夫试太子詹事兼晋州刺史上柱国陇西郡开国公李公墓志铭并序》，1767 页。参见龚隽：《〈唐代墓志汇编〉（肃宗至顺宗）校补及研究》，25～26 页，硕士学位论文，西南大学，2010。

② 参见郁贤皓：《唐刺史考全编》卷八一《河东道·晋州》，1179～1180 页。

③ 《资治通鉴》卷二二三"广德元年七月"条载："怀恩将朔方兵数万屯汾州，使其子御史大夫瑒将万人屯榆次，裨将李光逸等屯祈[祁]县，李怀光等屯晋州，张维岳等屯沁州。"（7147 页）

榆次兵变的前夜，根据我们此前考证，仆固怀恩正向承天军方向发动激烈进攻。郑氏作为女眷而染病外地，很可能是跟随李良金征战时发生意外。李良金的死因也值得关注。从墓志"心怀魏阙"等说法来看，李良金在榆次兵变后并未追随仆固怀恩叛逃灵武，而是与其顶头上司李怀光一道投靠了唐朝，并得以保留官职。郁贤皓推测其于大历元年(766)卸任晋州刺史，但从墓志题头来看，李良金卒时官职仍为晋州刺史，他卒后并未葬于河中府，而是返还晋州与夫人合葬，很可能是以河中节度营田使之类官职在大历初年"职营田之务于蒲"，晋州刺史作为本官并未去掉。李良金之死系由"讼因小史，词忤大臣，苍黄之际，命归不测"，说明他是因官吏检举激怒上司被处决的。大历三年(768)河中节度使为郭子仪[1]，至于李良金是否系郭子仪处决，史料不足不便臆断。

另外一方《张嘉庆墓志》同样为河东实权派与仆固怀恩的矛盾提供了关键证据，据志：

> 赴河湟谒上将王思礼，擢居麾下焉。……恩制超授和众府折冲。遇奸臣乱常，志逾皋镜……皇唐克复。……特□经略使、左金吾将军、兼少府监。仆固怀恩鲜卑之族，抑号天骄，早慕皇风，犹罄忠节，同讨凶孽，位总台衡。不有终卒之心，还谋叛乱之志，侵轶郊甸，割剥黎元。皇上轸怀，臣下禀命，出师临敌，公画嘉谋。锋镝未施，已枭魁首，心离众道，终夜有声，燧息川明，烽堠无警。皇上嘉之，授开府仪同三司、太常卿。……以大历十四年四月十一日薨于会同里之私第，春秋六一有四。以五月九日合祔于太原城北义井里之平原，礼也。夫人渤海高氏。桂华早殒，形魂沉埋，权处异方，难归晋国，招魂合榇，同穴禀仪。[2]

---

① 参见吴廷燮撰：《唐方镇年表》，443 页；崔人杰：《唐中后期河中镇研究——以朔方化和中央化时期为主》，31 页，硕士学位论文，陕西师范大学，2013。

② 周绍良、赵超主编：《唐代墓志汇编续集》大历〇四二《唐故开府仪同三司试太常卿张府君墓志铭并序》，721 页。

志主张嘉庆早年投奔王思礼，在河湟一带久历行阵，安史之乱爆发后随王思礼入关，叛乱平定后"特□经略使、左金吾将军、兼少府监"。这里最关键的信息恰好缺失，单凭此条难以判断他究竟是入职中央还是仍旧外任。这一困惑幸赖墓志关于其卒地及合祔的记载而得以解决。据墓志，夫人高氏早于张嘉庆去世并葬在他处，大历十四年(779)四月十一日张嘉庆卒后，仅隔二十余天后的五月九日即在太原城北与其夫人招魂合祔，实现了形式上的合葬。从"桂华早殒"、"权处异方"的记载来推断，高氏很可能在张嘉庆随军入关平叛前即以盛年卒于河陇。① 大历十四年(779)河陇已陷于吐蕃，自然"难归晋国"，而只能用招魂的方式聊存合祔之礼。张嘉庆本是清河人氏，但他晚年已将河东认同为自己的故乡，卒葬均在太原，这说明他不光在叛乱平定后未入职中央，而且很可能在入关后长期供职于河东军事体系。

在此基础上，可对墓志关于仆固怀恩叛乱的翔实记载进行分析。所谓"皇上轸怀，臣下禀命，出师临敌，公画嘉谋"，暗示对仆固怀恩的处理是代宗的旨意，而张嘉庆即参与了谋划。"锋镝未施，已枭魁首"指榆次兵变，魁首即仆固玚，他在兵变被杀后"传首京师"②。"心离众道，终夜有声"反映了榆次兵变后仆固怀恩所部连夜溃逃的情景。"终夜有声"典出《左传·宣公·宣公十二年》，当年六月，南下救郑的晋军在黄河南岸的邲与楚军发生了遭遇战，晋军大败，因溃逃争船互相砍断攀缘手臂以致"舟中之指可掬"，而"晋之余师不能军，宵济，亦终夜有声"。③ 榆次兵变事起仓促，地在河东，事变后仆固怀恩连夜溃逃灵武，墓志用邲之战的典故来做隐喻无疑非常贴切，并为我们进一步理解河东军将与仆固怀恩间的严重对立提供了忠实的原始记录。

---

① 类似的例子，参见周绍良、赵超主编：《唐代墓志汇编续集》大历〇一一《大唐守陇右西使左八监张文绪》，699～700 页。张嘉庆入关时年甫四十，其夫人约三十多岁，故称"早殒"。

② （后晋）刘昫等撰：《旧唐书》卷一二〇《郭子仪传》，3458 页。

③ 杨伯峻编著：《春秋左传注》，"宣公十二年"，739、743 页。

最后我们不妨补充一件事情。辛云京攫取河东政权一年后的宝应二年(763)七月,李良臣卒于河中治所。值得注意的是,同一时间正好发生如下事件:

> 中使骆奉仙至太原,云京厚结之,为言怀恩与回纥连谋,反状已露。奉仙还,过怀恩,怀恩与饮于母前,母数让奉仙曰:"汝与吾儿约为兄弟,今又亲云京,何两面也!"……八月,癸未,奉仙至长安,奏怀恩谋反;怀恩亦具奏云状,请诛云京、奉仙;上两无所问,优诏和解之。①

据此来看,辛云京与仆固怀恩两方均在试图拉拢中使。从上文所引《资治通鉴》"怀恩将朔方兵数万屯汾州,使其子御史大夫瑒将万人屯榆次,裨将李光逸等屯祈[祁]县,李怀光等屯晋州,张维岳等屯沁州"的记载来看,其势力密迩良臣所驻河中治所绛州。李良臣为郭子仪旧部②,宝应元年(762)三月郭子仪平定河中之乱后返京,良臣应即留镇河中,直至次年七月卒于治所。良臣以三十六岁壮年卒,结合时间、地点及上年刚刚平定的太原兵变来看,很有可能是死于兵变或战争。宝应二年(763)七月改元广德③,此即张奉璋厄守承天军以绝怀恩父子的年份。仆固怀恩应在该年秋冬时节与张奉璋展开了激战,但如墓志所载以失败告终,"旋有榆次之祸"。

---

① (北宋)司马光编著:《资治通鉴》卷二二三,"广德元年七月"、"广德元年八月"条,7147~7148页。

② 李宗闵的《唐故开府仪同三司鸡田州刺史御史中丞赠太保李公(良臣)墓碑》载:"王师收两京平剧贼,公之功居多。拜开府仪同三司、鸡田州刺史,充朔方先锋左助(按:'助'当为'厢')兵马使,事云尉汾阳王,汾阳王爱公沉默多断,军中之事一以咨公。"[(唐)李宗闵:《李良臣碑》,见(清)王昶:《金石萃编》卷一〇七,收入新文丰出版公司编辑部编:《石刻史料新编》第1辑,1817页。]

③ 《资治通鉴》载:"秋,七月……壬子,赦天下,改元。"[(北宋)司马光编著:《资治通鉴》卷二二三,"广德元年七月"条,7145页。]《李良臣碑》所用年号仍为宝应。

附录　安史之乱年表

说　明

　　本表是对安史之乱期间主要政治、军事事件的记录。所收事件均与安史之乱有关。发生在此期间，但与安史之乱无涉者不收；虽与安史之乱有关，但过于琐细者不收；确为安史之乱相关大事，但目前史料尚无法确知到月者，暂不予收录。

　　本表起于天宝十四载（755）十一月，终于宝应二年（763）闰正月，年下系月，月下系日。有明确记载或可考订确切日期者，系于当日；无法确知具体日期者，推定其于当月间的大致时间段，空缺相应日期，但以行数表明其与前后相邻日期的时间先后关系。

　　本表对唐朝和燕政权发生的历史事件同时予以记录。其中系于唐朝之下的事件，包括唐朝自身相关政治、军事事件，以及唐朝在对外交往中所发生的与安史之乱相关的历史事件（如回纥出兵助唐）；系于燕政权之下者，包括燕政权自身相关政治、军事事件，以及此间发生的其他有助于或倾向于燕政权的事件（如武威商胡叛乱）。对于重要战争，侧重于唐朝方面的记录，燕政权方面则强调不同内容以予补充。

　　本表分为三列，其中左侧一列是时间，中间一列是唐朝所发生的事件，右侧一列是燕政权所发生的事件。每个月份的中、右两列分别标明了当月唐、燕双方所对应的年号；更改年号的当月，同时保留新旧两个年号；左侧时间列中，每月先标出当月所属的西历年份，再标出中历月份，接下来是朔日对应的干支，最后是大月、小月（大月 30 天，小月 29 天）；西历年份仅作为历史学研究中必不可少的参考，众所周知中历、西历之间实际上存在一个多月的时间差，但这种时间差对安史之乱所涉及的唐、燕甚至回纥的历史研究均没有任何影响，可以忽略不计；因此，本年表所涉及的除西历年份之外的所有时间，都是基于中历的。

安史之乱年表

755. 11 丙辰，大		天宝十四载	
9	甲子	玄宗在华清池。	当天夜晚，安禄山在范阳起兵。①
10	乙丑	太原尹杨光翙在城下被劫走，太原、东受降城同日上奏安禄山反叛。	安禄山在蓟城南誓师，引兵南下。何千年劫走北京副留守、太原尹杨光翙。 高秀岩进袭振武军。②
15	庚午	玄宗确知安禄山叛乱，分派毕思琛、程千里赴洛阳、河东募兵抵御。	
16	辛未	封常清赴华清宫。	

---

① 《资治通鉴》卷二一七"天宝十四载十一月"条载："十一月，甲子，禄山发所部兵及同罗、奚、契丹、室韦凡十五万众，号二十万，反于范阳。"（6934 页）当月丙辰朔，甲子为九日，与《安禄山事迹》卷中"十一月九日，禄山起兵反"（94 页）日期相同。《旧唐书》卷九《玄宗纪下》以戊午为本月朔，实误，但所载"丙寅，范阳节度使安禄山率蕃、汉之兵十余万，自幽州南向诣阙"（230 页），仍为当月九日。据此，可以确定安禄山于天宝十四载（755）十一月甲子（九日）晚起兵。参见［日］平冈武夫编：《唐代的历》，171 页，上海，上海古籍出版社，1990。

② 《资治通鉴》卷二一七"天宝十四载十二月"条载："安禄山大同军使高秀岩寇振武军，朔方节度使郭子仪击败之。"（6944 页）卷二一七"天宝十四载十一月"条载："乙丑，北京副留守杨光翙出迎，因劫之以去。太原具言其状。东受降城亦奏禄山反。"（6935 页）可知安禄山起兵前做了精密部署，范阳、太原同日举事。振武军治东受降城内，结合《资治通鉴》将东受降城上奏系于乙丑日之下来看，我们有理由认为，高秀岩进袭振武军（东受降城）与范阳、太原之事变当在同日。

续表

17	壬申	任命封常清为范阳、平卢节度使，李史鱼为范阳节度副使。①	
19	甲戌		安禄山至博陵南，斩杨光翙。派安忠志守土门，张献诚摄博陵太守。
20	乙亥	常山太守颜杲卿往藁城迎安禄山。	安禄山至藁城，仍以颜杲卿为常山太守。派李钦凑守井陉口。
21	丙子	玄宗回到长安，斩安庆宗。以朔方节度使安思顺为户部尚书，郭子仪为朔方节度使，王承业为太原尹，张介然为河南节度使，程千里为潞州长史。诸郡始置防御史。	
22	丁丑	以荣王琬为兵马元帅，高仙芝为副元帅。	叛军抵达常山。
26	辛巳	封常清断河阳桥以为守备。②	
30	乙酉	李光弼起复为朔方左厢兵马使。③	

---

① 《李史鱼墓志》称"朝廷雅知公忠，迁侍御史，充封常清幽州行军司马。隔于凶盗，诏不下达"[(唐)梁肃：《侍御史摄御史中丞赠尚书户部侍郎李公墓志铭》，见（清）董诰等编：《全唐文》卷五二〇，5289页]，知李史鱼或未在第一时间收到诏书，但唐廷的任命则应随封常清之任范阳节度使一同下达。

② 《资治通鉴》卷二一七"天宝十四载十一月"条载："常清即日（壬申）乘驿诣东京募兵，旬日，得六万人；乃断河阳桥，为守御之备。"(6936页)

③ 杜牧《张保皋郑年传》记："安禄山乱，朔方节度使安思顺以禄山从弟赐死，诏郭汾阳代之。后旬日，复诏李临淮持节分朔方半兵东出赵、魏。"[(唐)杜牧：《张保皋郑年传》，见《樊川文集》卷六，102页。]这里所记赐死之事，应是玄宗返回长安后斩安庆宗，以郭子仪取代安思顺节制朔方，时在十一月二十一日。李光弼在十二月十二日便以朔方左厢兵马使身份率领高濬、仆固怀恩等人于代北作战，则起复实在此前。杜牧"后旬日"的说法尽管未必精确，但颇具参考意义，且与实际情形较符合，可从。

续表

755.12 丙戌，小		天宝十四载	
1	丙戌	高仙芝自长安率五万军队东征，边令诚为监军。	当晚安禄山自灵昌渡河。①
2	丁亥	灵昌陷落。	叛军攻陷灵昌。
5	庚寅	陈留太守郭纳以城投降，河南节度使张介然被叛军杀害。	安禄山从北郭入陈留，斩张介然，屠杀投降唐军近万人。 以李庭望为河南节度使。 以张通晤为睢阳太守，与杨朝宗率军东向略地。②
7	壬辰	玄宗下诏拟亲征，命西北诸道节度使二十日内毕集长安。 荥阳太守崔无诐率军守城。 封常清在虎牢关与叛军前锋交战。	安禄山率军攻荥阳。③ 田承嗣等率前锋至虎牢关。④
8	癸巳	荥阳陷落。	安禄山攻陷荥阳，杀崔无诐。 以武令珣守荥阳。

---

　　① 关于安禄山军队渡过黄河的时间，《资治通鉴》与《旧唐书》的记载相差一天。《旧唐书》卷九《玄宗纪下》记："十二月丙戌朔，禄山于灵昌郡渡河。"（230 页）《太平御览》卷一一一《皇王部三十六·唐玄宗明皇帝》所记相同。《资治通鉴》卷二一七"天宝十四载十二月"条载："丁亥，安禄山自灵昌渡河，以缏约败船及草木横绝河流，一夕，冰合如浮梁，遂陷灵昌郡。"（6937 页）据此来看，禄山应于十二月一日晚渡河，次日攻陷灵昌。温公为叙述之便，将渡河事系于城陷日。

　　② 《资治通鉴》卷二一七"天宝十四载十二月"条载："禄山以张通儒之弟通晤为睢阳太守，与陈留长史杨朝宗将胡骑二余东略地。"（6940 页）此条记于东京陷落后，应为补叙该段时间之事。由陈留长史杨朝宗一同受任来看，此应为陈留陷落后与李庭望一同做出的任命。随后叛军主力西进，张、杨二人则东向略地。

　　③ 《资治通鉴》卷二一七"天宝十四载十二月"条载："安禄山引兵向荥阳，太守崔无诐拒之……癸巳，禄山陷荥阳。"（6938 页）从荥阳的抵抗情况来看，应是次日即被攻克。

　　④ 《资治通鉴》卷二一七"天宝十四载十二月"条载："禄山声势益张，以其将田承嗣、安忠志、张孝忠为前锋。封常清所募兵皆白徒，未更训练，屯武牢以拒贼；贼以铁骑蹂之，官军大败。常清收余众，战于葵园，又败。"（6938 页）是知封常清亲自于虎牢关督战拒敌，该地是其与叛军最初交战之处。至于双方首次交战时间，《旧唐书》卷一〇四《封常清传》载常清战败后上表称"自今月七日交兵，至于十三日不已"（3210 页），而《旧唐书·玄宗纪下》则记为"丙申，封常清与贼战于成皋罂子谷"（230页），丙申为十一日。结合《资治通鉴》所记来看，封常清当于壬辰七日与叛军初次接战，丙申十一日在罂子谷败绩。

续表

11	丙申	封常清在罂子谷战败，当天撤至洛阳上东门。	安禄山主力抵达罂子谷葵园，唐军败走。
12	丁酉	封常清在上东门战败，东京陷落。河南尹达奚珣投降，东京留守李憕、御史中丞卢奕被杀。朔方左厢兵马使李光弼等击败大同军兵马使薛忠义，坑杀叛军七千骑兵。①	叛军攻陷洛阳上东门，安禄山进入洛阳。杀李憕、卢奕。以张万顷为河南尹，崔乾祐屯军陕州，张通晤任睢阳太守。
13	戊戌	封常清退至陕郡，与高仙芝决定退守潼关。	
15	庚子	永王璘、江陵长史源洧分任山南节度正、副使，颍王仙、蜀郡长史崔圆分任剑南节度正、副使。	
16	辛丑	玄宗放弃亲征的打算。	
17	壬寅	颜真卿斩段子光，景城送刘道玄首至平原。河北共推颜真卿为盟主。②	张献诚将五郡团结兵围饶阳。
18	癸卯	斩高仙芝、封常清，以哥舒翰为兵马副元帅。	
19	甲辰	郭子仪加御史大夫。	
21	丙午	颜杲卿设计召杀井陉守将李钦凑。	李钦凑自井陉率部至常山，被颜杲卿所杀。
22	丁未	颜杲卿杀李钦凑同党，遣散井陉叛军，擒高邈、何千年。常山起兵归唐。	高邈自幽州征兵还，至常山被杀。何千年自洛阳北返被擒。叛军失守常山。
23	戊申	荣王琬薨。	

---

① 《资治通鉴考异》引《汾阳王家传》记录了此战的时间，参见（北宋）司马光编著：《资治通鉴》卷二一七，"天宝十四载十二月"条，6944页。《资治通鉴》原文中薛忠义为"大同兵马使"，缺"军"字；李光弼为"左兵马使"，缺"厢"字。

② 《资治通鉴考异》曰："己亥，十五日也。而真卿以壬寅斩段子光，壬寅，十八日也。"[（北宋）司马光编著：《资治通鉴》卷二十七，"天宝十四载十二月"条，6949页。]是以当月为三十天，恐误。

续表

29	甲寅		史思明兵至常山。①
下旬			河北十七郡归唐,仅余范阳等六郡从叛。
756.01 乙卯,大		**天宝十五载**	**圣武元年**
1	乙卯	玄宗御宣政殿受朝。	安禄山称帝,国号燕,改元圣武。以达奚珣为侍中,张通儒为中书令,高尚、严庄为中书侍郎。
2	丙辰	以李随为河南节度使,许远为睢阳太守兼本郡防御使。	
6	庚申		史思明、蔡希德两军对常山形成合围。
8	壬戌	常山陷落。 颜杲卿、袁履谦被执。	安禄山率军抵达新安,随后返回。② 史思明、蔡希德攻陷常山。 执颜杲卿、袁履谦送往洛阳。
9	癸亥	命郭子仪从云中还兵朔方,增兵围攻洛阳。③ 以李光弼为云中太守、河东节度使。	

① 常山被围的时间,诸书记载多有抵牾。《旧唐书》卷二〇〇上《史思明传》记:"十五载正月六日,思明与蔡希德围颜杲卿于常山,九日拔之。又围饶阳,二十九日不能拔。"(5376页)《资治通鉴》卷二一七"至德元载正月"条记:"杲卿起兵才八日,守备未完,史思明、蔡希德引兵皆至城下。……壬戌,城陷。"(6951～6952页)从上面两条记载,我们可以确定常山之战凡九日(此处非指日期,与随后饶阳"二十九日不能拔"对照可知指攻城时间),天宝十五载(756)正月初八(壬戌)城陷。据此来看,史思明与蔡希德的军队应为一前一后抵达常山城下,应区分叛军兵临常山城与史、蔡军队合围两件事。颜杲卿起兵在天宝十四载(755)十二月二十二日,当月二十九日史思明军队先行抵达,随后蔡希德亦率军会合。天宝十五载(756)正月初六合围攻城,初八城陷,距思明军抵常山正好九日。推测史思明于天宝十四载(755)十二月二十九日兵临常山。《资治通鉴》未能确知时日,将思明、希德围攻概系于"天宝十四载十二月"条末,不失为一种稳妥的处理办法。

② 《资治通鉴考异》引《玄宗实录》曰:"十五年,正月,壬戌,禄山将犯潼关,次于新安,闻有备而还。"[(北宋)司马光编著:《资治通鉴》卷二一七,"天宝十四载十二月"条,6950页。]

③ 此条命郭子仪回军朔方并援助洛阳的命令日期不明,司马光系于壬戌日下。从次日任李光弼为河东节度使来看,对郭的命令应是同日发出,实际是让李光弼全权负责河东战局,郭子仪则率朔方军主力南下洛阳。这是对朔方军整体上的调动,两条诏令当于同日发布。

续表

10	甲子	哥舒翰加尚书左仆射、同平章事，鲁炅首为南阳节度使。	
11	乙丑	哥舒翰于潼关击退安庆绪所率叛军。	安庆绪率军进攻潼关，败退。
15	己巳	颜真卿加户部侍郎兼平原防御史。	
17	辛未		史思明进围饶阳。①
756.02 乙酉，小		**天宝十五载**	**圣武元年**
2	丙戌	加李光弼魏郡太守、河北道采访使。	
6	庚寅		第一次幽州兵变，韩朝阳携安禄山之命斩杀贾循。 以向润客为范阳节度使，吕知诲为平卢节度使。②
14	戊戌	李光弼率朔方、河东主力进抵常山。	常山守军向饶阳史思明羽书告急。
15	己亥	李光弼攻克常山，收降安思义。	常山团练兵杀胡兵降唐，守将安思义出降。

---

① 《旧唐书》卷二〇〇上《史思明传》记："思明与蔡希德围颜杲卿于常山，九日拔之。又围饶阳，二十九日不能拔。李光弼出土门，拔常山郡，思明解围而拒光弼。"（5376～5377 页）《资治通鉴》卷二一七"至德元载二月"条载李光弼攻下常山后，燕军降将安思义提到"思明今在饶阳，去此不二百里。昨暮羽书已去，计其先锋来晨必至，而大军继之"，而实际正是"史思明闻常山不守，立解饶阳之围；明日未旦，先锋已至，思明等继之"。（6954 页）据此可知饶阳之围解去正在二月十五日，以此推算，史思明应于正月十七日包围饶阳。

② 《安禄山事迹》卷下载："（范阳）伪节度留后贾循、右虞候程超谋以范阳归顺，为禄山伪支度副向润客所觉，潜令送敕书，使韩朝阳告之。庚寅，朝阳自洛阳致禄山意旨……引之密语，抽佩刀斩之。遂宣伪诏，数循罪逆，并斩超，并传首东郡，戮及妻子。以平卢（伪）持节吕知诲为留后。"（102 页）据《旧唐书·刘客奴传》知其事发生在安禄山称帝以后，即天宝十五载（756）正月初一之后。《安禄山事迹》将此事记于当年正月与五月之间，但该书并非严格的编年体例，况且当年正月无庚寅，因此只能确认其发生于正月到五月之间。当年二月六日、四月七日均为庚寅，考虑到四月刘客奴发动政变杀死吕知诲并受唐命为平卢节度使，如果韩朝阳幽州兵变发生在四月七日的话，则其携禄山命再至平卢，最快也到了当月中旬，在这短短十几天里发生两次政变并上达唐中央，最后又任命刘客奴为节度，从时间上来讲是不可能的。因此，韩朝阳幽州兵变发生在天宝十五载（756）二月初六庚寅日，对吕知诲的任命应在同一日。

续表

16	庚子		史思明援兵进抵常山城下。 令狐潮率燕军精锐进攻雍丘。
756.03 **甲寅，大**		**天宝十五载**	**圣武元年**
2	乙卯	张巡守雍丘，与燕军妾战。	令狐潮、李怀仙、杨朝宗围雍丘。
3	丙辰	户部尚书安思顺、太仆卿安元贞坐死。	
5	戊午	郭子仪复进军代州。	
15	戊辰	以吴王祇为陈留太守、河南节度使。	
29	壬午	以河东节度使李光弼为范阳长史、河北节度使，加颜真卿河北采方使。	
756.04 **甲申，大**		**天宝十五载**	**圣武元年**
9	壬辰	郭子仪出井陉至常山与李光弼会师。	
11	甲午	郭、李与史思明战于九门城南，唐军大胜，浑瑊射杀燕将李立节。	史思明与唐军战于九门城南，燕军大败，李立节阵亡。 史思明经赵郡逃往博陵，蔡希德逃往钜鹿。
17	庚子	郭子仪、李光弼攻克赵郡。	赵郡被唐军攻克，太守郭献璆被杀。
19	壬寅	李光弼率军进围博陵。①	史思明据守博陵。
23	丙午	以来瑱为颍川太守。	
28	辛亥	李光弼从博陵退兵，退守恒刃。	
			蔡希德于洛阳见安禄山。
756.05 **甲寅，小**		**天宝十五载**	**圣武元年**
			燕军洛阳援兵、幽州援兵、史思明所部完成集结。
4	丁巳	唐军败于淯水之南，鲁炅退守南阳。	武令珣、毕思琛攻陷唐军淯水营栅，进围南阳。

---

① 《资治通鉴》卷二一七"至德元载四月"条载："庚子，攻赵郡；一日，城降。……光弼进围博陵，十日，不拔，引兵还恒刃就食。"(6960 页)结合赵郡（赵州）与博陵（定州）间的实际距离，唐军十七日庚子克赵郡，则光弼十九日壬寅兵抵博陵较为合理。

续表

		以吴王祇为太仆卿，虢王巨为陈留谯郡太守、河南节度使，兼统岭南、黔中、南阳诸节度。	
15	戊辰	虢王巨引兵出蓝田，进逼南阳。	燕军从南阳撤军。
		郭子仪率军至恒阳，与李光弼会师。①	史思明进抵恒阳。
29	壬午	唐军与燕军在嘉山交战，大破燕军，斩首四万。	燕军在嘉山战败，史思明坠马折枪，逃归博陵。蔡希德中枪索逃走，押衙刘旻被生擒。②
		杨国忠在禁苑训练监牧小儿，招募万人屯灞上，以杜乾运为将。	
756.06 癸未，大		天宝十五载	圣武元年
1	癸未	颜真卿破袁知泰于堂邑，贺兰进明收信都③，哥舒翰斩杜乾运。	
2	甲申		安禄山获知河北战败，责备高尚、严庄。④
4	丙戌	哥舒翰率军出潼关。	
7	己丑	唐军进抵灵宝西原，与燕军相遇。	崔乾祐据守灵宝西原。

---

① 《资治通鉴》卷二一八"至德元载五月"条载："子仪至恒阳，思明随至……数日，子仪、光弼议曰：'贼倦矣，可以出战。'壬午，战于嘉山。"（6963 页）据此推测，郭、李会师应在第一次嘉山之战前数日。

② 《资治通鉴考异》引《河洛春秋》曰："希德中枪索，押衙刘旻斫断而走。生擒得旻。"〔（北宋）司马光编著：《资治通鉴》卷二一八，"至德元载五月"条，6964 页。〕

③ 参见（后晋）刘昫等撰：《旧唐书》卷九《玄宗纪下》，231 页。

④ 《安禄山事迹》将此事系于天宝十四载（755）十二月，与《资治通鉴》不同。按：两则史料关于此事的背景均提到"河北驿路再绝"（《资治通鉴》作"渔阳路再绝"），胡三省以为"前此颜杲卿以常山返正，渔阳路绝矣；杲卿败而复通。今郭、李破史思明，故再绝"，颇是。又按：天宝十五载（756）五月凡二十九日，嘉山之败传至洛阳，最快也需两日，兹系于六月二日甲申。参见（唐）姚汝能撰：《安禄山事迹》卷中，97 页，北京，中华书局，2006；（北宋）司马光编著：《资治通鉴》卷二一八，"至德元载六月"条，6965 页。

续表

8	庚寅	唐、燕双方在灵宝西原会战，唐军战败，逃入潼关。 郭子仪、李光弼再破史思明于嘉山。①	崔乾祐火攻唐军，燕军大胜。史思明在嘉山再次被唐军击败。
9	辛卯	哥舒翰在关西驿被缚降，哥舒翰麾下至长安告急，玄宗命李福德将监牧兵赴潼关。	崔乾祐攻克潼关；田乾真继至潼关，收降哥舒翰。
10	壬辰	玄宗急召宰相商议，杨国忠提议幸蜀。	
11	癸巳	杨国忠召集百官计议，长安士民奔走。	哥舒翰被押赴洛阳，面见安禄山。
12	甲午	玄宗御勤政楼，下制亲征；以魏方进为御史大夫兼置顿使，崔光远为京兆尹；陈玄礼选禁军、厩马准备出逃。	
13	乙未	玄宗与贵妃、杨国忠等自延秋门出逃；京师士民逃亡；王思礼自潼关追及行在，玄宗始知哥舒翰降敌；以王思礼为河西、陇右节度使。	崔光远、边令诚遣使东见安禄山，献上管钥。
14	丙申	玄宗至马嵬驿；陈玄礼等策动禁军兵变，杀杨国忠及贵妃。	
15	丁酉	玄宗离开马嵬驿；太子分后军二千人，经奉天至永寿。	
16	戊戌	玄宗至扶风县，太子至新平郡。	
17	己亥	玄宗至扶风郡，散剑南春彩；太子至安定郡，斩新平太守。	
18	庚子	以崔圆为剑南节度副大使，先行入蜀；太子由乌氏驿入彭原，募得甲士私马。	孙孝哲率军进入长安；以张通儒为西京留守，崔光远为京兆尹。②

① 由于潼关失陷后局势剧变，关于第一次嘉山之战以后数月间河北情况的史料记载颇多同异，《资治通鉴考异》对《旧唐书·玄宗纪》、《汾阳家传》、《邠志》、《唐历》等史料进行了辨析，将第二次嘉山之战系于六月八日，此从其考。参见（北宋）司马光编著：《资治通鉴》卷二一八，"至德元载八月"条，6991～6992 页。

② 《新唐书》卷二二五上《逆臣上·安禄山传》记："贼不谓天子能遽去，驻兵潼关，十日乃西。时行在已至扶风。"（6419 页）按：燕军克潼关后滞留十日方进长安的记载，见于诸种史籍，可信。结合玄宗已在扶风的记载，可知这里的"十日"是从六月九日崔乾祐进占潼关算起，而不得以玄宗出逃起计算。综上可推测燕军于当月十八日进入长安。

续表

19	辛丑	玄宗离开扶风,至陈仓;太子至平凉郡,收阅监牧马匹,募集军队。	
20	壬寅	玄宗至散关,分麾从将士为六军。	
24	丙午	玄宗至河池郡,以崔圆为中书侍郎同平章事。	
26	戊申		扶风百姓康景龙等攻击燕朝宣慰使薛总。
28	庚戌		陈仓令薛景仙杀燕军守将,克复扶风。
756.07 癸丑,小	**至德元载**		**圣武元年**
9	辛酉	太子至灵武。	
10	壬戌	玄宗至益昌。	
12	甲子	玄宗至普安郡,以房琯为文部侍郎、同平章事;肃宗于灵武即皇帝位,改元至德,以裴冕为中书侍郎、同平章事。	
15	丁卯	玄宗下制分天下军事。	孙孝哲杀害霍国长公主等宗室八十余人。
17	己巳		孙孝哲杀皇孙及郡主、县主二十余人。
18	庚午	玄宗至巴西郡。	
22	甲戌		阿史那从礼率同罗、突厥五千人,自西京逃归朔方。
23	乙亥		京兆尹崔光远、长安令苏震杀燕军数千人,投灵武。①
			以田乾真为京兆尹。

---

① 《旧唐书·肃宗纪》系此事于己卯。按:《资治通鉴》卷二一八"至德元载七月"条记:"同罗、突厥之逃归也,长安大扰……京兆尹崔光远以为贼且遁矣,遣吏卒守孙孝哲宅。孝哲以状白禄山,光远乃与长安令苏震帅府、县官十余人来奔。己卯,至灵武。"(6986~6987页)知崔光远等先试图探制孙孝哲,失败后奔赴行在。结合长安至灵武的路程,将此事系于同罗叛逃次日。参见(后晋)刘昫等撰:《旧唐书》卷一〇《肃宗纪》,243页。

续表

27	己卯	崔光远、苏震赴行在，改扶风为凤翔郡。	
756.08 壬午，大		**至德元载**	**圣武元年**
1	壬午	郭子仪、李光弼率五万步骑至灵武；以郭子仪为兵部尚书、灵州大都督府长史、同平章事，李光弼为户部尚书兼太原尹、北京留守、同平章事。	
2	癸未	玄宗成都罪己。	
10	辛卯		史思明攻克九门，杀数千人，引兵进围藁城。
12	癸巳	灵武使者至成都。	
16	丁酉	玄宗称上皇。	
18	己亥	玄宗册肃宗。	
20	辛丑		史思明攻陷藁城。
756.09 壬子，小		**至德元载**	**圣武元年**
1	壬子		燕军进围赵郡。
5	丙辰	赵郡陷落。	史思明攻克赵郡。
17	戊辰	肃宗南幸彭原郡，燉煌王承寀、仆固怀恩出使回纥；诏郭子仪往天德军发兵讨平阿史那从礼叛乱。	
25	丙子	肃宗至顺化郡，韦见素、房琯等赍上皇册书至。	
28	己卯	斩潼关败将李承光。	
756.10 辛巳，大		**至德元载**	**圣武元年**
1	辛巳	肃宗离开顺化。	
3	癸未	肃宗至彭原郡；卖官度僧以补军需；以房琯为兵马元帅，王思礼副之。	

续表

4	甲申	张巡在雍丘城外击破令狐潮所率燕军，斩首数千。	令狐潮、王福德将步骑万余攻雍丘，燕军战败。
		第五琦谒见肃宗；以第五琦为山南等五道度支使，以贺兰进明为河南节度使。	
20	庚子	房琯率中军、北军进抵便桥。	
21	辛丑	唐军前锋与燕军战于咸阳陈涛斜，唐军大败，死伤四万人。	安守忠在陈涛斜击败唐军。
22	壬寅	颜真卿弃平原郡，渡河南走。	
23	癸卯	房琯亲率南军与燕军交战，唐军战败，杨希文等降敌。	燕军击败唐军。
756.11 辛亥，小	**至德元载**		**圣武元年**
8	戊午	回纥葛勒可汗率军至呼延谷（带汗谷），与郭子仪会师；郭子仪拜狼蘒，而后得见可汗。①	
11	辛酉	唐纥联军与同罗及叛胡战于榆林郡黄河北岸，斩首三万，俘虏一万，河曲平定。	同罗及九姓胡在榆林郡黄河北岸被唐纥联军击败。
756.12 庚辰，大	**至德元载**		**圣武元年**
9	戊子	以王思礼为关内节度使，郭英义为凤翔太守，高适为淮南节度使；颍川失陷，太守薛愿被俘。	阿史那承庆攻陷颍川郡。

---

① 《资治通鉴》"至德元载"无十一月条，而将此事系于十二月戊午、辛酉。按：上述两日干支在当年十一月，《旧唐书·肃宗纪》虽系于十一月，但误记为"戊子"。结合《旧唐书·郭子仪传》、《新唐书·回鹘传》的相关记载，可以确定磨延啜与郭子仪会师讨伐同罗在至德元载（756）十一月。据此，知《资治通鉴》所记月份有误但日期不误，其"十二月"实当为"十一月"，而会师、讨叛二事分别在至德元载（756）十一月八日戊午、十一日辛酉。参见（北宋）司马光编著：《资治通鉴》卷二一九，"至德元载十二月"条，7007页；（后晋）刘昫等撰：《旧唐书》卷一〇《肃宗纪》、卷一二〇《郭子仪传》，244、3451页；（北宋）欧阳修、（北宋）宋祁撰：《新唐书》卷二一七上《回鹘传上》，6115页。

续表

25	甲辰	永王璘率军东下广陵。	
27	丙午		徐归道杀刘正臣于北平，潜通安禄山。①
757.01 **庚戌，小**		**至德二载**	**圣武二年**
5	甲寅	以李峘为剑南节度使。	安庆绪、严庄发动政变，夜弑安禄山于洛阳宫中。②
6	乙卯		严庄宣言安禄山病重，立晋王庆绪为太子。
			太子安庆绪即皇帝位，尊安禄山为太上皇；发安禄山之丧。③
12	辛酉	于江陵县置金陵郡，仍置军。	
15	甲子	肃宗至保定郡。	

---

① 《续日本纪》载天宝十五载（756）"十二月丙午，徐归道果鸩杀刘正臣于北平，潜通禄山"（［日］經濟雜誌社编：《續日本紀》卷二一，"淳仁天皇天平宝字二年十二月"條，381页）。按：此则记载与上文是一个整体，记载当时日本获知的安史之乱爆发以来的大事。此前所记事件日期及干支与汉文史籍所载一致，故知此处"丙午"为唐朝日期。是月庚辰朔，丙午为二十七日。参见［日］平冈武夫编：《唐代的历》，172页。

② 《资治通鉴》"至德二载正月"条仅记载"庄与庆绪夜持兵立帐外，猪儿执刀直入帐中，斫禄山腹。……乙卯旦，庄宣言于外，云禄山疾亟"（7012页），并未说明安禄山死于甲寅之夜还是乙卯凌晨。《旧唐书》卷一〇《肃宗纪》径称"乙卯，逆胡安禄山为其子庆绪所杀"（245页），则是以严庄对外宣布此事为准。按：《安禄山事迹》卷下载"二年正月五日，遂相与谋杀禄山。……庄明日宣言于外"（108页），据此可知安禄山死于五日甲寅夜。

③ 从《资治通鉴》"寻即帝位"的说法来看，立储、即位、发丧只是一个程序性问题，应于随后几日即已相继举行。

续表

17	丙寅	河西兵马使盖庭伦、商胡安门物等于武威叛乱，包围府衙，节度使周泌以其子周晓为质。① 蜀郡健儿五千人叛乱，玄宗御蜀郡南楼。	武威九姓胡安门物等反叛。
19	戊辰		河西叛胡杀害周晓。
25	甲戌	燕军进围睢阳，许远告急于张巡。	汴州刺史、河南节度使尹子奇率十三万燕军进攻睢阳。
26	乙亥	张巡引三千军士入援睢阳。②	
28	丁丑	郭子仪密遣郭俊等先入河东郡，实施策反并约定入城日期。③	唐军密使进入河东。
757.02 己卯，大	**至德二载**		**圣武二年**
4	壬午	河西节度支度判官崔称、中使刘日新平定武威商胡叛乱。	安门物叛乱被平定。

---

① 《资治通鉴》、《旧唐书·肃宗纪》将商胡反叛、周泌（泌）被杀两事均系于十七日丙寅。按：《唐故赞善大夫赠使持节都督原州诸军事原州刺史赐紫金鱼袋上柱国周府君墓志铭并序》载："至德二年，五凉之间，九姓谋叛，州闾崩散，公府合围。……公勇能致命，义欲安亲……誓不苟免，挺身力战。……于是凶党大骇，更为诡谋，诈欲降请，请公为质。初谓不信，刺血以盟。公以其必诚，乃随之而往。岂图丑房之约，素不由衷，盟且莫从，质又奚取？竟以其年正月十九日为胡贼所害，春秋一十有七。"（周绍良、赵超主编：《唐代墓志汇编续集》乾元〇〇五《唐故赞善大夫赠使持节都督原州诸军事原州刺史赐紫金鱼袋上柱国周府君墓志铭并序》，678页。）从周晓"义欲安亲"以及一般以子为质的常情，知十七日群胡初叛时并未立即杀害节度使周泌，而是先以其子为质。周泌之死应在质子被杀的十九日或稍后。

② 胡三省注："自宁陵东至睢阳四十五里。"[（北宋）司马光编著：《资治通鉴》卷二一九，"至德二载正月"条，7016页。]两城路程颇近，加之许远告急，推测张巡援兵于次日到达。

③ 《资治通鉴考异》引《汾阳家传》曰："正月二十八日，使宗子怀文潜募郭俊、荀文俊入河东，构忠义，与大军约期以翻城。"[（北宋）司马光编著：《资治通鉴》卷二一九，"至德二载正月"条，7020页。]唐军攻克河东、潼关诸事，《汾阳家传》载之甚详，日期亦更为合理，为《资治通鉴》所采纳。本表相关诸条从《汾阳家传》。

续表

6	甲申	葛勒可汗回到草原。①	
10	戊子	肃宗至凤翔郡，括马凤波。	
11	己丑	郭子仪率军攻克河东郡，追击崔乾祐。	河东司户韩旻内应唐军，崔乾祐出逃。
12	庚寅	安邑伏击崔乾祐逃军，张巡、许远击退燕军。	崔乾祐经安邑、白迳岭逃走，尹子奇从睢阳撤军。
19	丁酉	郭英乂战败于武功，王思礼退军扶风。	安守忠在武功击败唐军，燕军游兵逼近凤翔。
20	戊戌	永王璘战败而死。	
22	庚子	郭子仪遣郭旰、李韶光等率军渡河，击败潼关燕军。	
			安守忠率援军至潼关。
29	丁未	仆固怀恩、王仲昇率军在永丰仓南与燕军交战，唐军战败，李韶光、王祚战死，仆固怀恩退保河东。	安守忠在永丰仓南战胜唐军。
757.03 己酉，小		至德二载	圣武二年
13	辛酉	韦见素、裴冕并罢知政事，以苗晋卿为左相。	
23	辛未	郭子仪击败进击河东的燕军，斩首八千，俘虏五千。	安守忠率二万骑攻河东，燕军败走。
757.04 戊寅，大		至德二载	圣武二年
1	戊寅	以郭子仪为司空兼副元帅，李光弼为司徒。	
		颜真卿至凤翔，以颜真卿为宪部尚书；郭子仪率军自河东至长安以西。	

① 《磨延啜碑》西43行载："（鸡年）二月初六日我到了家中。"（耿世民：《古代突厥文碑铭研究》，203页。）亦参见［哈萨克斯坦］加莫洛夫：《安史之乱中的突厥与回鹘》，杨富学、田小飞译，载《甘肃民族研究》，2011(2)，38页。

续表

13	庚寅	仆固怀恩、王仲昇等率军于三原北伏击燕军，杀伤略尽。	李归仁率五千骑与唐军战于三原北，燕军战败，李归仁逃走。
29	丙午	郭子仪、王思礼合军，进屯滻西，与燕军对峙。①	安守忠、李归仁陈兵于西清渠，与唐军对峙。
757.05 **戊申，小**		**至德二载**	**圣武二年**
6	癸丑	郭子仪追击燕军，唐军大败，判官韩液、监军孙知古被俘；唐军退保武功。	安守忠伪退，以九千骑兵击败唐军。
10	丁巳	房琯罢知政事，以张镐为中书侍郎、同平章事。	
13	庚申	玄宗册肃宗母杨妃为元献皇后。	
15	壬戌	鲁炅撤离南阳，奔襄阳。	燕军攻克南阳，田承嗣追击唐军。
17	甲子	郭子仪贬为左仆射。	田承嗣还军南阳。
757.06 **丁丑，大**		**至德二载**	**圣武二年**
7	癸未	安邑降唐。	安邑守将杨务钦以城降唐；田乾真进围安邑，不克而还。
757.07 **丁未，大**		**至德二载**	**圣武二年**
		贺兰进明攻克高密、琅邪。	
2	戊申	蜀郡郭千仞等叛乱，陈玄礼、李峘率军讨平。	
6	壬子		尹子奇再次围攻睢阳。
11	丁巳	陕郡失守，杨务钦战死。	安武臣攻陷陕郡并屠城。

---

① 《资治通鉴》卷二一九"至德二载四月"、"至德二载五月"条载："相守七日，官军不进。五月癸丑，守忠伪退。"（7023 页）当为对峙七日之后，安守忠方伪退，据此推算两军于四月二十九日丙午开始对峙。

续表

757.08 丁丑，小		至德二载	圣武二年
8	甲申	张镐兼河南节度、采访处置等使，以代贺兰进明；许叔冀掠离灵昌，逃奔彭城。	
		南霁云至临淮告急，贺兰进明拒不出兵。①	
757.08(闰) 丙午，大		至德二载	圣武二年
		南霁云至宁陵。	
3	戊申	南霁云与廉坦率三千人突围出宁陵，仅千人进入睢阳。	
9	甲寅	渭北节度使李光进迎击安庆绪。	安庆绪进攻好畤。
23	戊辰	郭子仪受肃宗之命，进攻长安，先行屯兵扶风。	
26	辛未	崔光远于骆谷击败燕军。	燕军武功溃卒于长安苑北，杀唐将王伯伦、俘李椿。
			蔡希德引兵围攻上党郡。
757.09 丙子，小		至德二载	圣武二年
2	丁丑	上党节度使程千里出城挑战被俘；燉煌王李承寀自回纥使还，拜宗正卿；回纥叶护太子入见肃宗，宴赐加等。②	蔡希德生擒程千里，押送洛阳。
12	丁亥	广平王率主力唐军出征长安。③	

　　① 《资治通鉴》卷二一九"至德二载闰八月"条载："闰月，戊申夜，冒围。"(7030 页)戊申为闰八月三日，据此推知南霁云当于八月底至临淮告急，闰八月初至宁陵，三日晚突围出城。

　　② 叶护与燉煌王承寀应为一同抵达长安，肃宗见叶护并设宴应在当日或稍后。

　　③ 《旧唐书》卷一〇《肃宗纪》载："丁亥，元帅广平王统朔方、安西、回纥、南蛮、大食之众二十万，东向讨贼。"(247 页)《资治通鉴》卷二一九"至德二载闰八月"条引《实录》载"元帅领兵十五万辞出"(7031 页)，同书卷二二〇"至德二载九月"条称"将朔方等军及回纥、西域之众十五万，号二十万"(7033 页)，可看作对《旧唐书》与《实录》记载的差异做出的一种调和。

续表

13	戊子	回纥叶护太子率军到达扶风。	
25	庚子	唐纥联军自凤翔出征。	
27	壬寅	唐、燕双方主力在香积寺西北开决战，唐军大胜，斩首六万。	安守忠、李归仁等率军在香积寺西北与唐军决战，燕军大败。 当晚，西京留守张通儒、田乾真、安守忠等弃长安东逃。
28	癸卯	广平王率唐军进入长安，郭子仪率军追击燕军。①	
29	甲辰	长安捷书至凤翔，肃宗遣使迎玄宗；李泌自长安返回凤翔；郭子仪攻克华阴、弘农。	
757.10 乙巳，大	**至德二载**		**圣武二年/天成元年**
1	乙巳	以崔光远为京兆尹。	
3	丁未	肃宗所遣中使唉庭瑶到达成都。	
8	壬子	兴平军使王难得在武关击溃燕军，收复上洛。	燕军败于武关，唐军攻克上洛。
9	癸丑	睢阳陷落，张巡、南霁云等三十六人被杀，许远被俘至洛阳。	尹子奇攻陷睢阳，杀张巡等唐将。
11	乙卯	河南节度使张镐率援军至睢阳，杖杀谯郡太守闾丘晓。	
15	己未	广平王至曲沃；郭子仪部、回纥叶护与燕军在陕州以西之新店交战，唐军大胜，攻克陕郡。	燕军在新店战败，严庄、张通儒弃陕郡东逃。

---

① 《资治通鉴》将"郭子仪引蕃、汉兵追贼至潼关，斩首五千级，克华阴、弘农二郡"之事系于九月末。按：二十七日壬寅夜，仆固怀恩请以二百骑追击安守忠败军，广平王不许，次日凌晨"谍至，守忠、归仁与张通儒、田乾真皆已遁"，随后唐军入长安。据此知郭子仪于二十八日癸卯率军追击燕军。该月共二十九日，则郭子仪应于当月二十九日甲辰攻克华阴、弘农。〔(北宋)司马光编著：《资治通鉴》卷二二〇，"至德二载九月"条，7037、7034 页。〕

续表

16	庚申		当晚,安庆绪弃洛阳北逃,杀所俘哥舒翰、程千里、许远等唐将;严庄留守河阳。①
18	壬戌	广平王进入洛阳,李泌归山。	安庆绪逃至新乡。②
19	癸亥	肃宗自凤翔前往长安,遣韦见素入蜀奉迎玄宗。	燕都洛阳的中央官员三百余人降唐。
21	乙丑	张用济、浑释之攻取河阳及河内,俘虏严庄。	严庄以河阳、河内降唐。
22	丙寅	肃宗在望贤宫获悉东都捷报。	安庆绪至新乡,得知严庄降唐。
23	丁卯	肃宗入长安,玄宗自成都起程返京。	滏阳之战,燕军击溃驻守唐军。
24	戊辰		安庆绪到达相州,分八道发露布,改相州为安成府,改元天成。
25	己巳	东京胁从百官待罪受审。③	
28	壬申	肃宗御丹凤门,下制对从叛者从宽处理。	

---

① 《资治通鉴》卷二二〇"至德二载十月"条载乙卯日"严庄先入洛阳告安庆绪"(7040页),同月乙丑日"郭子仪遣左兵马使张用济、右武锋使浑释之将兵取河阳及河内;严庄来降"(7042页)。据此来看,严庄并未随安庆绪北走邺城,而是留守河阳。

② 《安禄山事迹》卷下记:"庆绪之奔也,步军不满三千,马军才三四百,至新乡,知严庄投国家,诸将当时心动。……只有张通儒、崔乾祐等两三人,时未衙前参;至卫州则无人辄见,及至汤阴,分散过半……至相州,离散略尽……至滏阳县界,时河东节度使李光弼屯卒一万,军马三百在滏阳……(庆绪)遂与庆和等三人领家童数百,设奇计大破官军,光弼大溃。……庆绪遂分八道,曳露布。"(108页)

③ 《资治通鉴》卷二二〇"至德二载十月"条丁卯日载肃宗还长安时"御史中丞崔器令百官受贼官爵者皆脱巾徒跣立于含元殿前"(7042页),同月己巳日载东都胁从官勒赴西京后,"崔器令诣朝堂请罪,如西京百官之仪,然后收系大理、京兆狱"(7043页)。《旧唐书》卷一〇《肃宗纪》则只载己巳日"文武胁从官免冠徒跣,朝堂待罪,禁之府狱"(248页)。据《资治通鉴》所记来看,似乎肃宗还京后先后对长安、洛阳两京胁从官进行过两次治罪,而《旧唐书》则未予详辨。以情理来讲,两京自然都有胁从官问题,不过当时重点追究的似乎是东京押送至长安的这批官员。《安禄山事迹》卷下有对东京胁从官进行处置的详细记载,本书第六章也有考证,可参。

续表

29	癸酉	回纥叶护自东京抵达长安，赐宴宣政殿；叶护受封忠义王，请求留兵沙苑。	诸路燕军汇集相州，委薛嵩训练军队。
757.11 **乙亥，小**	**至德二载**		**天成元年**
1	乙亥	广平王、郭子仪自洛阳至长安，肃宗御丹凤楼下制，肃宗盛赞郭子仪"再造家国"。①	
15	己丑	以回纥叶护为司空、忠义王；相约岁遗回纥绢二万匹，使就朔方军受纳；以严庄为司农卿。	
22	丙申	玄宗至凤翔，以随行甲兵输郡库。	
757.12 **甲辰，大**	**至德二载**		**天成元年**
3	丙午	玄宗至咸阳，肃宗奉迎于望贤宫；玄宗入居兴庆宫。	
8	辛亥	审理陈希烈等。	第二次幽州兵变，史思明囚禁阿史那承庆、安守忠，宣布归唐。
15	戊午	肃宗对叛乱进行定性，安禄山、杨国忠等不赦，颜杲卿、张巡等列为忠义，战亡之家给复，郡名官名复故；册封诸皇子；郭子仪等将领受封。	
21	甲子	玄宗授传国宝。	
22	乙丑	以史思明为归义王、范阳节度使。	史思明特使窦子昂到达长安，以史思明兵众八万之籍，与河东节度使高秀岩并表送降。
27	庚午	唐廷下制，处决达奚珣等从叛官员。②	

① 广平王、郭子仪至长安的具体日期史籍阙载。按：肃宗御丹凤楼宣制言及广平王、郭子仪、回纥叶护功勋，其中叶护当日在长安，据此推测并揆诸常理，宣制时广平王与郭子仪亦应在场，应于十一月一日乙亥至长安。

② 《资治通鉴》卷二二〇"至德二载十二月"条载："壬申，斩达奚珣等十八人于城西南独柳树下。"（7049 页）《旧唐书》卷一〇《肃宗纪》载："庚午，制：'……达奚珣等一十八人，并宜处斩……'是日斩达奚珣等于子城西南隅独柳树。"（250～251 页）未详孰是，姑以二十七日庚午宣制，二十九日壬申处斩。

续表

29	壬申	斩达奚珣等于子城西南隅狙柳树。	
		置左、右神武军，北衙六军基本形成；升河中防御使为节度使；分剑南为东、西川节度。	
758.01 **甲戌，小**	**至德三载**		**天成二年**
5	戊寅	肃宗加尊号。	
17	庚寅	肃宗于含元殿大阅诸军。	
758.02 **癸卯，大**	**乾元元年**		**天成二年**
1	癸卯	殿中监李辅国兼太仆卿，以能元皓为河北招讨使。	淄青节度使能元皓归唐，授河北招讨使。
3	乙巳	玄宗加徽号。	
5	丁未	改元乾元。	
28	庚午	以安东副大都护王玄志为营州刺史、平卢节度使。	
758.03 **癸酉，小**	**乾元元年**		**天成二年**
2	甲戌	楚王俶改封成王。	
3	乙亥	山南东道、河南、淮南、江南皆置节度使。	
6	戊寅	张淑妃册封为皇后。	
21	癸巳	北庭兵马使王惟良哗变被镇压。	

续表

758.04 壬寅，大	乾元元年	天成二年
	乌承恩为范阳节度副使。①	安庆绪率蔡希德、崔乾祐攻河内李嗣业，不胜而还。
2 癸卯	以虢王巨为河南尹、东京留守。	

758.05 壬申，小	乾元元年	天成二年
11 壬午	制停采访使，改黜陟使为观察使。	
17 戊子	张镐罢政事，以之为荆州防御使；以崔光远为河南节度使。	
24 乙未	崔圆、李麟罢政事。	

758.06 辛丑，大	乾元元年	天成二年
9 己酉	以李嗣业为怀州刺史、充镇西北庭行营节度使。	
14 甲寅	郭子仪率军至卫州。	安庆绪率军救援卫州溃败，安庆和被唐军生擒，安庆绪当晚逃归相州。
18 戊午	停止审理剩余从叛官员。房琯贬为豳州刺史，其党羽皆被贬。	
		第三次幽州兵变，史思明杀乌承恩父子，乌承玼逃脱。幽州再次叛唐。
	乌承玼奔太原，李光弼表为昌化郡王、石岭军使。	

---

① 《资治通鉴》卷二二〇"乾元元年六月"条载："李光弼以思明终当叛乱，而承恩为思明所亲信，阴使图之；又劝上以承恩为范阳节度副使，赐阿史那承庆铁券，令共图思明……（事发后）思明乃执承恩，索其装囊，得铁券及光弼牒。"对此胡三省认为："乌承恩持铁券入不测之房，使阿史那承庆之事不成，承恩其能奉铁券以还天子乎！使思明果授首，则宜宥其同恶，而先籍其姓名，果能悉诛之乎！余谓李光弼之明智必不为此。盖思明因承恩言，伪为此牒，抗表以罪状光弼；又伪为簿书，籍将士姓名以激怒之，使与己同反而无他志。"《资治通鉴考异》引《河洛春秋》曰："（乌承恩）四月始为节度副使，六月死。"（7057～7058 页）尽管胡三省已经指出其事属诬陷，但不可否认李光弼代表唐廷在其中的促成作用。据此来看，乌承恩并非与史思明一同受任制范阳，而应为随后受任。

续表

758.07 辛未，小		乾元元年	天成二年
1	辛未	吐火罗叶护乌多利及九国首领来朝，愿助唐平叛，赴朔方行营。	
17	丁亥	册命回纥可汗为英武威远毗伽阙可汗；宁国公主和亲，以殿中监汉中王李瑀为册礼使。	
758.08 庚子，大		乾元元年	天成二年
3	壬寅	以青登等五州节度使许叔冀为滑濮等六州节度使，青徐节度使季广琛兼许州刺史，河南节度使崔光远兼汴州刺史。	
5	甲辰	玄宗寿辰。①	
11	庚戌	李光弼入朝。	
17	丙辰	以郭子仪为中书令，李光弼为侍中。	
18	丁巳	郭子仪返回朔方行营；回纥骨啜特勤及帝德率军助唐平叛，命朔方左武锋使仆固怀恩统领。	
758.09 庚午，大		乾元元年	天成二年
1	庚午	以赵泚为蒲同虢三州节度使。	
21	庚寅	郭子仪等九节度发兵讨邺。始置观军容宣慰处置使，由鱼朝恩担任。	
758.10 庚子，大		乾元元年	天成二年
			安庆绪杀蔡希德，以崔乾祐为天下兵马使。②

----

① 《旧唐书》卷一〇《肃宗纪》将随后郭、李入朝受封系于甲辰之下（253 页），与《资治通鉴》不同。

② 《资治通鉴》将此事系于九月条下，同时《考异》所引《河洛春秋》则曰："十月，蔡希德有密款归国，将袭杀庆绪以为内应。左右泄之，庆绪斩希德于邺中。"（7061 页）这里取折中态度，认为其发生在十月初。

续表

5	甲辰	册封李俶为太子，更名李豫。郭子仪自杏园渡过黄河，击溃燕军。	安太清自杏园退保卫州。
7	丙午	郭子仪遣使告捷，九节度渡河，会师卫州。	
14	癸丑	唐燕军队战于愁思冈。①	安庆绪退保邺城。
			史思明派李归仁率军至滏阳声援安庆绪。
758.11 庚午，小	**乾元元年**		**天成二年**
8	丁丑	崔光远攻克魏州。	魏州被唐军攻克，刺史萧华降唐。
17	丙戌	以萧华为魏州刺史。	史思明兵分三路救援魏州。
758.12 己亥，大	**乾元元年**		**天成二年**
5	癸卯	崔光远代替萧华为魏州刺史。	
6	甲辰	置浙江西道节度使，韦黄裳任使。	
12	庚戌	置浙江东道节度使，李峘任使，兼淮南节度使。	
29	丁卯	魏州陷落，崔光远走保汴州。	史思明攻克魏州，屠城。
759.01 己巳，小	**乾元二年**		**天成三年/顺天元年**
1	己巳		史思明在魏州称大圣燕王，改元顺天。以周挚为行军司马，屯军楚王桥。
2	庚午	唐燕军队在魏州北交战，燕军大败。②	洺州节度使张令晖、兵马使范秀岩被唐军生擒，李归仁走保滏阳。

---

① 《资治通鉴考异》引《汾阳家传》称"十月五日，战愁冈"，引《实录》称"癸丑，子仪破贼，擒安庆和"。《资治通鉴》认为癸丑"盖捷奏始到"。如表中所示，当月七日唐军九节度方得渡河会师，愁思冈之战更在其后，因此可以认为《实录》所记正是愁思冈之战的实际日期。

② 《安禄山事迹》卷下载思明称燕王后"使李归仁以精兵一万寻山向北"，唐军"平明，引军蹙城，贼亦驻军，相持至暮，三合，归仁大败"(109页)，知此战发生于当月初二。

续表

28	丙申	镇西节度使李嗣业卒，兵马使荔非元礼代领其军。	
759.02 戊戌，小		**乾元二年**	**天成三年/顺天元年**
		唐军掘漳水灌邺城。	史思明自魏州引兵救援邺城。
22	己未		邺城百姓易子而食。
759.03 丁卯，大		**乾元二年**	**天成三年/顺天元年**
6	壬申	邺城之战，唐军六十万主力与史思明五万精兵在安阳河北激战，唐军溃败。	史思明精骑至邺，击败唐军主力。
18	甲申	回纥骨啜特勤、帝德等自柘州奔还长安。	合河口政变，史思明在合河口军营杀安庆绪兄弟五人以及高尚、孙孝哲、崔乾祐等将佐九人。张通儒、李庭望投降史思明。① 安太清率军攻怀州。
24	庚寅	骨啜特勤等辞还行营。	
25	辛卯	以荔非元礼为怀州刺史、镇西北庭行营节度使。	
28	甲午	吕諲拜相。	
29	乙未	苗晋卿、王玙罢政事，以京兆尹李岘行吏部尚书，李揆为中书侍郎，户部侍郎第五琦并同平章事。	
30	丙申	以郭子仪为东畿、山东、河东诸道元帅，权知东京留守；来瑱为陕虢华州节度使。	
			史思明返回范阳。
759.04 丁酉，小		**乾元二年**	**顺天元年**
1	丁酉		史思明于范阳称帝，国号后燕，改元顺天。②

———————

① 《安禄山事迹》卷下引谶曰"夏河野狐尾独速，明年死在十八日"，并称"至是而验"（110页），知邺城政变发生在当年三月十八日。

② 《旧唐书》卷一〇《肃宗纪》载"（乙巳）史思明僭号于魏州"（256页），有误。

续表

4	庚子	王思礼于潞城东击败燕将杨旻。	
8	甲辰	置陕郑亳节度使，鲁炅任使；以尚衡为青密节度使，李奂兼豫许汝节度使；鲁炅自尽。①	
12	戊申	以李抱玉为郑陈颍亳节度使。	
759.05 丙寅，小	**乾元二年**		**顺天元年**
16	辛巳	李岘罢政事，贬为蜀州刺史。	
17	壬午	以许叔冀为汴州刺史、滑汴节度使，刘展为滑州刺史、节度副使。	
759.06 乙未，大	**乾元二年**		**顺天元年**
1	乙未	以裴冕为成都尹、剑南节度副大使，颜真卿为昇州刺史、浙江西道节度使。	
11	乙巳	以吕延之为越州刺史、浙江东道节度使，彭元曜为郑州刺史、陈郑节度使。	
23	丁巳	分朔方置邠宁节度使。	
759.07 乙丑，小	**乾元二年**		**顺天元年**
		肃宗召郭子仪还京，以李光弼为朔方节度使。②	
17	辛巳	以赵王係为天下兵马元帅，李光弼为副元帅。	

① 《资治通鉴》卷二二一"乾元二年四月"条载："戊申，以鸿胪卿李抱玉为郑、陈、颍、亳节度使。"(7075页)李抱玉此次任命系接任鲁炅，知鲁炅自尽于八日甲辰或稍后。

② 《资治通鉴》卷二二一"乾元二年七月"条载："秋，七月，上召子仪还京师，以李光弼代为朔方节度使、兵马元帅。……光弼愿得亲王为之副，辛巳，以赵王係为天下兵马元帅，光弼副之。"(7077～7078页)据此知郭子仪于十七日辛巳前受召还京，而李光弼则于此日后至东都。从其夜入来看，行之颇速，当在随后数日即至，故将夜入朔方军、斩张用济诸事系于十七日辛巳之后。

续表

		李光弼以河东五百骑驰赴东都，夜入朔方军；李光弼斩杀张用济，以辛京杲代为朔方左厢兵马使。	
23	丁亥	以王思礼为太原尹、北京留守、河东节度副大使，王玙为蒲州刺史、蒲同绛刺史。	
27	辛卯	以仆固怀恩兼太常卿，进爵大宁郡王。	
		王思礼擢张光晟为河东节度兵马使。	
759.08 甲午，大	**乾元二年**		**顺天元年**
12	乙巳	襄州军将康楚元、张嘉延叛乱。	
23	丙辰	宁国公主自回纥返回长安。	
25	戊午	中使曹日昇往襄州慰谕康楚元。	
29	壬戌	以李光弼为幽州长史、河北节度使。	
759.09 甲子，大	**乾元二年**		**顺天元年**
1	甲子	张嘉延攻陷荆州，荆南节度使杜鸿渐弃城逃走。①	
		许叔冀以汴州降敌；李光弼空洛阳城，据守河阳。	史思明以史朝清守范阳，诸路燕军会于汴州；燕军攻克汴州，以许叔冀为中书令，使守汴州；遣南德信、田神功等徇江淮。
24	丁亥	以崔光远为荆襄招讨使。	
27	庚寅	洛阳陷落。	史思明攻克洛阳。
759.10 甲午，大	**乾元二年**		**顺天元年**
4	丁酉	肃宗下制亲征史思明，群臣进谏而止。	

---

① 参见(北宋)欧阳修、(北宋)宋祁撰：《新唐书》卷六《肃宗纪》，162 页。《资治通鉴》与《旧唐书·肃宗纪》系于甲午，而该月无甲午，有误。

续表

11	甲辰		当夜董秦降唐。①
12	乙巳	李光弼、郝廷玉、仆固怀恩于河阳击败燕军。	周挚从河阳南城撤军，集中兵力进攻中潬、北城；燕军战败，周挚逃走，徐璜玉、李秦授被俘；史思明从南城撤军。
24	丁巳	以李日越为右金吾卫大将军。	
29	壬戌	吕諲复相。	
759.11 甲子，小		**乾元二年**	**顺天元年**
1	甲子	以董秦为陕西、神策两军兵马使，赐名李忠臣；发安西、北庭兵屯陕，以备史思明；商州刺史韦伦平定康楚元叛乱，生擒之。	
7	庚午	第五琦罢相，贬为忠州长史；贺兰进明贬为溱州员外司马。	
759.12 己亥，大		**乾元二年**	**顺天元年**
1	癸巳	神策将军卫伯玉在陕州以东之强子坂击败燕军。	李归仁进攻陕州，在强子坂被唐军击溃。
2	甲午	吕諲领度支使。	
22	甲寅	以史翙为襄州刺史、山南东道节度使。	
760.01 癸亥，大		**乾元三年**	**顺天二年**
19	辛巳	以李光弼为太尉兼中书令，以侯令仪为昇州刺史、浙江西道节度使。	

---

① 《资治通鉴》卷二二一"乾元二年十月"条载："董秦从思明寇河阳，夜，帅其众五百，拔栅突围，降于光弼。……乙巳，贼将周挚舍南城，并力攻中潬。"（7086页）据此推测，董秦当于十一日甲辰或稍早投降唐朝。

续表

24	丙戌	分邠宁节度为鄜坊节度，亦谓之渭北节度使，桑如珪、杜冕分领副使，分道招讨党项。	
26	戊子	以郭子仪为邠宁、鄜坊两道节度使。	
760.02 癸巳，小		**乾元三年**	**顺天二年**
		李光弼率军进攻怀州。①	史思明率军救援怀州。
11	癸卯	李光弼于沁水击败燕军。	史思明兵败沁水。
18	庚戌	第五琦长流夷州。	
21	癸丑	以崔光远为凤翔尹、秦陇节度使。	
760.03 壬戌，小		**乾元三年**	**顺天二年**
23	甲申	改蒲州为河中府。	
29	庚寅	李光弼于怀州城下击败安太清。	唐军进攻怀州，安太清城下被击败。
760.04 辛卯，大		**乾元三年**	**顺天二年**
2	壬辰	李光弼于河阳西渚击败只思玥。	
4	甲午	怀州捷报送至京师。	
18	戊申	襄州兵变，杀节度使史翙。	
29	己未	以来瑱为襄州刺史、山南东道节度使。	
30	庚申	以郭英乂为陕州刺史、陕西节度使、潼关防御使。	
760.04(闰) 辛酉，小		**乾元三年/上元元年**	**顺天二年**
4	甲子	诸王封节度大使。	
7	丁卯	以王思礼为司空。	

---

① 《资治通鉴》卷二二一"上元元年二月"条载："二月，李光弼攻怀州，史思明救之。癸卯，光弼逆战于沁水之上，破之。"(7090页)则光弼之攻怀州在该月上旬。

14	甲戌	赵王係改封越王。	
19	己卯	改元上元，确立武庙。	史思明率主力从白马寺移驻洛阳城。
760.05 庚寅，小	**上元元年**		**顺天二年**
23	壬子	吕諲罢政事。	
24	癸丑	刘晏掌度支。	
760.06 己未，大	**上元元年**		**顺天二年**
7	乙丑	凤翔节度使崔光远奏破羌浑。	
26	甲申	兴王佋卒。	
27	乙酉	田神功奏破史思明于郑州。	
760.07 己丑，小	**上元元年**		**顺天二年**
19	丁未	西内政变，李辅国迫使玄宗自兴庆宫移居西内。	
760.08 戊午，大	**上元元年**		**顺天二年**
13	庚午	以卫伯玉为神策军节度使。	
20	丁丑	以吕諲为荆州大都督府长史、沣朗节度使。	
22	己卯	以王昂为河中尹、晋绛节度使。	
760.09 戊子，大	**上元元年**		**顺天二年**
7	甲午	以荆州为南都，称江陵府。蜀郡由南京改回原名。	
8	乙未	郭子仪出镇邠州。	
760.10 戊午，小	**上元元年**		**顺天二年**
15	壬申	以赵良弼为越州刺史、浙江东道节度使，殷仲卿为淄州刺史、淄沂节度使。	

续表

27	甲申	以尚衡为青州刺史、青登节度使。	
760.11 **丁亥，大**		**上元元年**	**顺天二年**
8	甲午	刘展攻陷润州。	
10	丙申	刘展攻陷昇州。	
19	乙巳	李光弼奏报收复怀州，生擒安太清。	
26	壬子	淮南奏报到达京师，言刘展叛乱。	
760.12 **丁巳，大**		**上元元年**	**顺天二年**
20	丙子	党项侵掠美原；能元皓攻击史思明，取胜。	史思明被能元皓击败。
24	庚辰	以李鼎为凤翔尹、兴凤陇节度使。	
761.01 **丁亥，小**		**上元二年**	**顺天二年/应天元年**
5	辛卯	以季广琛为宣州刺史、浙江西道节度使。	
17	癸卯		史思明改元应天。
21	丁未	田神功遣杨惠元西击王暅。	
25	辛亥	田神功、邓景山两师会合。	
26	壬子	唐军渡过长江。	
29	乙卯	田神功生擒刘展，平定扬、润。	
761.02 **丙辰，大**		**上元二年**	**应天元年**
4	己未	党项攻陷凤州，节度使李鼎迎击。	
8	癸亥	以崔光远为成都尹、剑南节度使，崔圆为扬州大都督府长史、淮南节度使。	
23	戊寅	唐燕北邙之战，唐军战败，李光弼等将领败退，京师戒严。	史思明在洛阳北邙击败李光弼所率唐军，燕军分南北两路西进。
28	癸未	李揆罢政事，以萧华为中书侍郎、同平章事。	

续表

761.03 丙戌，小		上元二年	应天元年/显圣元年
9	甲午	卫伯玉在强子岭击败史朝义所率燕军先路部队。	史朝义率北路燕军至强子岭，被唐军击败。
13	戊戌	李光弼上表自贬，以李光弼为河中节度使。	鹿桥驿兵变，史朝义军队擒杀史思明、周挚。
14	己亥		史朝义返回洛阳称帝，改元显圣。
29	甲寅		第四次幽州兵变，史朝义假敕传至范阳，报知燕军北邙之捷，并假传史思明之旨，授史朝清（兴）周京留守，与辛氏及后宫准备前往洛阳。①

① 《资治通鉴考异》引《蓟门纪乱》载："上元二年三月甲寅，（朝义）使使告捷，云王师败绩于洛北，斩首万余级，勒其六宫及朝兴，备车马，为赴洛之计。贼庭之党相庆，踊跃叫唤，声振天地十余日。……五月甲戌，朝义以伪太常卿李怀仙为御史大夫、范阳节度使……十数日，怀仙待之（按：指高鞠仁）弥厚（遂杀高鞠仁）……自暮春至夏中，两月间，城中相攻杀凡四五……六月丙申，（怀仙）宣思明遗诰。"（7109～7111 页）该段记载颇长，备述此间蓟门之乱，此不全录。所需注意者，即上引文字中几处关键时间信息。该年三月甲寅为二十九日，而五月无甲戌，六月亦无丙申。按：史朝义弑父在三月十三日戊戌，如果《蓟门纪乱》三月所记时间不误，则朝义之使 15 天后方得至范阳，其间用时似显太久。当然，我们也可以认为"甲寅"有一字误，但这个日期一定是在十三日鹿桥驿兵变之后，符合这一要求的有两个日期，即十七日壬寅、十九日甲辰。但考虑到史朝义本人十四日方才返回洛阳，那么无论是 3 天还是 5 天遣使至范阳，都是不现实的。因此，我们姑且采纳《蓟门纪乱》的记载，将史朝义之使到达范阳的时间系于三月二十九日甲寅。再考后两个日期。由甲寅至甲戌，中间相隔 20 天或 80 天。如果是 20 天，则时在四月；如果是 80 天，则时在六月。无论哪种，均与《蓟门纪乱》所载五月不符。按：甲戌至丙申相隔 22 天，李怀仙受任后途行 10 天左右，入范阳城后经"十数日"而杀高鞠仁，再"宣思明遗诰"，于情理及史料记载颇合。当年三月、五月均为 29 天，三月二十九日甲寅时值"暮春"，历时两月，至五月二十九日前后结束动乱，可视为"夏中"。据此推测，"五月甲戌"与"六月丙申"两处时间，均是月份不误而日期有误。"夏中"动乱结束而宣诰，则宣诰日当在六月初，否则间隔太久，不合情理。这样看来，"六月丙申"最有可能是"六月丙辰"之误（如果是庚申，则已至七日，似显太晚）。六月丙辰为三日，上推 22 天，为五月十日甲午，与此前"五月甲戌"相差一字，讹误的可能性很大。综上所述，我们认为李怀仙受任御史大夫、范阳节度使在五月十日甲午，宣思明遗诰在六月三日丙辰。关于第四次幽州兵变，除上述几个关键时间点外，中间部分时间暂不得考，约略推算而系于当月相应时间段，不再单独出注。

续表

761.04 乙卯，大		上元二年	显圣元年
1	乙卯	嗣岐王李珍废为庶人，窦如玢等连坐。	
5	己未	裴遵庆拜相。	
			张通儒、高鞠仁发动兵变，杀史朝清。
21	乙亥	尚衡击败史朝义军队。	燕军在青密一带被尚衡击败。
23	丁丑	能元皓击败史朝义军队。	燕军在衮郓一带被能元皓击败。
28	壬午	段子璋梓州叛乱。	
			高鞠仁、高如震、辛万年发动兵变，杀张通儒，推中书令阿史那承庆为留守。
761.05 乙酉，小		上元二年	显圣元年
5	己丑	李光弼自河中入朝。	
10	甲午	令狐彰降唐，以令狐彰为滑州刺史、滑魏节度使。	以李怀仙为御史大夫、范阳节度使，燕滑郑汴节度使令狐彰降唐。
11	乙未	崔光远、李奂合兵进攻绵州。	
14	戊戌	侯希逸击败史朝义范阳军队。	范阳军队被侯希逸击败。
16	庚子	唐军擒杀段子璋，叛乱平定；以李光弼为河南副元帅，都统八道行营，镇临淮。王思礼卒。	
17	辛丑	以管崇嗣为太原尹、北京留守、河东节度副大使。	
			李怀仙入范阳城，与高鞠仁周旋十几日；当月底或次月初，李怀仙杀高鞠仁。
761.06 甲寅，小		上元二年	显圣元年
1	甲寅	能元皓击败燕将李元遇。	燕军被能元皓击败。
3	丙辰		李怀仙宣史思明遗诰，发丧。

23	丙子	以田神功为徐州刺史。	
761.07 癸未，大		上元二年	显圣元年
1	癸未	李藏用接替侯令仪为浙西节度使。	
761.08 癸丑，小		上元二年	显圣元年
1	癸丑	以李辅国为兵部尚书。	
17	己巳	李光弼赴河南行营。	
29	辛巳	以李若幽为镇西、北庭、兴平、陈郑等节度行营及河中节度使，镇绛州，赐名李国贞。	
761.09 壬午，大		上元二年	显圣元年
21	壬寅	去尊号只称皇帝，去年号只称元年，以建子月为岁首。	
761.10 壬子，大		上元二年	显圣元年
		江淮都统崔圆署李藏用为楚州刺史。	
761.11(建子) 壬午，小		上元二年(元年)	显圣元年
		康谦、严庄下狱。	
6	丁亥	刘晏贬官，康谦被诛。	
7	戊子	元载接掌度支。	
17	戊戌	肃宗往西内见玄宗，卫伯玉攻克燕军永宁、渑池等据点。	永宁等地被唐军攻克。
761.12(建丑) 辛亥，大		上元二年(元年)	显圣元年
23	癸酉	李光弼击败燕军，收复许州，擒燕将李春。	许州被唐军攻克，燕颍川太守李春被擒。

续表

		平卢节度使侯希逸率军南迁。①	
762.01(建寅) **辛巳，大**		上元三年(元年)	显圣二年
26	丙午	李光弼与燕将史参战于许州，击败燕军。	燕将史参救援许州，在城下被李光弼击败。
28	戊申	侯希逸在青州北渡河，与田神功、能元皓在兖州会师。	
762.02(建卯) **辛亥，小**		上元三年(元年)	显圣二年
1	辛亥	以京兆为上都，河南为东都。凤翔为西都，江陵为南都，太原为北都。	
3	癸丑	河东兵变，杀节度使邓景山，军将拥立辛云京为节度使；以张光晟为代州刺史。	
15	乙丑	绛州兵变，杀节度使李国贞。翼城兵变，杀节度使荔非元礼，拥立白孝德为节度使。	
18	戊辰	唐燕申州之战，淮西节度使王仲昇被俘。	燕将谢钦让进攻申州，生擒王仲昇。
21	辛未	以郭子仪为汾阳三，朔方、河中诸道元帅。	
762.03(建辰) **庚辰，大**		上元三年(元年)	显圣二年
11	庚寅	郭子仪临行前面见肃宗，获得"河东之事，一以委卿"的承诺。	
14	癸巳	以来瑱为淮西、河南节度使。	
29	戊申	萧华罢相，元载拜相。	
		唐军救援泽州。	燕军从泽州撤去。

---

① 《旧唐书》将其系于上元二年(761)九月癸酉(262页)，但当月没有癸酉。《资治通鉴》在述及建寅月(762)丙午战事时，叙其缘由而论及此事(7118页)，推测李光弼破许州当在上一年十二月癸酉。

762.04(建巳)庚戌，小		上元三年（元年）/宝应元年	显圣二年
1	庚戌	李抱玉于泽州击败燕军。	
5	甲寅	玄宗驾崩。	
7	丙辰	命太子监国，苗晋卿摄冢宰。	
15	甲子	改元宝应，复以建寅为正月。	
16	乙丑	宝应政变，当夜李辅国、程元振发兵收捕越王係，囚禁张后。	
18	丁卯	肃宗驾崩，李辅国杀张后及越王係，太子监国。	
20	己巳	代宗即位。	
25	甲戌	以奉节王适为天下兵马元帅。	
26	乙亥	以李辅国为尚父，以程元振为左监门卫将军。	
762.05己卯，大		宝应元年	显圣二年
2	庚辰	郭子仪至河东诛杀王元振等哗变将领，辛云京亦诛杀悍将。	
4	壬午	以李辅国为司空兼中书令。	
6	甲申	以侯希逸为平卢淄青节度使，此后青州节度有平卢之号。	
7	乙酉	李适徙为鲁王。李光弼封临淮王。	
18	丙申	元载拜相。	
24	壬寅	以来瑱为襄州刺史、山南东道节度使。	
762.06己酉，小		宝应元年	显圣二年
11	己未	罢李辅国判元帅行军及兵部尚书、闲厩等使。	

续表

13	辛酉	李辅国封博陆王，罢中书令。	
14	壬戌	以严武为西川节度使。	
21	己巳	縠水之战，来瑱生擒裴茂。	
27	乙亥	刘晏重掌度支。	
762.07 **戊寅，小**		**宝应元年**	**显圣二年**
4	辛巳	鱼朝恩封冯翊郡开国公，程元振封保定郡开国公、镇军大将军。	
8	乙酉	裴茂长流，赐死于路。	
762.08 **丁未，大**		**宝应元年**	**显圣二年**
19	乙丑	来瑱入朝。	
23	己巳	郭子仪入朝。	
		袁晁攻陷台州及浙东诸县。	
29	乙亥	李适徙封雍王。	
762.09 **丁丑，小**		**宝应元年**	**显圣二年**
4	庚辰	以来瑱为山南东道节度使、同平章事。	
19	乙未	以程元振为骠骑大将军兼内侍监。	
22	戊戌	回纥牟羽可汗入朝，率军助唐平叛，可敦仆固氏随行。	
762.10 **丙午，大**		**宝应元年**	**显圣二年**
16	辛酉	雍王李适统朔方、河东诸道及回纥兵，于陕州会师，将讨史朝义。仆固怀恩为同平章事。	
17	壬戌	盗杀李辅国。	
21	丙寅	仆固怀恩与其母、妻俱诣行营。	

续表

22	丁卯	雍王李适陕州受辱。①	
23	戊辰	唐军自陕州进发，郭英义、鱼朝恩镇陕州。	
26	辛未	唐军前锋仆固怀恩部军至同轨。	
30	乙亥	唐燕横水之战，燕军主力溃败。仆固怀恩率军进入洛阳及河阳。回纥可汗驻屯河阳。	横水之战，燕军战败，史朝义东逃。许叔冀、王仙等降唐。
762.11 丙子，小		**宝应元年**	**显圣二年**
22	丁酉	以张忠志为恒州刺史、成德军节度使，赐名李宝臣。	恒州节度使张忠志归唐。
762.12 乙巳，大		**宝应元年**	**显圣二年**
763.01 乙亥，大		**宝应二年**	
		田承嗣降唐。	史朝义率五千精骑自莫州北门突围，北往幽州；田承嗣降唐，送史朝义家室于唐军。
		仆固瑒、侯希逸、薛兼训率军在归义击败史朝义。	史朝义至归义，为唐军追及，战败。
		李怀仙得史朝义首级。	史朝义自缢于平州石城县东北温泉栅。
30	甲辰	史朝义首级献至京师。	
763.01(闰) 乙巳，小		**宝应二年**	
19	癸亥	以薛嵩为相卫邢洺贝磁六州节度使，田承嗣为魏博德沧瀛五州都防御使，李怀仙为幽州卢龙节度使。	

---

① 《资治通鉴》此事未系具体日期，但结合前后两天的军事行动来看，此事只能发生在中间一天。

后　记

　　我中学时代的一位老师曾告诉我们，做学问就是先把书读厚再把书读薄的过程。多年来我案头始终翻阅的，不过是《旧唐书》与《资治通鉴》。那部《旧唐书》读大一时购于兰州一家颇具规模的书店，当时是作为一件"家当"置备的，不想日后成了衣食饭碗；《资治通鉴》则是研究生阶段一位师兄所送，收到后便只使用与唐朝相关的五册，其余压于箱底。因此每当有朋友至家中相叙，总不免感叹我的藏书之少。我常想，当初那位老师有关读书的高论，我恐怕只是听进去了后一半。

　　按理说本书的后记更须简明，因为后记毕竟不同于电影之鸣谢，不必巨细靡遗。然而此刻提笔，我决定写一篇稍长的后记，将本书形成过程略做说明。

　　本书是在我博士论文的基础上修改而成。2009 年我从兰州大学毕业，来到清华大学跟随张国刚教授学习隋唐史。张师对我的学术启蒙从读陈寅恪开始，彼时适逢张师《唐代藩镇研究》增订本出版，使我对颇为陌生的唐后期政治史产生兴趣。起初我连藩镇名号都分不清，涉及的历史人物也是一头雾水。为此我用了一年时间，将《资治通鉴》玄宗至昭宗部分像复习期末考试那样又画又写地精读一遍，初步发现了一些问题。2011 年秋季我转入博士阶段后，张师建议我重点关注肃代德时期的中央政治，并送给我一把解答"钥匙"——"杨炎为元载复仇，卢杞为刘晏报怨"。这是唐代党争中的著名公案，我当时尚不能体会其中要义。我为这个问题交上的第一份作业名为《论朔方集团及其蕃汉两系》，其中在论述仆固怀恩叛乱时读到了彼得森在《华裔学志》（Monumenta Serica）上发表的长篇论文。陈寅恪与彼得森的两种研究模式使我意识到，胡化理论与中央政治之间存在密切的关系，而安史之乱正是一个颇为理想的研究对象，关键是对它的研究几乎是一片空白。

我的这种选择在当时被诸多师友认为颇为鲁莽，他们很难相信这样一个重要事件缺乏研究。所幸张师肯定了我的想法，并且强调了政治视角的重要性。我以"安史之乱研究"开始了自己的博论写作。写作之初，我曾一度迷恋粟特学、突厥学等国际"显学"，希望以语言学的方法解决一些关键问题，这也在本书一些考证中留下了或深或浅的印记。随着写作的深入，当我论及六胡州之战、燕政权结构等问题时，我发现安史之乱最为根本的问题仍在于唐朝中央的政治变动，本书的写作视角也在逐渐聚焦。慢慢地，"河北胡化"这个我在研一时便从陈寅恪著作中接触到的问题，再次变得突出，天宝党争、肃代嬗替、胡人迁徙、藩镇格局这些以往涉及的问题，至此串联起来。在博士论文预答辩时，张师与王晓毅等几位老师一针见血地指出，论文题目应该具体为"安史之乱与河北胡化问题研究"。这层窗户纸一旦捅破，随后的修改遂变得有的放矢。为了突出主题，我加上了一个主标题——"从胡地到戎墟"，往直白里说，就是"河北为什么会从战前那个样子变成战后那个样子"。

博士毕业后，我进入清华大学中文系从事博士后工作，合作导师谢思炜教授对胡人意象在杜甫诗歌中的文献学考察对我颇有启发，我开始接触有别于政治史、粟特学的另一种研究方法。2017年秋我博士后出站，来到东海之滨的厦门大学工作，为本科生开设了"传奇小说与中古社会"的校选课。在一次次备课与讲授中，我逐渐注意到古文运动背后所隐藏的巨大的政治和社会力量，以独孤及、韩愈等为代表的古文学家们通过其特有的话语途径，以及由此牵涉到的党派斗争，几乎重新书写出一部唐朝历史，而这中间最为重要的，就是对"安史之乱"的意义塑造和对"盛唐"形象的勾勒渲染。这也成为本书最晚写成的部分，即首篇"被建构的安史之乱"。我不禁对张师当初的教导深有感触，我的关注点从中央政治到河北胡化与藩镇格局，再到古文运动，最后又回到了中央政治。

　　平心而论，近年来的唐史研究颇有些"忽冷忽热"的感觉。一方面，唐代历史与"唐宋变革"论、粟特学等诸多学术热点相联系，在很多场合都可以拿来一说，甚至伴随着某些影视作品的热映或网络话题的渲染而有几分"网红"姿态；另一方面，在标榜"新史料"、"新方法"的今天，中规中矩的唐史研究，尤其是唐代政治史研究又显得分外"土气"，与普遍的学术风尚格格不入。这种境遇提醒我们在坚守唐史研究传统的同时，又必须去面对一些无法回避的改变。这种改变告诉我们，对其他学科和其他领域，应持一种他山之玉的借鉴态度，而不是盲目消解唐代历史本身。唐代历史所涉及的诸种重大的中古史命题，其出发点应在于唐朝历史自身的实际演变，而非大而化之的以论代史。在没有或缺少新史料出现的情况下，我们应该意识到，许多墓志碑铭、诗文题记因为被大家想当然地视为"旧史料"，而在《册府元龟》、《文苑英华》乃至两《唐书》中安静地沉睡了上千年；许多脸谱化的历史印象，很可能源于当时及日后的政治、社会等复杂因素而层累形成，需要我们基于客观的史料去重新梳理。这些工作还有很长的路要走，如果不能勇于面对，那么唐史研究恐怕不光会日益落寞，而且将在很多方面仍处于"文史之学"的感性认识层面。

　　本书的问世，首先要向业师张国刚先生表示最诚挚的感谢。张师对唐代政治的精准把握，以及对藩镇的精到论述，构成了本书的基本起点。他对唐代官制及政治制度的讲授，是本书政治史论述的坚实基础。而他对中西文化关系的长期研究，则俾本书获得了理论上的指导。除了学术上的教诲，张师在生活上同样给予我诸多关照，这些我都铭记在心。也正是由于他的信任与推荐，本书才得以有机会顺利出版。

　　其次，我要感谢北京大学荣新江教授。荣老师是我的博士论文答辩委员会主席，本书中关于胡人与唐代军事、马政的论述多有得益于荣老师指点之处。感谢日本明治大学气贺泽保规教授在石刻研究方面给予我的诸多帮助，感谢中央民族大学李鸿宾教授在河北胡化问题上给予我的指点，感谢清华大学谢思炜教授在杜甫诗歌诸问题上给予我的指点。此外，我还要感谢北京大学陆扬教授，中国历史研究院孟彦弘研究员，清华大学侯旭东教授、王晓毅教授、张绪山教授，南开大学王利华教授，他们对本书提出了深刻而宝贵的意见。

本书写作中承蒙多位师友惠赐最新专著或译著，不啻雪中送炭，在此深表感谢，他们是：中央民族大学蒋爱花副教授，复旦大学仇鹿鸣教授，浙江大学冯培红教授，中山大学范兆飞教授，武汉大学胡鸿教授、黄楼副教授，华中师范大学张达志副教授，陕西师范大学胡耀飞副教授。此外我还要感谢兰州大学张景平研究员、崔明讲师，加州大学伯克利分校邬正杰博士，作为多年好友，他们在学术和生活中曾给我很多帮助。

感谢厦门大学历史系为我提供了良好的科研环境，使我得以安心写作。感谢系主任张侃教授对本书的敦促和鼓励，感谢厦门大学图书馆馆长钞晓鸿教授，历史系毛蕾副教授、朱圣明副教授和林昌丈副教授在我初入厦大时所给予的诸多帮助。

我应该特别感谢北京师范大学出版社谭徐锋主编的盛情邀约和一再宽限。对于我这样一个名不见经传的年轻学者，谭先生给予了信任与支持，而对本书选题的肯定，又体现出其独特的识见与气魄。同时，也衷心感谢责任编辑曹欣欣女士的辛勤工作和细心校对。

最后我想说，正是我的家人一直以来的支持和包容，才使这本书得以顺利完成。特别是这些年家务多由母亲和妻子默默承担，让我常怀歉疚。我的妻子王晶的研究领域为敦煌学和中古社会史，不同的视角对我启发良多，本书中的很多看法最初往往源于我们日常间的探讨。感谢我的家人，你们是我最为宝贵的财富。

目前呈现在大家眼前的这部小书，正文分为七章，除第六、第七两章分别发表于《史学月刊》2019 年第 4 期、《新史学》（台北）2014 年第 2 期外，其余五章及附录均未曾发表。已发表的两篇收入本书时，也做了相应的增删修订，内容以此为准。目前的七章独立论述不同问题，但彼此是一个有机的整体。不当之处，敬请读者诸君批评指正。

王炳文

2019 年 11 月于厦门大学

图书在版编目（CIP）数据

从胡地到戎墟：安史之乱与河北胡化问题研究/王
炳文著. —北京：北京师范大学出版社，2020.12
（2021.8 重印）
（新史学 & 多元对话系列）
ISBN 978-7-303-26554-1

Ⅰ. ①从… Ⅱ. ①王… Ⅲ. ①安史之乱—研究
Ⅳ. ①K242.205.07

中国版本图书馆 CIP 数据核字（2020）第 252688 号

营　销　中　心　电　话　010-58808006
北京师范大学出版社谭徐锋工作室微信公众号　新史学 1902

CONG HUDI DAO RONGXU ANSHIZHILUAN YU HEBEI HUHUA WENTI YANJIU
出版发行：北京师范大学出版社 www.bnup.com
　　　　　北京市西城区新街口外大街 12-3 号
　　　　　邮政编码：100088
印　　刷：北京盛通印刷股份有限公司
经　　销：全国新华书店
开　　本：730 mm ×980 mm　1/16
印　　张：17.25
插　　页：4
字　　数：265 千字
版　　次：2020 年 12 月第 1 版
印　　次：2021 年 8 月第 2 次印刷
定　　价：69.00 元

策划编辑：谭徐锋　　　　　　责任编辑：曹欣欣
美术编辑：王齐云　　　　　　装帧设计：王齐云
责任校对：段立超　　　　　　责任印制：马　洁